동성애의 심리학

윤가현 지음

학지사

머리말

　몇 년 전의 일이다. 학술 교류를 해오던 한 외국 손님을 맞이하기 위하여 공항에 나갔다. 공항에서 집으로 돌아오면서 그에게 내 가족의 구성원을 얘기해주었다. 그러면서 그의 가족사항을 물었다. 그런데 손님은 가족이 없다고 답했다. 생각을 가다듬고서 혼자 사는가 라고 물으니 23년째 함께 사는 남성 파트너가 있다고 답했다.
　집에 도착한 후 아내에게 그 손님이 게이라는 사실을 알려주어야 하는가에 대해서 잠시 고민했다. 만약 아내가 거부감을 보인다면 모르는 게 더 나을 듯싶어서였다. 시간이 지나 손님이 다른 일을 보는 동안 아내에게 그가 게이라고 조심스럽게 설명했다.
　아내는 놀랬다. 그녀가 놀란 이유는 그 손님이 매우 점잖고, 겉으로 보기에는 너무나도 평범하여 게이일 줄 전혀 몰랐기 때문이었다. 최소한 이때부터 필자의 아내도 그동안 동성애를 바라보던 색안경을 벗어 던져야 했다.
　대부분의 사람들은 동성애를 잘 이해하지 못한다. 잘 모른 까닭에 신기하고 우스운 현상으로 바라보기도 한다. 또 그들은 게이들이 무언가 겉모습이라도 좀 다르게 보이리라고 믿는다. 심지어 그들을 머리에 뿔이 달린 사람으로 생각하여 무서워하고 두려워한다.

지난 7월 하순 왕가위 감독의 "부에노스 아이레스"라는 영화가 개봉되리라고 했다. 그런데 그 영화는 공연윤리위원회의 재심에서도 수입 불가의 판정을 받았다. 동성애를 주제로 한 영화가 우리 문화권에서 상영된다는 것은 시기상조라는 판단에서 내려진 결정이었다. 또 이미 수입된 영화라도 동성애에 관련된 내용이라면 TV에서 방영되기는 더욱 어렵다 방송윤리위원회의 심의가 기다리기 때문이다.

윤리위원회는 아직도 동성애의 언급 자체가 국민 정서에 어긋난다는 견해를 밝힌다. 이해가 간다. 성 자체의 언급을 꺼리는 분위기인데, 동성애를 쉽게 받아들이려 하겠는가 생각된다. 권위주의적인 한국인일수록 게이들의 모습을 서구화된 수입품 정도로 믿고 싶어한다. 그들은 동성애에 관련된 서적이나 영화에 노출되면서부터 동성애적 충동이 생기리라고 믿고 있으니 두려울 수밖에 없다.

유감스럽지만 우리 문화권에서도 과거로부터 동성애 성향을 지닌 자들은 존속해 왔다. 동성애가 근자에 유행한 것으로 평가하거나 수입된 모습으로 여기는 풍토는 게이들의 입장에서 볼 때 편견이나 잘못된 고정관념에서 비롯되었다. 그건 그들이 소수집단에 해당되기 때문에 얻어진 오명(stigma)에 해당된다.

본문에서도 암시되지만 동성애 성향은 생의 초기에 결정되며, 한번 결정된 성향은 바꾸기가 매우 힘들다. 그렇지만 대부분들의 게이들은 자신의 동성애 성향을 청소년기를 전후하여 알아차리게 된다. 그러한 이유로 청소년기에 보이는 동성애 성향은 주변 환경의 영향 탓으로만 잘못 해석되기도 한다.

필자는 직업상 그러한 과학적 연구 결과를 믿으려고 노력한다. 또다른 연구 결과들에 의하면, 편견의 고리들은 서로 연결되어 있다. 상민에 대한 양반의 편견, 서자에 대한 적자의 편견, 여성에 대한 남성의 편견, 빈자에 대한 부자의 편견, 유색인에 대한 백인의 편견, 노인에 대한 젊은이의 편견 등 모두가 동성애자에 대한 이성애자의 편견과 맥을 함께 한다.

그러므로 동성애를 이해하려는 자세는 오히려 인간을 이해하는 폭을 넓혀 주는 데 도움이 된다. 그들을 다른 각도에서 보려고 할수록 인간관계에서 발생하는 갈등을 스스로 줄이게 된다. 이러한 취지를 살리기 위하여 감히 동성애 문제에 대하여 필자는 학문적 논의를 제기하고자 시도하였다.

솔직히 원고가 출간되는 데까지 난항을 거듭했다. 그동안 동성애를 부정적으로만 바라보던 태도를 고수하려는 저항의 힘이 너무 강했던 탓이다. 성의 언급을 전통적으로 꺼리는 우리 문화권에서 동성애를 다소 폭넓게 알려 보려는 일은 쉽지 않았다. 다행히 원고 내용 및 전개에 관한 설명을 듣고서 학지사 김진환 사장님께서 출간을 승낙하셨다. 진심으로 감사드린다. 또 강찬석 편집부장을 비롯한 편집위원들의 노고에도 감사드린다. 마지막으로 원고를 정리하느라고 가족에게도 시간적인 여유를 보이지 못했다. 끝까지 기다려준 아내와 두 딸에게도 고마운 마음 전하고 싶다.

1997년 10월

윤가현 씀

차 례

제1장 동성애 현상의 이해를 위한 기초 / 15

들어가면서 · · · · · 17
호모섹슈얼러티라는 용어의 유래 · · · · · 19
동성애를 표현하는 속어 · · · · · 22
남녀 동성애자들이 선호하는 호칭은? · · · · · 25
트랜스라는 용어와 동성애와의 관계 · · · · · 29
성적 기호 및 지향 · · · · · 32
성적 정체성 및 드러내기 · · · · · 36
동성애는 인간에게만 유일한 현상인가? · · · · · 39

제2장 동성애 현상의 문화적 다양성 / 43

킨제이 보고서 및 동성애의 빈도 · · · · · 45
동성애의 문화적 고찰 · · · · · 52
폴리네시아 및 멜라네시아 문화권 · · · · · 55
고대 그리스 및 로마 문화권 · · · · · 59
아프리카 문화권 및 레즈비언 관계의 존재 · · · · · 61
이슬람 및 남아메리카 문화권 · · · · · 65

차 례

중국 문화권 · · · · · 67
우리 문화권에서의 동성애 · · · · · 72

제 3 장 유태교 및 기독교 문화권의 관점 / 77

고대 유태사회 · · · · · 79
동성애를 언급한 기독교 성경 · · · · · 81
남성들이 시도하는 항문성교 · · · · · 84
기독교 문화권의 동성애 처벌 · · · · · 86
기독교 성경의 재해석 · · · · · 92
금세기 중반 이후 유태교의 입장 · · · · · 95
금세기 중반 이후 기독교 구교의 입장 · · · · · 97
금세기 중반 이후 기독교 신교의 입장 · · · · · 99
기타 종교의 입장 · · · · · 103

제 4 장 정신의학 및 심리학에서의 평가 / 105

초기의 정신의학적 관점 · · · · · 107

차 례

이블린 후커의 연구 ····· 109
DSM에서의 변화 ····· 111
근대 심리학계의 입장 ····· 114
DSM 제3판 및 제4판 ····· 116
심리학계의 단체활동 ····· 118

제5장 동성애 원인론 / 121

동성애 원인론의 논쟁 ····· 123
정신분석학적 모델 ····· 127
학습이론적 모델 ····· 134
생물학적 모델 ····· 140
초창기 동성애 치료법 및 현대 전문가들의 믿음 ····· 146

제6장 게이 정체성 형성과 전통적 성역할 / 151

게이들의 정체성 형성과정 ····· 153

차 례

정체성 형성의 발달 단계이론 · · · · · 157
게이 정체성 발달 시기의 남녀 차 · · · · · 161
청소년의 정체성 형성과 갈등 · · · · · 163
게이 정체성과 청소년 자살 · · · · · 167
전통적 성역할과 게이의 정체성 · · · · · 170
레즈비언의 부취-페미 관계 · · · · · 174
정체성 형성과 대중매체 · · · · · 176

제 7 장 동성애의 인권 회복 운동 및 양성애적 정체성 / 179

인권 회복 운동의 효시 · · · · · 181
스톤웰 항쟁 이후의 자긍심 행렬 · · · · · 184
게이들의 권리단체 · · · · · 187
양성애적 정체성 · · · · · 192

제 8 장 게이 남성 및 레즈비언의 생활양식 / 199

과거 게이 남성들의 성생활 행태 · · · · · 201

차 례

게이 남성들의 성생활 · · · · · 204
게이 남성들과 레즈비언의 차이 · · · · · 208
레즈비언의 특성 및 페미니스트 레즈비언 · · · · · 213
게이와 에이즈와의 관계 · · · · · 219
홀로되거나 연로한 게이들 · · · · · 224
매춘과 게이 · · · · · 229
게이들의 폭력문제 및 동성에 의한 강간 · · · · · 231
게이의 약물의존 문제 · · · · · 235

제 9 장 이성애적 차별주의와 사회문화적 편견 / 239

이성애적 차별주의와 동성애 공포증 · · · · · 241
내재화된 동성애 공포증 · · · · · 246
편견의 연결고리 및 소수인의 생존전략 · · · · · 249
동성애 공포증과 증오범죄 · · · · · 253
게이 및 동성애에 대한 태도 · · · · · 257
게이들의 직장생활 · · · · · 261
게이들의 군대생활 · · · · · 266

차 례

제10장 게이 정체성의 드러내기 / 269

게이 정체성 드러내기 및 사회적 지원체제 ····· 271
미혼자가 가족에게 드러내기 ····· 276
게이 기혼자가 가족에게 드러내기 ····· 281
부모가 게이 자녀를 대하기 ····· 286
드러내기 과정을 전후한 치료가의 역할 ····· 289

제11장 게이들의 커플관계 및 부모의 역할 / 293

게이 커플들의 장기적 관계 ····· 295
게이 커플들의 언약식 및 커플의 문제점 ····· 298
부모 역할을 원하는 게이들의 욕구 ····· 302
레즈비언 어머니의 자녀 양육권 ····· 305
부모 역할 및 능력의 여부 ····· 308
레즈비언 어머니 및 게이 아버지의 예 ····· 312
게이 커플을 위한 상담과 치료의 예 ····· 316

차 례

제12장 동성애 연구의 방법론 및 측정도구 / 313

동성애 연구에서의 방법론적 문제 · · · · · 321
동성애 연구에 관련된 측정도구의 예 · · · · · 325
동성애를 전문적으로 다루는 정기간행물 · · · · · 331

부 록

1. 동성애 빈도 연구의 연대기적 정리 · · · · · 335
2. 게이로 유명한 역사적 인물 · · · · · 338
3. 대중매체와 동성애 · · · · · 344

참고문헌 · · · · · 349

제1장
동성애 현상의 이해를 위한 기초

들어가면서

　지구상에 존재하는 여러 생물체 중에서 인간은 적어도 수십 세기 동안 지구를 연면히 지배해 오고 있다. 남녀를 불문하고 태어나서 죽기 전까지 완수해야 할 여러 가지 의무들 중에서 모든 인류에게 가장 보편적인 과업은 종족을 보존하는 일이다. 종족보존은 필히 생물학적으로 성인이 된 남녀간의 성적 교합을 통해서 가능하다. 그와 같은 성행동의 위업에도 불구하고 한국을 비롯한 대부분의 문화권에서는 최소한 19세기까지 성을 주제로 하는 이야기를 금기시하였다. 그렇지만 불행인지 다행인지는 몰라도 기술문명의 발달 등으로 20세기에 들어와서 종족보존의 입장에서 성을 이해하는 눈도 다양하게 변하고 있다.

　우선 그 동안 남녀가 함께 종족보존에 관여해 왔지만, 여성은 남성에 비하여 상대적으로 평등한 가치를 인정받지 못했다는 점이 부각되었다. 개인의 가치관이 달라지면서 예전보다 다산을 원하는 사람들이 줄어들었으며, 심지어는 결혼을 하고서도 아예 2세를 두지 않는 사람들도 생겨났다. 아울러 결혼을 하지 않고 평생을 독신으로 지내려는 사람들도 늘어나고 있으며, 결혼을 했더라도 생식능력이 결여된 자들도 있다. 또 경우에 따라서는 성적 결합에 의존하지 않고 의술에 의해서만 종족보존이 가능해지기도 했다. 그리고 종족보존이 가능하지 않은 동성에 대한 성적 관심을 지닌 사람들이 자신들의 입장을 분명하게 드러내고 있다는 점이다.

우리는 여기에서 종족보존의 의무를 다하지 않는 여러 부류의 사람들 중에서 특히 동성과 사랑을 나누는 자들만을 비난하고 있다는 점을 주목할 필요가 있다. 금세기 후반에 들어와 동성애를 주제로 하는 글이나 영화들이 빈번하게 등장하고 있는데, 우리 나라도 예외가 아니다. 이러한 상황에서 동성애를 바라보는 사람들의 입장은 세 가지 방향으로 나누어진다. 이들은 동성애를 이해하려는 입장, 이를 반대하는 입장 그리고 별다른 관심이 없는 입장으로 정리된다. 대부분의 동성애자들과 그들의 성향을 지지하는 이성애자들은 동성애의 성향이 선천성이므로 동성애 상태를 타당하다고 보는 반면에, 연민의 정도 없이 다양한 이유로 동성애는 옳지 못하다고 보는 사람들도 있다.

사회구조의 변화가 급격하게 이루어졌던 20세기를 마감하기 전, 필자는 이제 그 동안 동성애에 대한 관심이 없었던 사람들조차도 동성애를 바라보는 자신들의 철학을 정리할 필요가 있다고 생각한다. 정상과 비정상의 기준이 무엇인가에 대한 정의는 개인의 철학에 따라서 다르기 때문에 동성애를 이해하는 눈도 사람마다 다를 수 있다. 그러므로 독자는 자신과 견해를 달리하는 사람들도 논리정연한 입장을 취하고 있다는 점을 인정한 상태에서 본서를 이해해야 할 것이다.

호모섹슈얼러티라는 용어의 유래

　우리가 살아가고 있는 문화권에 존재하는 대부분의 사회제도는 남성과 여성이 만나서 결합하는 관계를 토대로 해서 형성되고 발전되었다. 계통발생의 차원에서 종족보존이나 개체발생의 차원에서 가계 계승이 모두 남녀간의 성적 결합의 결과가 아니라고 부인할 수 없다. 그러한 이유로 사회 구성원의 대부분은 이성애적 결합만을 정상으로 보고, 동성들간의 애정 표현이나 성관계를 정상에서 벗어난, 자연스럽지 못한, 우스운, 두려운, 심지어는 신기한 현상으로 이해하고 있다. 그렇지만 고대사회로부터 현재에 이르기까지 남성들간이나 여성들간의 사랑이나 성행위는 어느 사회에서나 존재하였다.
　성별이 동일한 상대와의 사랑이나 성관계를 표현하는 단어로 가장 흔하게 사용되고 있는 호모섹슈얼러티(homosexuality)는 1869년 벤커르트(Karl Maria Benkert)라는 헝가리 의사가 고안하였다. 그는 당시 프러시아의 법무장관이었던 레온할트(Leonhard) 박사에게 라이프찌히시에서 간행된 소책자를 통하여 케르트베니(Kertbeny)라는 익명으로 공개서한을 보내면서 그 단어를 처음으로 언급하였다. 원래 독일어로 표현된 Homosexualität는 약 20여 년 후 영문으로는 homosexuality라고 번역되어 오늘날에 이르렀다.[43], [156]

그가 법무장관에게 보낸 서한의 요지는 남성들간의 성관계를 범죄로 추가시킨 형법 제143항의 제정을 반대하며, 남성들간의 성행위에 대하여 보다 합리적으로 접근하여 주라고 요구하는 것이었다. 당시 남성들간의 성행위는 성도착 및 원죄, 범죄로 여겨지고 있었다. 이러한 상황에서 벤커르트는 남성들간의 성행위가 여러 가지 성도착의 유형 중 하나에 해당될 수는 있어도 범죄로 보기에는 부당하다고 지적했다. 그가 남성들간의 성행위를 성도착으로 보았던 이유는 이들 남성이 여성과의 성행위에서는 발기 실패를 보이기 때문이라고 생각하였다.[153], [156] 그러나 그 남성이 다른 남자와의 접촉에서는 발기 실패가 나타나지 않는다는 점을 성도착으로 이해하는 기준이 되었으며, 여성들에게는 발기 실패라는 기준이 잘 적용되지 않는다는 점에서 호모섹슈얼러티라는 단어는 남성들간의 동성애 위주로 이해될 수 있다.

만약 벤커르트가 남성의 생식기에 관련된 호모섹슈얼(homosexual)이라는 단어 대신에 동성에게 매력을 느끼는 의미의 호모지닉(homogenic)이나 동성에게 사랑에 빠지는 의미의 호모필릭(homophilic)이라는 용어를 선택했더라면, 오늘날 동성들간의 사랑이나 성행위를 이해하는 방향이 매우 달라졌을지도 모른다. 하여간 호모섹슈얼이라는 단어는 동성들간의 인간관계를 성기 중심으로만 판단하게 만들었다.[3] 단지 그의 편지는 유럽 사회에서 그 동안 남성들간의 성행위를 범죄 및 원죄 그리고 정신질환으로 여기던 시절에 최소한 범죄에는 해당되지 않는다고 주장했다는 점에서 역사적인 의미를 지니고 있다.[53]

동성애를 표현하는 속어

　이성애적 관계의 틀을 정상으로 여기는 일반인들은 동성들간의 성행위 및 이러한 행위를 시도하는 자들을 달갑게 여기지 않는 편이었다. 그러한 까닭에 동성애에 관련된 속어들이 난무하고 있다. 우선 서구사회에서 통용되는 속어들을 살펴보고, 한국을 비롯한 동양 사회에서 통용되는 용어 그리고 동성애를 보다 근대적으로 표현하는 용어들을 살펴보도록 하겠다.
　남성 동성애자를 가르키는 속어들은 오늘날도 매우 보편화되어 있다. 먼저 생김새나 외모를 여자처럼 꾸민 남자를 비하시키는 표현으로 씨시(sissy), 여자처럼 화장하고 코르셋을 입은 남자의 모습을 풍자한 드래그 퀸(drag queen), 정상의 범주에서 벗어나서 이상하다는 점을 강조하는 퀴어(queer), 전통적인 성역할의 고정관념에서 여성적인 면을 보이거나 남성과의 관계에서 여성의 역할을 맡는다는 의미의 패그(fag or faggot)나 페어리(fairy), 피쉬(fish) 등이 사용되고 있다.[2,158] 또 우래니즘(uranism)이라는 용어도 남성들간의 동성애를 뜻하고 있다.

여성 동성애자를 표현하는 용어는 남성 동성애에 비하여 별로 다양한 편은 아니다. 그렇지만 특히 외모나 의복이 여성적이지 않고 남성의 역할을 맡을 것이라는 판단에서 불리워지는 부취(butch)라는 단어가 가장 흔하게 사용되고 있으며, 프랑스어에서 유래한 트리배이드(tribade)라는 단어도 가끔 그런 뜻으로 이해된다.[2] 또 호모섹슈얼 또는 호모(homo)는 동성애자 남녀 모두를 표현하는 단어로 19세기 후반부터 사용되어 왔다.

이제 한국을 비롯한 동양에서 동성간의 성행위를 표현하는 어휘를 보자. 한국어 대사전에 의하면, 남성들끼리의 성행동은 남색(男色), 단수(斷袖), 계간(鷄姦), 비역, 미동(美童)치기 등 변태성욕의 일종이라고 표현되고 있다. 단수라는 용어의 근원은 전한서(前漢書)의 기록에 의하면, 한애제(漢哀帝: 재위기간 BC 6-AD1)가 동현(童賢)이라는 미소년에 반하여 그를 관직에 고용하고 함께 생활하는 동성애 관계에서 유래되었다. 어느날 두 사람이 낮잠을 자다가 황제가 깨어보니 자신의 옷자락이 동현의 몸 밑에 깔려 있었다. 황제는 동현을 깨우지 않기 위하여 자신의 옷소매를 잘랐는데, 이 이야기는 나중에 남성간의 동성애를 표현하는 용어로 발전하였다.[80]

남색의 상대자가 되어 남성에게서 사랑받는 남자를 고대 중국 춘추전국시대의 위(魏)왕의 총애를 받았던 용양군(龍陽君)의 이름을 따서 용양이라고 부른다. 당시 왕은 다른 사람이 용양군보다 더 아름답다고 말하면 가족을 멸하겠다고 얘기했을 정도로 그를 사랑하였다.[80] 남성들간의 동성애관계의 상대자로 곱게 생긴 남자라는 뜻으로 면

또는 면수라는 용어가 있으며, 그리고 남색을 할 때 항문성교를 당하는 남자 아이가 얼굴이 곱게 생겼다고 해서 미동이라고도 부른다. 중국에서는 남성들간의 동성애를 복숭아를 나누어 먹는다는 뜻으로 여도(餘桃) 또는 분도(分桃)라고도 부른다. 이 용어는 기원전 233년 철학자 한비의 저서 한비자(韓非子)에 기록되어 있다. 당시 위나라의 왕이던 영공(靈公)이 미자하(彌子瑕)라는 소년과 사랑에 빠졌으며, 미자하가 맛있는 복숭아를 먹다가 왕을 주기 위하여 남겨 두었다는 이야기에서 유래되었다.[80]

반면에 여성들끼리의 성행동은 여색(女色)이라고 하는데, 음모가 없는 여성 생식기를 서로 접촉한다는 뜻으로 밴대질이라고도 부른다. 그리고 예전 궁중의 궁녀들 사이에 몰래 부부처럼 짝지어서 행하던 성관계를 비유하여 대식(對食)이라고도 표현한다. 대식이라는 용어는 원래 중국의 황실에서 환관과 궁녀들 간의 성관계를 뜻하였지만, 중국을 다녀온 환관들에 의하여 우리 나라에서는 궁녀들간이나 승방에서 은밀하게 행해진 여성들간의 성행위의 의미로 전락하였다.[5]

또 근래에는 남녀 모두에게 동성과의 관계를 속어로 영문의 호모라고 부르기도 한다. 역시 일반인들에게는 잘 알려지지 않았지만, 우리 나라 남성 동성애자들이 자신들의 공동체가 제대로 형성되지 않았을 무렵에 자신들을 보갈이라는 용어로 표현하기도 했다. 이는 지금보다도 동성애자임을 스스로 나타내기 어려웠던 시절, 성적 관계의 상대자가 몇몇으로 한정된 상태에서 아주 복잡한 관계가 이루어진 양상을 보이면서 장난삼아 사용하기 시작한 용어로 추정된다. 그러나 그 용어의 사용은 현재 거의 사라진 상태이다.

남녀 동성애자들이 선호하는 호칭은?

전술하였듯이 호모섹슈얼은 생식기, 특히 남성의 성기를 중심으로 해석되는 단어로 부정적인 측면에서 사용되어 왔다. 또 경우에 따라서는 모호하게 남성만을 의미하므로 동성애자들은 그 단어를 선호하지 않는다.[50] 역시 그 단어와 대칭되면서 이성애자를 칭하는 헤테로섹슈얼(heterosexual)이라는 용어는 별로 사용되지 않는다.[106] 그 이유는 사람들은 동성애자인가 이성애자인가에 대한 구분보다도 한 개인이 동성애자인가 아닌가의 구분에 더 관심을 두고 있기 때문이다. 그렇지만 동성에 대한 성적 관심이나 행동을 전혀 취하지 않는 상태, 곧 순수한 이성애자라는 뜻으로 스트레이트(straight)라는 단어가 더 일상화되어 있다.

근래에 들어와 동성애자들은 호모섹슈얼이라는 단어보다도 게이(gay)라는 단어의 사용을 더 선호하고 있다.[88] 원래 게이라는 단어는

1940년대 초 동성애자들에 대한 억압이 심했던 미국 사회에서 동성애자들간에 암호로 사용되기 시작하였다. 동성애자들은 그 게이라는 단어를 나중에 임상이나 질병의 냄새를 풍기고 있는 호모섹슈얼이라는 단어와 교체하여 자신의 상태를 묘사하는 용어로 채택하였던 것이다.

즉 게이라는 형용사는 호모섹슈얼이라는 단어에서 찾아볼 수 없는 자랑스러운(proud), 개방된, 분명한, 정치적인, 건강한 그리고 분노한 등의 긍정적인 의미를 내포하고 있다. 쉽게 비교하자면, 호모섹슈얼은 성별이 동일한 상대와의 성행위만을 의미하는 반면에, 게이라는 단어는 그 성행동을 위시하여 자신의 사고 및 감정, 생활양식 그리고 자신을 동성애자로 여기는 생각이나 태도 등을 뜻한다.[27]

여성 동성애자들은 게이라는 칭호를 용납하고 있지만, 레즈비언(lesbian)이라는 단어를 더 선호한다.[88] 레즈비언은 고대 그리스 에게해(the Aegean Sea) 동부에 위치한 레스보스(Lesbos)라는 섬의 여인이라는 뜻인데, 그 섬의 수도였던 미틸렌(Mytilene)에 거주하던 여성들의 동성애에서 유래하였다. 그 외에 기원전 6세기경 레스보스섬에서 태어나 여성을 흠모하고 동경하는 서정시를 아홉 권이나 발표했던 그리스 최대의 여류시인 사포(Sappho)라는 이름도 여성들간의 동성애를 표현하는 용어로 사용되고 있다. 곧 여성들간의 동성애는 레즈비언이즘(lesbianism)이나 사피즘(sapphism)으로 표현되며, 이들 모두 호모섹슈얼러티와 비교될 수 없는 고상한 의미를 지니고 있다.[2]

그렇다면 남녀 동성애자들을 긍정적으로 표현하는 용어들을 정리할 필요가 있다. 우선 게이(gay)라는 형용사는 남녀 모두에게 그리고 레즈비언은 여성에게만 적용되는 가치체계와 집단 구성원의 신분을 가리키는 용어들이다. 곧 본서에서는 집단 구성원을 표현하는 용어로 '게이 남성'은 남성 동성애자만을, '레즈비언'은 여성 동성애자만을, 그리고 '게이들(gay people)'은 남녀 모두를 의미하게 될 것이다. 또 어떤 사람들은 동성과 성관계를 유지하면서도 게이나 레즈비언으로 여기지 않는 반면에, 다른 사람들은 게이나 레즈비언임을 인정하면서도 동성과 성관계를 시도하지 않기도 한다.[5] 그래서 게이라는 의미는 동성과의 성행동을 결부시킨 차원으로만 해석해서는 안 될 것이다. 곧 동성과의 성행동에 대한 환상을 지니고 있다고 해서 모두 게이로 여기는 것도 잘못이다.[6]

우리 나라의 게이들 일부는 게이라는 용어가 외래어이기 때문에 '이반'이라는 용어를 사용하기도 한다. 그러나 일반인들에게 이반의 의미가 널리 인식되지 않았을 뿐만 아니라 대상도 정립되지 않았다. 즉 이반이란 용어는 일반인이 아니라 그들과 구별된다는 차원에서 사용되기 시작했다. 그래서 이반은 단순히 게이를 칭한다고 볼 수도 있지만, 성적 표현에 대한 소수집단 모두에게 적용된다고 보기도 한다. 만약 후자의 입장이라면, 성적 관심의 대상이 이성인가 동성인가의 차원을 벗어나 인간이 아닌 물체로부터 성적 흥분을 느끼는 사람들까지도 해당되는 폭넓은 의미로 적용되는 셈이다.

게이들은 호모섹슈얼이라는 용어를 배격하면서 자신들의 입장이나 권리를 찾으려고 노력하고 있지만, 일반인들은 이를 잘 이해하지 못하는 경향이 있다. 예를 들면, 동성애자들을 게이들이라고 표현한다면, 최소한 그들의 신분을 인정하고 있다는 뜻이다. 그런데 우리 나라 사람들은 상당수가 동성애자에 대한 편견이나 경멸의 의미를 내포한 상태에서 게이라고 부르고 있다.[3] 동성애자를 표현할 때 보수적이고 강경한 방침을 고수했던 시사주간지 『뉴욕타임즈』에서는 게이라는 단어의 사용을 금지해 오다가 입장을 바꾸어 1987년 7월부터 동성애자를 게이라고 표현하고 있다.[184] 그렇다면 우리는 긍정적인 의미가 들어 있는 게이나 레즈비언이라는 용어를 사용할 때에는 최소한 그들을 이해하려는 자세를 가져야 할 것이다.

트랜스라는 용어와 동성애와의 관계

게이들을 칭하는 데 잘못 사용되고 있는 용어로 트랜스(trans)라는 접두사가 있다. 이 용어가 사용되고 있는 맥락을 살펴보면, 게이라는 의미와 같지 않다는 점을 인식할 수 있다. 우선 한 개인이 선천적으로 물려받은 생물학적 차원의 성(sex)을 그대로 유지하지 않고 수술을 통해서 바꾸어 버리는 성전환증(transsexualism) 그리고 그 수술을 받은 사람인 트랜스섹슈얼(transsexual; 성전환자)이 있다. 성전환자는 자신의 생물학적 성적 기관을 혐오한다는 점에서 게이와 구별된다. 게이는 자신의 생물학적인 성기관을 혐오하지 않기 때문에 성전환 수술에는 별다른 관심이 없으며 또 생물학적 성기관이 자신과 동일한 상대에게 관심을 보이고 있다.

반면에 성전환자는 자신의 생물학적 성기관을 그대로 유지하는 것 자체가 심각한 불안을 유발하므로 성전환 수술을 받은 사람이다. 생물학적으로 물려받은 성기관을 완전하게 버리고 이성의 성기관을 인위적으로 형성시킨 경우가 대부분인데, 이들이 성전환 후 누가 성적인 상대가 되는가는 개인차가 있을 것이다. 경우에 따라서는 남성의 생식기와 여성의 유방을 함께 유지하는 성전환자들도 있는데, 이들이 성적으로 상대하는 형태를 분석하기는 더욱 어렵다. 단 외형을 반대의 성으로 완전히 바꾼 경우 동성애와 이성애 간의 구분은 가능하다. 예를 들면, 원래 남성이었던 자가 여성으로 전환한 다음에 남성과 사랑에 빠진다면, 외형상 두 사람 모두 이성애자로 여겨질 수 있다.[53] 그러나 법적인 차원에서의 해석은 다를 수 있다.

남녀는 생물학적 차원에서 외양이 다르지만, 의복이나 화장술 등으로 반대의 성처럼 가장할 수 있다. 보통 자기와 반대되는 성별의 개인들이 착용하는 의복을 입는 행위를 트랜스베스티즘(transvestism) 또 그 행위자는 트랜스베스티트(transvestite ; 이성복장착용자)라고 한다. 단순히 의복만을 이성의 것으로 착용한다면 얼굴 등의 외관으로 원래의 성별을 추정할 수 있지만, 화장이나 머리단장을 바꾸면 외관상 반대의 성으로 잘못 인식되기도 한다. 게이들 중에서 화장이나 의복을 통하여 자신의 성별을 감추는 사람도 있지만(이러한 행위를 속어로 going in drag라고 부름) 원래의 트랜스베스티트와는 구별되어야 한다.

트랜스베스티트는 이성처럼 가장하는 것 자체에서 흥분과 만족을 느끼는데, 이러한 행위를 하는 사람들은 대부분 남성들이다. 그러나 동성애에 대한 억압이 심한 사회에서는 일부 게이들이 자신의 게이 상태가 노출되는 것을 꺼려서 이성처럼 가장하는 경우가 대부분이었다. 우리 나라에서는 여장 남자나 남장 여자로 표현되는 경우는 순수한 트랜스베스티트라기보다도 게이들이 그런 모습을 하고 있다. 만

약 게이들을 보다 더 용납해주는 사회적 분위기가 조성된다면, 고의적으로 이성으로 가장하는 게이들은 훨씬 줄어들게 될 것이다. 예를 들면, 우리 나라에서는 여장 남자를 일본어 속어인 오카마(お釜)로 표현하면서 경멸하고 있다.

그렇지만 자신을 이성처럼 자연스럽게 가장하는 것으로부터 실제 만족을 느끼는 게이들도 없지 않다. 곧 게이 남성이 여성적인 면을 보다 더 나타내기 위해서나 레즈비언이 보다 남성미를 증가시키기 위해서 이성처럼 가장한다. 또 여성처럼 옷입고 화장하여 남성에게 쉽게 접근하는 게이들은 이성애자 남성들에게는 매춘부처럼 보이기도 한다. 이러한 이유로 동성애가 트랜스베스티즘과 자주 혼동되고 있다. 그렇지만 그러한 모습으로 생활하는 게이는 전체 게이집단의 극히 일부에 해당된다.

그렇다면 트랜스섹슈얼이나 트랜스베스티트의 접두사인 트랜스라는 용어는 순수한 게이의 의미를 퇴색시키는 것임을 짐작할 수 있다. 그럼에도 불구하고 일부 게이들은 자신들을 '트랜스 젠더'라는 용어로 표현하고 있다. 젠더(gender)라는 의미가 후천적으로 남녀의 행동이나 사고의 기준을 성별로 구분한다는 것이라면, 트랜스 젠더는 후천적으로 이성보다도 동성에 대한 관심이나 사랑을 가지는 것을 의미한다. 이러한 용어의 사용은 게이 스스로가 기존의 사회문화권의 제도를 이성애적 기준에 의하여 생성된 틀로 이해하고서 부응하려는 선택어 아닐 수 없다.

성적 기호 및 지향

서구 사회에서도 20세기 중반에 접어들기 전에는 개인이 왜 동성과 성적으로 상대하는가에 대한 연구는 거의 없었다. 후술하겠지만, 킨제이(Alfred Kinsey)의 보고서가 발표된 이후 동성과의 성적인 접촉에 대한 연구결과들이 쏟아지고 있을 뿐이다. 과거에 '호모섹슈얼리티'라는 단어가 일탈, 정신질환, 범죄행동 등과 연루되었기 때문에, 금세기 중반 이후 이러한 고정관념에서 탈피하기 위한 용어들을 학문적으로 정립시키기 시작하였다. 즉 "당신은 동성애자입니까, 이성애자입니까, 아니면 양성애자입니까?"라고 물어보는 대신에, "당신은 성적인 관심을 성별이 다른 상대에게 두고 있습니까, 성별이 동일한 상대에게 두고 있습니까, 또는 남녀 모두에게 두고 있습니까?"라는 식으로 묻기 시작했다는 뜻이다.

그 예로 우선 1980년대 이전에는 성적 기호(SP; sexual preference)라

는 용어가 가장 많이 사용되었다. 이 성적 기호라는 용어는 성 경험의 여부에 상관없이 사용되었다. 동성에게 성적인 매력을 더 느끼는 경우를 호모섹슈얼 성적 기호가 아니라 동일한 성별에게 보이는 성적 기호(same-sex SP), 이성에게 매력을 느끼는 경우를 헤테로섹슈얼 성적 기호가 아니라 반대의 성별에게 보이는 성적 기호(opposite-sex SP)라고 표현한다.

성적 기호의 용어는 성기 위주로 해석되던 동성애의 의미를 배격해 주는 차원에서 선정되었지만, 자발적으로 선택했다는 의미가 내포되었기 때문에 게이들의 정치적인 투쟁의 맥락에서 어느 정도 위험을 안고 있다. 만약 한 개인이 자발적으로 성별이 동일한 상대에게 성적인 기호를 나타낸다면, 법적으로 제재를 받을 수도 있고 또한 그러한 이유로 자신의 기호를 성별이 다른 상대로 바꾸어야 할 것이다.[153]

즉 성적 기호가 개념적으로는 자발적인 선택을 내포하고 있지만, 오른손잡이나 왼손잡이가 된 배경 또는 모국어의 적용과 같이 자발적이지 않을 수 있다. 즉 오른손잡이가 된 이유는 오른손을 사용하도록 유전적인 구조를 물려받았을 수도 있지만, 그렇지 않고 오른손을 사용해야 정상으로 받아들이는 환경 속에서 학습되었기 때문이기도 한다. 또 우리가 여러 가지 언어 중에서도 한국어를 사용하는 것도 기호로 선택했던 것이 아니라 한국어를 사용하는 문화권에서 생활하였기 때문이다.

1980년대 이후의 심리학 문헌에서는 성적 기호보다도 성적 지향(SO; sexual orientation)이라는 용어가 더 많이 사용되고 있다. 성적 지향이란 자발적인 선택보다는 생물학적인 면에서 사랑과 성욕의 표현이나 관심을 내포하고 있다.[43, 100] 즉 성적 지향은 특정한 성별의 상대에게 성적, 감정적 그리고 애정적으로 관심을 나타낸다는 뜻이다.

성적 지향으로 개인의 상태를 표현할 때에는 성별이 동일한 상대에게 보이는 지향은 호모섹슈얼 성적 지향이 아니라 레즈비언 성적 지향 또는 게이 남성(gay male) 성적 지향이라고 표현한다. 전자는 과거의 병리학적 관점에 초점을 두는 표현이고, 후자는 개인의 차원에 초점을 맞추는 표현이다.[50, 79] 반면에 성별이 다른 상대 또는 양성 모두에 대한 성적 지향은 헤테로섹슈얼 또는 바이섹슈얼(bisexual) 성적 지향으로 나타낼 수 있다.[5] 단순히 성적 매력의 대상의 성별을 따라서 성적 지향을 표현한다면, 남성에게 성적 매력을 느끼는 성적 지향, 여성에게 성적 매력을 느끼는 성적 지향, 남녀 모두에게 성적 매력을 느끼는 성적 지향 그리고 아무에게도 성적 매력을 느끼는 않는 지향 등으로 나타낸다.[19]

성적 지향은 성별이나 연령, 인종, 민족성 등처럼 성에 관한 연구에서 매우 중요한 변인으로 취급되고 있다. 한 개인의 성적 지향의 결정은 생물학, 문화, 역사, 사회심리학적 영향 등의 복합적인 상호작용에 의한 결과라고 본다. 이러한 복잡한 내용은 개인마다 다르기 때문에 게이들도 성별이 동일한 상대에 대한 성적 지향을 보이는 시기가 다르다. 어떤 게이는 사춘기부터, 다른 게이는 매우 어린 시기부터, 또 다른 부류는 이성애적 성적 지향을 보이다가 성인기부터 동성에 대한 성적 지향을 보이기도 한다. 결국 동성에 대한 성적 지향의 발달양상에 따라서 게이들마다 생활양식, 적응형태, 표출행동 등이 다양하다.[79]

또 성적 지향은 성행위 상대자의 성별과 일치하지 않을 수도 있다. 즉 동성과 성행위를 하는 사람도 동성에 대한 성적 지향의 소유자가 아니라 이성애적 성적 지향의 소유자일 수도 있으며, 또 동성에 대한 성적 지향을 유지하더라도 동성과 성적으로 접촉하지 않을 수 있거나 이성과 성관계를 가질 수도 있다.[153] 자신을 레즈비언이라고 공언하던 여성도 다른 여자와 성관계를 가지는 것이나 레즈비언 공동체의 회원이 되는 것과 항상 일치하지는 않는다. 그러므로 성적 지향을 근거로 그 개인이 정상인가 아닌가를 판단해서는 안 되며, 누구든지 어떠한 성적 지향을 소유하더라도 사회로부터 차별받지 않을 권리가 있다.[86], [178]

성적 정체성 및 드러내기

사람은 모두 자기 자신이 누구인가를 알고 싶은 욕구를 지닌다. 흔히 그 물음에 대한 답을 추구하는 과정에서 혼동이나 갈등을 경험하기도 한다. 이러한 갈등은 사춘기 이후 일생 동안 경험할 수도 있지만, 보편적으로 사춘기 동안의 갈등이 가장 두드러진다. 청소년들은 갈등을 겪는 과정에서 대부분 학생, 부모의 자녀, 시민, 사회인, 미래의 주역 등으로서 자신의 모습을 하나씩 인식하기 시작하는데, 이를 정체성(identity, 주체성)의 발달이라고 표현한다. 이러한 정체성이 발달하는 내용 중의 하나가 성적인 관심의 대상을 스스로 확인하는 성적 정체성(sexual identity)의 발달이다.

그러나 여기에서도 동성간의 성행동과 동성애적 정체성 간에 반드시 일치하지 않을 수가 있다. 아동기에는 이성애적 정체성이 존재하지 않는 것처럼 동성애적 정체성도 없다. 그렇지만 나중에 이성애 또는 동성애 정체성의 토대가 되는 전조적인 행동이 아동기부터 나타날 수는 있다.[59] 대부분의 성인들은 동성애가 아동이나 청소년에게는 상관없는 성인에게만 보여지는 성적 지향의 문제로 생각하고 싶어한다. 그러나 어떤 사람들은 아동기부터 자신이 다르다는 느낌이 희미하게 나타나기 시작하여 동성애 정체성을 획득하는 경우도 있으며, 이러한 느낌이 발달과정에서 성년이 되면서 지속된다.[202]

정체성의 발달은 청소년기에 보이는 정상적인 현상이다. 이러한 관점 중의 하나는 성적, 정감적, 색정적 관계에 관한 것이다. 성적 정체성이란 성적 및 낭만적 맥락에서 자신을 동성, 이성, 또는 양성애적으로 지각하는 것이다. 곧 동성애적 정체성이란 낭만적이거나 성적인 상황에서 자신을 게이라고 지각하는 것이다. 자신을 게이라고 지각하는 것은 일종의 태도이며, 자신이나 타인에 대한 행동을 보일 수 있는 잠재성이다.[209]

성적 정체성을 발달시키는 과정에서 대부분의 게이들은, 특히 게이 청소년들은 게이가 아닌 사람들보다 갈등을 더 심하게 경험한다. 그들은 이성애적 기준이 설정된 사회문화권에서 게이라는 자신의 성적 정체성을 인정하는 데 대단한 용기를 필요로 한다. 또 자신들의 상태를 질병이나 범죄로 여기던 문화권에서는 게이라는 성적 정체성을 타인에게 노출하는 것은 더욱 어려운 실정이다. 그러므로 과거에는 자신의 정체성을 숨기거나 억압하고 살아가는 것이 일반적이었다.

게이 남성 및 레즈비언들이 자신들의 비밀스러운 신분을 유지하면서 받는 고통은 나중에 서술하게 될 것이지만, 고통의 지각은 자신들의 삶과 경험을 당당하게 요구하지 못하는 일이다. 게이들은 자신의 정체성을 드러내고 살아가는 모습이 과거의 억압에서 벗어날 수 있는 일이며, 또 자신이 게이임을 자랑스럽게 여길 수 있어야 된다

동성애 현상의 이해를 위한 기초

고 믿고 있다. 여기에서 게이가 자신의 비밀스러운 성적 정체성을 드러내는 과정을 자신의 삶에 스며든 비밀의 노출이라는 즉 '숨겨진 곳으로부터 나온다(coming out of the closet)'는 의미로 '커밍아웃(coming out)'이라고 표현한다.[188]

또 아우팅(outing) 또는 아웃니스(outness)라는 약칭도 같은 맥락으로 언급된다. 커밍아웃의 방법은 직접 개인을 상대로 이야기하거나 매스컴을 통하여 자신의 신분을 밝히는 경우도 있다.[79] 학자에 따라서는 타인, 특히 가족의 구성원에게 자신의 성적 지향을 명백히 밝힐 때는 노출(disclosure) 그리고 본인 스스로 게이임을 이해하는 상황을 커밍아웃으로 구분하여 사용하기도 한다.[201] 그렇지만 본서에서는 1970년대 이전에는 존재하지 않았던 커밍아웃이라는 용어를 상황에 따라서 '노출하기' 또는 '드러내기'라는 맥락으로 구별하지 않고 표현하게 될 것이다.

동성애는 인간에게만 유일한 현상인가?

인간의 동성애가 자연스럽지 못하다고 생각하는 사람들은 다른 동물들에게서는 동성애와 같은 현상이 전혀 존재하지 않을 것으로 믿는다. 만약 다른 동물들로부터 동성애 현상을 전혀 발견할 수 없다면 인간의 동성애는 생물학적 차원과는 별로 관계가 없는 상태로 이해될 가능성이 높다. 반면에 인간이 아닌 동물들에게서도 나타난다면 인간의 동성애는 보다 더 자연스러운 방향에서 이해될 수 있을 것이다.

그래서 행동과학자들은 인간행동의 생물학적 실마리를 동물들의 연구로부터 찾고자 하며, 동성간 성행위에 대한 모델도 동물들로부터 찾고자 하는 노력이 없지 않았다. 결론적으로 동성애 현상은 다양한 종에서 발견되고 있다. 그 예로 독일 오스나브뤼크의 한 동물원 당국은 1995년 6월 28일 황새 수컷 두 마리가 펭귄알을 부화시켰다고 발표하였다.) 두 마리의 황새는 과거 둥지를 함께 튼 경력이 있는 동성애 사이였는데, 이번에는 일반 황새 암수 커플처럼 번갈아가며 알을 품어 14일 만에 부화시켰다고 전한다.

황새 이외에도 갈매기와 같은 조류로부터 호저(豪猪; porcupine)와 같은 설치동물 등에서도 동성애가 나타난다.[13] 또 고릴라나 침팬지와 같은 여러 종의 원숭이들에게서도 암컷이나 수컷 모두에게서 동성간의 성행위가 관찰된다.[3] 성 연구가로 유명했지만 원래 동물학자였던 킨제이(Kinsey)에 의하면, 여러 포유동물들에서 동성애적 접촉에 비하여 이성애적 접촉이 더 빈번하게 나타날 뿐이지, 동성애적 행위가 나타나지 않는 것은 아니라고 한다.[19]

인간과 유전인자를 98% 이상 공유하는 유인원으로 보노보(Bonobo) 원숭이들의 사회생활에서는 동성애가 매우 특이하게 표현된다. 물론 침팬지도 사람과 가깝지만, 유전인자의 구조상 사람과 보노보의 관계는 개와 여우보다도 더 가까운 사이이다. 유인원들의 자웅간의 사회행동발달을 비교해 보면, 침팬지는 사람보다도 더 수컷 중심의 사회를 주도해가고 있는 반면에, 보노보 원숭이는 사람보다도 더 암컷 중심의 사회 또는 암수간의 평등사회를 유지하고 있다. 수컷 위주의 사회에서 침팬지 암수 모두 동성애가 존재한다고 하지만, 보노보 원숭이들의 사회구조에서도 가까운 가족을 제외하고는 어떠한 상대하고든지 성관계를 가질 수 있듯이 동성애가 더 자연스럽다.[50]

보노보 원숭이들의 사회구조에서는 성관계의 기능이 인간에서처럼 종족보존이나 쾌락추구를 우선적으로 발달시키지 않았다. 그대신 갈등의 상황을 해소시키는 방향으로 발달한 것으로 판단된다. 예를 들면, 두 마리의 보노보 원숭이 앞에 음식이 놓여졌다면 이들은 일단 성관계를 가진 다음에 그 음식을 나누어 먹는다. 음식이 눈에 보일 때 먹고 싶은 충동이 생긴다. 두 마리 이상의 원숭이가 음식을 보앉다면 먹고 싶은 충동들간의 갈등이 유발된 셈이다. 그들은 이를 해결하기 위한 수단으로 성관계를 가진다. 그러므로 수컷 보노보 원숭이의 생식기는 음식을 보는 순간 자연스럽게 발기된다. 하물며 보노보 원숭이들은 적이 침공하여도 갈등이 유발되며, 갈등해소를 위해 성관계를 갖는 순간 침공에 대한 대비를 제대로 하지 못한 까닭인지 현재는 겨우 몇 만 마리 정도만 아프리카의 일부 지역에 생존하고 있다.

곧 보노보 원숭이들은 갈등이 생길 때는 언제나 상대가 암컷이든지 수컷이든지 상관없이 갈등해소를 위하여 성관계를 가지게 된다. 암컷끼리도 서로 생식기를 비비며 수컷들에서는 그런 행위 이외에도 생식기를 입으로 빠는 행동까지도 나타난다. 그들의 성행위는 갈등을 피하기 위한 수단으로 나타난 것이기 때문에 인간의 동성애와 마찬가지로 성적인 것인지 사회생활의 일부인지는 정확히 파악하기는 어렵다. 단지 동성애적 행위 자체는 인간 이외의 여러 종에서 발견된다는 점을 부인할 수 없다.[60), 197]

제2장
동성애 현상의 문화적 다양성

킨제이 보고서 및 동성애의 빈도

과거로부터 어느 문화권에서나 성별이 동일한 상대에 대한 성적 지향을 보이는 자들이 존재해 왔다. 그러나 그들이 전체 인구에서 어느 정도 차지하는가의 비율은 아무도 정확히 모른다. 자신의 성적 지향이나 동성과의 성경험에 관한 정보가 인구조사처럼 상세하게 얻어질 수 있는 상황이 아니라면, 그 비율을 정확하게 추론하는 것은 아마 불가능할 것이다. 그 이유를 세 가지로 대별하여 정리할 수 있다.

첫째, 동성애를 어떻게 정의하는가에 따라서 통계치가 달라지게 된다는 점이다. 즉 성별이 동일한 상대와 과거로부터 지속된 성경험을 토대로 하는가 아니면 성행동하고는 상관없이 자신을 스스로 게이라고 답하는 자를 토대로 계산하는가, 또는 그런 대답과 상관없이 남성과 여성 중 어느 쪽으로부터 성적 흥분을 더 많이 느끼는가를 근거로 해야 하는가 등의 문제가 생긴다.[56] 실제로 독신 생활을 하는 성직자가 자신을 게이라고 생각하는 경우, 레즈비언이라고 말하지만 다른 여성과 전혀 성적 접촉을 하지 않는 경우 등이 있다면 그들의 포함 여부가 상황에 따라서 다르기 때문이다.[96]

둘째, 표집이 어디에서 어떠한 방법으로 이루어지는가에 따라서 동성애 빈도의 통계치가 상당히 달라지게 된다. 예를 들면, 미국 내의 게이들은 뉴욕의 맨해튼지역, 샌프란시스코, 보스톤, 시애틀, 버클리, 워싱턴시, 시카고, 애틀랜타 등 대도시의 특정한 지역에 밀집하여 생활하고 있다. 그 중 샌프란시스코는 시 인구의 약 27.6%가 게이일 정도로 밀집도가 높다. 또 미국 전체 게이들의 약 12.7%가 캘리포니아주에 살고 있으며, 그들은 캘리포니아주 전체 인구의 거의 10%에 해당된다고 추론한다.[96] 결국 어느 지역에서 표집하는가에 따라서 동성애의 빈도는 당연히 다르게 나타난다.

셋째, 전술한 두 가지 요인보다 더 결정적인 사항으로 동성애에 결부된 편견이나 오명 때문에 게이들이 자신의 상태를 정확하게 표현하지 않는다는 이유가 있다. 특히 일대일로 면접을 하는 과정에서는 자신의 신분을 노출시키지 못할 가능성이 더욱 크다. 게이인가 아닌가의 문제가 오른손잡이인가 왼손잡이인가처럼 논쟁의 대상이 되지 않을 때만이 그 빈도가 보다 정확하게 추론될 수 있다.[96]

최소한 금세기 초까지 동성애 치료에 관한 사례연구들이나 이론적인 문헌들은 많았지만, 경험적인 연구들은 별로 없었다. 아마도 동시대의 믿음을 변화시키는 데 가장 영향력있는 경험적 연구는 1940년 후반과 1950년대에 발표된 킨제이(Kinsey) 등의 보고서이다.[56] 그들의 연구결과가 알려지기 전에는 동성애를 정상의 범주에서 제외시켰다. 즉 성적인 상대를 선택할 때 누구나 자신과 성별이 다른 자가 아니면 성별이 같은 자를 선택할 것으로 믿고 있었다.

그러나 킨제이 등의 연구결과는 그와 같은 이분법적인 사고를 일축시켜 버렸다. 반면 그 연구들에서 밝혀진 성별이 같은 상대를 성적으로 접촉했던 사람들의 빈도가 오늘날까지 논란의 여지가 되고 있다. 그 이유는 킨제이 등의 연구보고서 이전에는 이와 같은 빈도에 관한 통계치가 거의 없었기 때문이다. 단지 1920년대 2,200명의 여성들을 표집했던 한 연구에서 절반 이상의 여성이 다른 여성과 아주 깊은 정서적인 관계를 유지한 경험이 있었다는 보고서가 여성들의 동성애를 추측하게 해 줄 뿐이다.[56]

킨제이 등은 호모섹슈얼(homosexual) 및 헤테로섹슈얼(heterosexual)이라는 단어들이 사람을 나타내는 명사형이 아니라 행위를 나타내는 형용사로 사용되어야 한다는 차원에서 동성애-이성애를 평정하는 척도를 아래의 〈그림〉처럼 만들었다.[118] 〈그림〉에서 '0'은 행동상 전적으로 성적인 관계를 이성하고만 유지하는 경우를 의미하며, '6'은 전적으로 동성과의 성적인 관계만을 유지하는 경우를 의미한다. 또

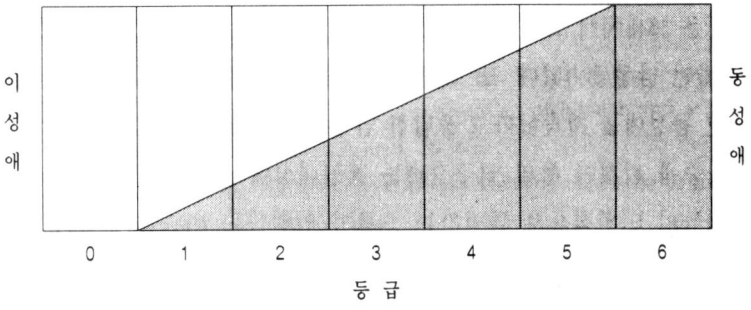

0 : 전적으로 이성애
1 : 주로 이성애, 약간의 동성애 경험
2 : 주로 이성애, 상당한 동성애 경험
3 : 동성애·이성애의 경험이나 경향이 거의 동일
4 : 주로 동성애, 상당한 이성애 경험
5 : 주로 동성애, 약간의 이성애 경험
6 : 전적으로 동성애

〈그림〉 킨제이의 동성애―이성애의 척도(출처 : Kinsey 등, 1948)

척도상에서 1부터 5에 해당되는 내용은 이성이나 동성 모두가 성적인 상대가 된다는 것을 의미한다.

그렇지만 어떠한 사람은 성인이 된 이후로 여러 가지 이유에서 일정기간 동안 아무와도 성적인 관계를 경험하지 않을 수 있다. 그 경우를 X라고 표시하는데, 그 X라는 반응은 단순히 성관계에 대한 관심이 없거나 성에 대한 혐오감이 매우 강하게 학습된 경우였다.[56] 이러한 척도는 개인의 행동유형이 과거와 현재에서 일치하는가를 살피는 데도 적절하게 사용될 수 있다.[87]

킨제이 등이 밝힌 동성애에 관한 연구결과는 다음과 같다. 우선 1948년에 남성 성행동(Sexual behavior in the human male)이라는 책으로 발표된 내용에는 5,300명의 백인남성들의 반응이 수록되어 있다. 그 남성들 중 약 37%가 사춘기 이후로 적어도 한차례 정도 동성과의 성관계를 통해 오르가즘을 경험했고, 다른 13%는 동성과의 성행위를 경험하지는 않았지만 그러한 충동을 가졌다고 답했다. 킨제이 척도에서 5번이나 6번에 응답한 남성의 비율은 응답자의 약 10%였다. 그들은 16세에서 55세 사이에 적어도 3년 정도 동성과의 관계를 추구해 왔던 남성들이었다. 또 그중에서 6번으로 답한 남성 즉 거의 평생 동안 동성애를 지속했다고 응답한 남성은 4%였다.[118]

나중에 킨제이 등의 연구결과는 표집대상에 교도소 수감자 및 대학생들이 인위적으로 들어가는 오류가 있었다는 비판을 받았다. 그러나 미국사회를 비롯한 여러 문화권에서 성에 대한 금기를 타파시키는 데 매우 혁신적인 공헌으로 평가되기도 하였다. 킨제이 등은 1948년 남성 성행동이라는 보고서를 출간하면서 『뉴욕타임즈』에 광고를 부탁했지만 처음에는 거절당했다. 그 당시 사회에서는 성에 관련된 연구를 달갑게 여기지 않았던 탓도 있었겠지만, 연구결과의 내용이 일반인들에게 알려지면 경악하지 않을 수 없었기 때문이었다. 그 예가 바로 미국의 백인 남성의 37%가 질병과 범죄로 여기던 동성애를 통하여 오르가즘을 경험했다고 답한 내용이었다. 몇 차례의 부탁으로 결국 연구내용이 『뉴욕타임즈』에 보도되면서 실제로 경악과 분노, 회의 등의 반응이 나타났다.

남성들의 연구결과가 발표된 지 5년 후 1953년에는 백인 여성 5,940명을 조사한 결과가 여성 성행동(Sexual behavior in the human female)이라는 제목으로 보고되었다. 이 보고서 때문에 세상이 다시 시끄러워졌는데, 일반인들은 남성들의 보고서보다도 더 민감하게 반응하였다. 그 동안 여성은 성적인 욕망이 없는 존재로 여겨졌던 사회적 분위기에서 여성들의 성행동의 모습이 기대와는 달리 소개되었기 때문이다. 물론 동성애의 내용은 남성들에 비하여 비율이 높지 않았던 편이었다. 응답자의 13% 정도가 여성과의 성적인 관계를 통하여 오르가즘을 적어도 한 번 정도 경험했다고 답했으며, 킨제이 척도에서 5번이나 6번으로 답한 자들은 응답자의 3% 그리고 6번으로만 답한 여성은 2%에 해당되었다. 아울러 여성과 성관계에서 오르가즘을 경험한 반응자들의 71%가 상대자가 한두 명에 불과했다고 답했다.[119]

특히 여성들의 연구결과가 소개되면서 킨제이 등의 연구결과에 대하여 민감한 반응은 즉각 나타났다. 보수적인 국회의원이었던 헬러(Louis Heller)는 그들의 연구업적이 모든 세대들을 타락시키고 청소년 범죄를 확산시키는 것이라고 주장하면서 연구결과가 미국 내에서 우편물로 발송되는 것을 금지하도록 요구하였다. 또 1954년에는 국회 차원에서 킨제이의 연구에 기금을 제공한 록펠러(Rockefellor)재단에도 세제혜택 등에 관한 정치적인 압력을 넣어 기금지원을 중단하도록 요구하였다. 킨제이가 2년 후 심장병으로 죽을 때 연구업적이 비방받

으면서 건강이 더 악화되었다고 믿는 사람도 있었을 정도로 민감한 반응을 보였다.[69]

킨제이 등은 자신들의 연구결과를 토대로 가부장제 사회가 도래하기 이전에는 동성들간의 성행위에 대한 금기가 존재하지 않았다고 논했다. 그렇지만 금기가 존재한 사회에서도 동성간의 성행위가 성행하고 있다는 것은 동성애를 다른 각도에서 이해시켰다.[118],[119] 곧 킨제이 등이 실시한 연구결과가 근래 게이해방운동에 긍정적인 영향을 주었다고 볼 수 있다.

킨제이 등의 연구가 발표된 이후에도 근래에 이르기까지 여러 연구자들은 동성애의 빈도를 언급하고 있는데, 그 조사결과들을 종합할 때 전체 인구에서 게이들이 차지한 비율은 2%에서 10% 사이라고 추론된다(부록 1을 참조). 또 행동적으로 동성과 성적인 접촉을 통하여 쾌감을 한 번이라도 경험한 사람까지 포함한다면 그 비율은 훨씬 높을 것 같다. 그러나 서두에서 지적했듯이 이러한 비율의 추론은 현재의 조사방법론의 수준에서만 가능하다. 단지 이러한 비율이 최소한 유지되고 있다는 사실은 동성애적 행동이 예전에 믿었던 것보다 훨씬 보편화되어 있음을 의미한다.[56]

킨제이 등의 연구가 발표된 시기에 비하여 20세기 후반에는 동성애의 용납이나 가시성은 증가하였지만, 동성애의 비율 자체는 증가하지 않는 인상이다.[158] 물론 연구방법론상의 차이로 동성애의 정의가 일치하지 않았지만, 최소한 지난 반 세기 동안 비율은 거의 비슷한 상태를 유지하고 있는 것 같다. 그럼에도 불구하고 동성애를 비정상으로 여기면서 이들을 용납하면 많은 사람들이 동성애에 물들어 버릴 것 같다는 두려움을 나타내는 사람들도 많다.

우리 나라의 경우는 어떠한가? 물론 게이들에 대한 인식이 고조되어 동성애에 대한 불안이나 편견이 줄어든다면, 자신의 게이 정체성을 드러낸 수가 늘어날 것은 자명하다. 그렇다고 하더라도 여러 연구자들의 조사결과에 나타난 바처럼 게이들의 빈도 자체는 증가된다고 보기는 어렵다.

  필자가 1995년 17세에서 60세까지의 한국인 636명을 대상으로 조사를 한 결과, 응답자의 70% 이상이 10년 전에 비하여 현재의 게이들의 빈도가 훨씬 높아졌다고 생각한 반면에 4%의 응답자는 줄어들었다고 그리고 25%는 비슷하다고 반응했다.[225] 또 현재와 비교하여 10년 후에는 게이들의 비율이 어떻게 변할 것이라고 생각하느냐의 질문에서도 75%의 응답자들은 지금보다도 높아질 것이라고 답했으며, 4.6%는 줄어들 것이라고 전망했다.[225] 그 조사에서 지난 6개월간 동성과의 신체적 접촉을 5차례 이상 경험했다고 답한 사람의 비율은 남성의 4.5%와 여성의 2.6%에 해당되었다.[225] 한국이라는 사회문화적 특성상 신체적인 접촉의 내용이 성적인 것이라고 정확하게 언급하지 않는 상태의 질문이었지만, 적어도 한국인의 소수도 게이라고 추측하게 만드는 자료이다.

동성애 현상의 문화적 다양성

동성애의 문화적 고찰

동성들간의 성관계는 구석기시대의 동굴벽화에도 묘사되어 있듯이,[17] 시대를 초월하여 존재하는 인간관계의 현상이다. 물론 이러한 현상을 용납하였던 상황이 그렇지 않았던 상황과 시대적으로 교차하였다. 예를 들면, 고대 고리스의 도시국가 문화권이나 그 이후의 그리스 문화권 및 로마 문화권, 문예부흥기 등의 시대에서는 금세기 후반의 상황보다도 동성애를 이해하는 관점이 더 허용적이었다.[2], [58] 동성애를 배척하던 시대였을지라도 동성애적 성적 지향을 보인 사람들이 적지 않았으며, 역사는 서민들의 경우가 아니라 단지 왕가를 비롯한 각계 각층의 유명한 인물들에 대해서만 기록하고 있을 뿐이다(역사적 인물에 대한 연대기적인 기록은 부록 2를 참조).

킨제이의 보고서가 발간된 지 3년 후 인류학자인 포드와 심리학자인 비이치(Ford & Beach)의 보고서가 발표되었다. 후자의 보고서는 동성간의 성행위가 비자연적이라는 믿음을 의심하게 만들었다. 그들이 조사했던 76개의 원시부족 공동체 중 49곳에서 동성간의 성행위를 정상적으로 용납되는 행위로 간주하였기 때문이다.[7] 곧 동성들간에 표현되는 성행동을 문화적으로 비교한다면, 경우에 따라서 동성애가 정상적이고 건강한 것으로 규정되기도 한다.[53]

근대사회에서도 서로 다른 인종이 섞이어 살아가는 북아메리카 지역에서의 동성애의 이해 양상은 인종이나 출신 문화권간의 차이가 심하게 나타난다. 예를 들면, 아시안계 미국인들은 성에 대한 언급 자체를 금기시하고 있는데, 특히 동성애를 가계의 전승에 위협으로 받아들이고 있다. 또 흑인들은 동성애를 가족과 집단의 생존에 위협이며, 인종차별을 가중시키는 것으로 본다. 다시 말하면, 동성애가 인종간의 결혼과 마찬가지로 인종학살로 이해되므로 흑인 게이들의 일부는 죄의식을 느낀다.[79]

이러한 맥락에서 근대 이전의 여러 문화권에서 동성애는 어떻게 이해되었는가를 살펴보겠다. 문화권을 비교 연구하는 인류학자들은 동성애 문제의 이해를 위하여 문화권을 최소한 3가지 부류로 나누고 있다.[208] 첫째, 성별이 동일한 상대와의 성관계에 대한 언급이 전혀 없는 문화권이다. 그 예가 기독교 영향을 받기 이전의 멜라네시아 문화권이나 미국 본토의 원주민들이다. 그들에게는 동성들간의 성관계를 묘사하는 단어가 없었다. 단지 그러한 행위는 그들의 생활양식의 일부였다. 곧 이러한 문화권에서는 동성간의 성행위가 비판이나 논의의 대상이 아니다.

둘째, 성별이 동일한 상대와의 성관계를 매우 긍정적으로 이해하던 문화권이 있다. 대표적인 예가 고대 그리스의 황금시대(golden age)이다. 이 시대에는 특히 남성들간의 사랑은 남녀간의 사랑보다도 더 순수하고, 아름답고, 가치있고, 차원높은 것으로 인정받았다. 그렇지만 여성들간의 동성애는 레스보스 섬에 거주하는 여성들간의 관계 이외에는 별다른 언급이 없었다. 그 이유는 아마도 남성 위주의 가치관이 팽배하여 여성들의 중요성이 부각되지 못했기 때문일 것이다.[208] 동성간의 사랑을 긍정적으로 여겼던 또 다른 문화권들의 예로는 브라질 우림(雨林)지역의 토착문화권, 적도 부근의 멜라네시아 토착문화권 등이 있다.

 셋째, 동성들간에 표현되는 사랑이나 성행동에 관하여 부정적인 태도를 보이는 문화권이다. 북미, 중남미, 유럽 등의 기독교문화권, 회교문화권, 우리 나라 등이 여기에 속한다. 이러한 문화권의 대부분은 성에 대한 언급 자체도 금기시하며, 또, 사회질서가 엄격한 가부장적 위계에 의해서 유지되는 경향이 강하다.[208] 그렇지만 그러한 사회문화권에서도 동성들간의 성적 접촉은 어느 시대에나 존재해 왔다. 곧 사회적으로 동성들간에 표현되는 성행위를 억압하더라도 그리고 그 행위에 대하여 아무리 심한 처벌을 가하더라도 동성애적 행위와 감정은 우리가 알고 있는 거의 모든 문화권에서 나타나고 있다.[73] 자신을 이성애자라고 여기는 남성들도 일생 중 다른 남성과의 성적 접촉을 한 번이라도 경험한 자들이 상당수에 해당된다. 또 일부 남성들은 전적으로 남성하고만 성관계를 추구하고 있다.[227]

폴리네시아 및 멜라네시아 문화권

파푸아 뉴기니아를 거쳐서 슈마트라의 북서쪽 부근으로부터 태평양의 멜라네시아 군도에 이르는 여러 지역에서는 부족이나 종족간의 동성애가 사회적으로 관례화되어 있었다. 보다 정확하게 표현하면, 여러 부족들은 결혼 전 동성애를 경험하고서 결혼 후 이성애를 발달시키므로 연속선상의 양성애가 제도화된 셈이다.[153] 이들의 경우 남녀간의 혼전 성관계는 적절하지 못하므로 결혼 전 남녀에게는 서로 거주지역, 음식, 통로, 의식들도 구별되어 있다. 그들의 사고방식에 따르면, 여자는 가치있고 필요하면서도 남자를 오염시키는 위협과 불안의 존재라는 양가감정의 상대이다.[14]

그 불안은 아동이 어머니나 자매와 같은 여자로부터 오염되지 않도록 하기 위해서 또 아동들에게 강인함과 남성성을 발달시키기 위해서 남성들간의 동성애 의식이 관례화되었다.[35] 이렇게 믿는 부분적인 이유는 아마도 모자간의 근친상간에 대한 금기가 매우 심했기 때문이거나 여성의 월경 현상을 제대로 이해하지 못하였기 때문인 것 같다.[4] 그들은 여성이 월경을 경험하는 동안 흘러나온 피가 남성의 생식기에 묻으면, 남성의 성장발육은 정지되고 노화가 빨리 나타나서 남성의 성기가 무용지물이 된다고 믿는다. 그러므로 남성들은 나중에 결혼 후에도 여자로부터의 오염을 정화시키는 의식을 자주 행하고, 남성성을 강화시킨다고 믿는 음식이나 초근, 피, 정액 등을 섭취한다.[14] 또 남성의 정액이야말로 아이를 임신시키고, 태아의 신체를 발육시키고, 여성의 가슴에서 젖이 나오게 만들고, 신체적으로 강인함을 유지시켜 사춘기의 상태에서 성인으로 발달시키는 데 결정적이라고 믿고 있다.[36]

구체적인 예로 그 부족들 중 삼비아(Sambia)족들은 1970년대까지 남성들의 동성애가 종족보존의 고유한 과정으로 믿었기에 의식화되어 있었다. 그들의 전통에 따르면, 남아가 9세 정도가 될 때부터 가족들과 함께 살지 않고 마을의 중앙에 길게 지어진 커다란 합숙소에서 생활을 하게 된다. 보통 결혼 적령기가 되어 여자와 결혼할 때까지 10년에서 15년 정도 여성들과 격리된 생활을 한다.[36] 이곳에서 생활하는 남자들의 역할은 성숙한 정도에 따라 크게 이분된다. 정액을 아직 생산하지 못한 어린 아이들은 성숙한 남성들의 정액을 먹거나 항문성교의 상대자가 되어 주는 역할을 하고, 사춘기를 지나 정액을 생산하는 남아들은 어린 남아에게 정액을 먹이거나 항문성교를 해주는 역할을 한다.

유아기에는 어머니의 젖을 먹으면서 자랐지만, 아동기에는 성장에 필수적인 물질인 정액을 성숙한 남성으로부터 공급받는다. 곧 남아가 종족보존의 능력을 갖춘 남자로 발달하기 위해서는 정액의 흡수가 필수적이라고 믿는다. 그렇지만 이미 성숙하여 정액의 생산능력을 갖춘 남아에게 정액을 먹이는 행위는 금지되어 있다. 그에게 정액을 먹일 경우 성인이 되는 데 필요한 물질을 오히려 빼앗는 것으로 생각한다.[53] 반면에 여아들은 여성에게 고유한 출산능력이나 여성성을 태어날 때부터 갖추고 있다고 생각하므로 의식을 통하여 일부러 여성성을 심어줄 필요는 없다고 믿는다.[35]

남아들은 원래부터 여성적인 특질을 지니고 있었지만, 여자와 격리된 생활을 시작하면서부터 여러 가지 의식을 거쳐 성인 남성이 된다고 믿는다. 그러한 의식들로는 가능하면 어린 남아에게 성기를 자주 빨려 정액을 많이 섭취시키거나 항문성교를 하는 것 이외에도 신체에 정액을 사정하도록 하여 몸을 문지르면서 성장에 필수적인 정액을 피부로도 얻도록 한다. 또 여자로부터의 오염을 제거시키기 위해서는 피부를 태우는 의식이나 심신을 내적으로 정화시키기 위하여 코피를 흘리는 의식을 행하며, 또 남성적인 식물을 섭취하는 것이 보통이다. 이러한 의식이 끝나는 시기에 결혼하여 동성애관계를 종식시킨다.[36]

결혼은 대부분 가족들이 아내가 될 여자를 주선하는 중매형식을 취한다. 결혼한 이후부터는 부인과의 이성애적 생애의 국면을 맞이하게 된다. 그렇지만 남성들은 이성애적 경험만으로는 그 사회문화권에서 일등 사냥꾼과 같은 완전한 남자가 되지 못한다고 생각한다. 완전한 남자가 되는 데 청소년기의 동성애 경험의 정도가 좌우된다고 믿는다. 만약 동성애의 경험이 없거나 부족하면, 오히려 일탈된 남성이라는 오명을 얻는다. 이를 싫어하는 남성이라도 제도적으로 어쩔 수 없이 동성애관계를 겪어야 하며, 또 어떤 남성들은 결혼 후에도 동성애관계를 지속시키기도 한다. 역시 결혼 후에도 남성들은

여성들로부터 오염되는 위험을 줄이기 위하여 매달 코에서 피를 흘리는 의식을 행하기도 한다.[98, 153]

오늘날 우리가 살아가고 있는 문화권에서는 이성애적 관계를 정상적, 건강한, 자연의 질서를 존속시키는 진리로 여기고 있다. 이러한 기준을 토대로 삼비아 문화권의 동성애는 일탈로 보여질 것이다. 그렇지만 그들의 문화를 기준으로 했을 때에는 동성과의 관계가 없는 남성이 오히려 건강하지 못한 일탈된 남성이 된다.

고대 그리스 및 로마 문화권

고대 그리스는 동성애를 인정하였던 문화권으로 유명하다.[36] 당시 철학자들은 노골적으로 남성들의 성관계가 남녀간의 성관계보다 더 인간적인 사랑에 해당한다고 표현했다. 플라톤의 향연(symposium)을 읽어 보면, 남성들간의 사랑이 얼마나 예찬되었는가를 짐작할 수 있다. 당시에는 젊은 남성이면서 운동선수의 신체는 경배와 찬양의 대상이었고, 남성들의 동성애관계에서 연장자는 젊은 상대에게 성적인 만족을 가르치고 관습을 전달해주는 교육자의 역할을 하였다.[14]

그리스시대에서는 특히 성인 남성이 미소년을 유혹하는 행위는 사회적으로 존경받고 기대된 행위였다. 미소년의 유혹행위는 시간적으로나 경제적으로 능력이 있는 성인 남성들의 특권이기도 했다. 그리스의 시대상을 반영하는 도자기와 같은 작품을 보면, 당시의 성인 남성들이 소년과 성행위를 하는 장면들이 묘사되어 있다. 그 남성들은 거의 대부분 기혼자들이었기에 당시 사회의 지도층들에게는 양성애가 용납되고 유행하였다고 해석된다. 또 그 미소년은 성숙하여 설혼하더라도 아내 이외에 사랑의 파트너로 다른 미소년을 맞이하게 되는 권리를 가지고 있었다.[4]

스파르타에서도 남성들간의 동성애가 보편화되었는데, 이들도 특히 성인 남성과 청소년 간의 관계였다.[7] 이러한 형태의 동성애는 남성이 여성과의 결혼생활을 유지하면서도 병행된 양성애적 상태이므로 근래 논의가 되고 있는 이성에는 관심이 별로 없는 순수한 동성애와는 구별된다. 그렇지만 태초부터 인간의 사회에서는 이성과 동성의 구별없이 성적인 관계가 이루어지는 양성애가 존재했다고 보는 학자도 있다.[53]

로마제국주의 시대의 초기에는 동성애가 유행했지만, 이를 고상하다고 여기지는 않았다. 그리스시대에는 동성애를 찬미와 이상향의 모델로 설정시켰던 반면에, 로마시대에는 동성애가 인간의 성생활에서 불가피하게 나타나는 단순한 사실로 받아들여지고 있었다. 그러한 이유로 남녀간의 사랑도 존재하면서 황제를 비롯한 유명인들은 모두 동성애자가 아니면 양성애자로 행세해야 했다. 이러한 불가피성을 집단적으로 대처하기 위해서 동성애적 행위가 방탕적인 상태에서 표현되기도 했다.[8] 아울러 미소년이 눈에 띄면 능력있는 남성은 그 아버지에게 돈을 주고서 성관계를 맺는 소위 매춘과 같은 관습도 별다른 규제없이 성행하였다.[74]

아프리카 문화권 및 레즈비언 관계의 존재

　남아프리카공화국에 둘러싸여 있는 레소토(Lesotho)라는 작은 나라의 국민들은 공화국에 건너가 노동하는 남성들의 수입에 의하여 사회경제적인 생활을 하고 있다. 레소토의 남성들은 대부분 결혼과 동시에 노동을 하러 공화국으로 건너가는데 임금의 일부를 가정에 보내거나 가끔 가정을 방문한다. 그 공화국에서는 여성 노동력의 수입을 꺼리므로 레소토에 남은 여성들은 결혼 후에도 낯선 시댁식구들과 살아가면서 불안정한 생활을 한다.
　곧 레소토는 남성들이 외지에서 살아가므로 남편 없는 부인, 아버지 없는 딸, 오빠 없는 누이 등 여성위주의 생활이 습관화되어 있다. 이러한 이유로 레소토의 여성들은 학교다니는 사춘기 시절부터 자기보다 나이가 많은 여성과 연애관계를 맺는다. 이러한 관계는 어머니가 허락하는 한도 내에서 이루어지는데, 그 한도는 연애편지나 선물을 주고 받는 것 이외에 키스, 애무, 외부 생식기의 소음순을 서로 당기며 늘리는 것 등도 포함된다. 결혼 후에도 상대를 바꾸어가면서 연애관계가 지속된다. 이는 정서적으로 안정을 가져다 주고 또 남편이 노동하러 떠나간 동안 이성애적 관계의 대안이 된다.[80]

아잔드(Azande)족들은 남자의 친족이 여자의 친족에게 신부값을 주면서 결혼을 성사시킨다. 금전을 지불한다는 행위는 아내에게 혈통을 이어줄 자식을 낳아주라고 요구하는 권리가 주어진다는 것이다. 그러한 이유로 부유한 남성은 여러 명의 부인을 사들일 수 있으며, 최소한 금세기 전반기까지 수백 명의 부인을 둔 남성들도 있었다.[14]

일부다처제하의 아잔드족 부인들간에는 서로 정서적인 안정을 위하여 레즈비언관계가 이루어지고 있었다. 그 관계는 영원한 결속을 위하여 의식을 통하여 이루어지는 것이 보통이었다. 그렇지만 부인들은 자기들의 레즈비언관계를 남편에게는 가능하면 비밀로 유지하고 있었다. 보통 이러한 형태의 레즈비언관계는 아프리카의 여러 다른 종족들에서도 나타났다고 본다.[96]

또 남녀간의 평등이 존재한다고 여겨지는 남아프리카의 쿵(Kung)족의 경우 레즈비언관계도 자연스럽게 나타나고 있다. 쿵족의 니사(Nisa)라는 여성의 생애를 묘사한 기록에 의하면, 사춘기에 접어든 여자애들은 나중에 남자애들과도 자연스럽게 성적 접촉을 시도하지만, 남성과의 관계에 앞서 사회적으로 용납되고 있는 여성들간의 성관계를 경험한다.[195]

레소토의 여성들, 아잔드족들이나 쿵족의 레즈비언관계는 어느 정도 환경적인 상황 때문에 발달된 것이라고 여겨질 수 있지만, 남성들의 경우는 제도적으로 나타났던 것 같다. 그 예로 동아프리카 냐사(Nyasa) 호수 지역에 거주하는 냐큐사(Nyakyusa)족들은 남자애가 10세나 11세가 되면 가족들로부터 격리시킨다. 함께 생활하는 남자애들은 그들끼리 색정적인 춤도 추고 동성애적 관계를 유지하는데, 이는 제도적으로 용납되고 있다.

나중에 25세 정도가 되면 여성과 결혼을 하는데, 이때부터는 남성과의 성관계가 용납되지 않는다. 그럼에도 불구하고 기혼 남성들과 청소년인 남아 간의 동성애가 은밀하게 유지되기도 한다. 반면에 여자들은 월경 현상이 시작되면서 곧바로 남자와 결혼해야 하므로 남성들처럼 동성간의 접촉을 경험하지 못한다. 그러나 일부다처제하의 냐큐사족 부인들은 레즈비언관계를 맺기도 한다.[20]

냐큐사족들과는 달리 시완(Siwans)족들은 남성들간의 항문성교가 보편화되어 있다. 그들은 여성과 결혼하기 전이나 후에도 남성들끼리 자연스럽게 행해지고 있는데, 이를 실행하지 않는 남성이 오히려 별난 사람으로 취급받을 정도이다. 그들은 남성들간의 항문성교가 남성을 보다 강하게 만든다고 믿고 있었다.[7]

여기에서 동성애 현상의 존재가 과연 남성에게만 보편화되었는가를 생각해 볼 필요가 있다. 20세기 후반 게이해방운동이 전개되면서 사회과학의 문헌에서 동성애 현상의 역사적이고 문화적인 영향에 관심을 두었지만, 여성들의 동성애에 관한 자료는 매우 미흡했다. 그 이유는 레즈비언 관계가 별로 존재하지 않았던 것이 아니라 여성의 역할은 전통적인 이성애적 관점에서만 바라보았기 때문으로 해석된다. 19세기 후반 성을 연구하던 학자들 중 일부는 여성들에게서 보이는 남성적인 행동을 동성애로 이해하기도 했다. 즉 레즈비언관계에 대한 남성들의 고정관념적인 시각에서 해석되었다고 할 수 있다.

인류학적 연구를 시도하던 초기에는 레즈비언 관계가 별로 보고되지 않았다. 그렇지만 멜라네시아 지역에서 여성들의 동성애도 남성들보다는 정교하지 않더라도 발달되어 있었다고 본다.[14] 그 구체적인 증거는 포드와 비치의 인류학적 보고서가 나온 1950년대 초에는 76개 문화권 중 17개 문화권에서만 레즈비언관계가 보고되었다.[33] 그러한 결과가 도출된 이유는 남성들에게 여자의 아내로서, 딸로서, 자매로서의 역할을 물어보았기 때문일 수 있다. 그러나 여성에게 직접 그들의 관계를 물었을 경우는 다른데, 1980년대 중반까지 최소한 95개 문화권에서 레즈비언 관계가 확인된 것이다.[35]

이슬람 및 남아메리카 문화권

　10세기 초반 독일의 역사가들은 기독교를 믿는 남성이 이슬람 문화권에서 아랍남성들의 성적인 요구를 들어주기보다도 순교를 택했다고 얘기한다. 이는 곧 아랍지역에서 남성들간의 동성애가 유행했다는 것을 의미하는데, 그 행위는 근대에 이르기까지 용납되어 왔다. 즉 이슬람 문화권에서는 성숙한 남성과 그에게 굴종하는 젊은 남성 간의 성관계는 숨길 필요가 없을 정도로 쉽게 받아들여졌다.

　이집트 문화권에서는 신과 동성애적 성교를 가지는 것을 길조로 여기었다. 남성이 신과 항문성교를 했다는 것은 그가 신에 대한 두려움을 정복했다는 증거로 받아들였기 때문이다.[80] 또 고대 페르시아의 일부다처제하에서 부인들은 남편에게 사랑받지 못할 때 레즈비언관계를 맺는 것이 당연했다.[74]

　남미에서도 브라질의 북동쪽 항구도시인 벨렘(Belem)을 비롯한 브라질의 여러 지역에 거주하는 흑인들은 남성의 성역할을 구분하는 예식을 거행하고는 했다. 예식의 추종자는 근대적인 맥락에서 게이 남성들의 관계라고 부를 수 있는데, 비차(bicha)라는 역할의 남성과 호멤(homem)이라는 역할의 남성으로 구분된다. 비차는 사회적으로 수동적인 역할을 하는 남성이므로 항문성교에서도 삽입을 당하는 쪽이고, 호멤은 능동적인 역할을 하는 남성으로 항문성교에서 삽입을 하는 쪽이다. 비차는 호멤에게 자신을 준다고 표현하고, 호멤은 비차를 먹는다고 표현한다.

상기의 의식은 최근까지도 존재해 왔다. 호멤이 비차에 비하여 사회적인 신분이 높고 지배를 하도록 하는 종교적인 예식이다. 만약 이러한 예식을 치룬 비차들끼리 성적 관계를 가진다면, 여성들의 동성애관계처럼 일탈행위로 여기게 된다.[78] 이러한 맥락에서 미국에 거주하는 중남미 출신들의 경우 남성들의 동성애도 항문성교시 남근을 삽입하는 행위처럼 남성적이라면 용납된다. 반면 타인의 남근으로부터 삽입당하는 여성적인 역할을 한다면 굴욕적이라고 평가한다. 즉 게이 남성들 중에서도 여성적인 역할을 하는 사람에 대해서만 편견과 수치, 오명 등이 따라다니고 있듯이 성역할의 구분에 대한 차별이 심하다. 그래서 중남미 사회에서는 게이 남성들에 비하여 레즈비언관계의 존재는 별로 인식되지 않는다.[79]

중국 문화권

중국은 동성애를 제도적으로 장려한 적은 없지만, 특히 남성들간의 동성애관계에 대한 기록은 다른 어느 문화권에서보다도 훨씬 오래되었다. 중국의 고대 문헌에는 게이였던 역사적인 인물들이 수두룩하며, 동성애의 감정을 표현했던 문학작품도 많은 편이다.[180] 특히 동성애는 서민층보다도 상류사회에서 더 용납된 생활양식으로 등장한 것 같다. 중국의 기록에 의하면, 최소한 46세기 전부터 게이 남성이나 양성애자의 상대가 되어 주는 남성에 관한 기록이 존재한다.[181]

전술했듯이 위나라 왕 영공(靈公: BC 534-493)은 미남이었던 미자하와 사랑에 빠졌다. 위나라의 법에 의하면, 왕의 마차를 허가 없이 사용할 경우 다리를 절단하는 처벌을 받게 된다. 어느 날 미자하는 모친이 위독하다는 얘기를 듣고 왕의 허가도 받지 않은 채로 마차를 몰고 갔다. 왕은 이 소식을 듣고 처벌을 내리기는커녕 오히려 효도를 했다고 칭찬할 정도로 미자하를 아끼고 있었다. 또 미자하는 어느 날 왕의 정원을 거닐면서 맛있는 복숭아를 먹다가 이를 남겨 왕에게 먹어보도록 하였다. 이러한 연유로 남성 동성애의 대명사로 복숭아를 남긴다(나눈다)는 여도(분도)의 용어가 생겼다.[80]

또 현존하는 중국의 역사기록 중 가장 오래된 남성 동성애는 연자춘추(宴子春秋)에 언급된 내용이다. 즉 제나라 왕 제경공(齊景公: BC 547-490) 시절 한 신하가 왕을 호색적으로 바라보았다. "왜 나를 그런 식으로 바라보는가"하고 왕이 물었더니, 신하는 "당신이 너무 아름답기 때문입니다"라고 답했다. 이에 왕은 "네가 감히 왕하고 성행위를 한다면, 너는 사형될 것이다"라고 말했다. 이때 제나라 수상이었던 연(宴)은 "성욕을 거절시키는 것은 옳지 못하며, 신하의 욕망은 사형될 만한 범죄가 아닙니다"라고 충고했다. 이에 왕이 신하의 욕망을 받아들였다는 기록이 언급되고 있다.[80]

춘추전국시대에는 정치적이고 군사적인 목적으로 동성애 미인계가 이용되기도 했다. 즉 상대국의 나이든 남성을 유혹하기 위한 수단으로 젊고 아름다운 남성을 이용했다는 기록도 있다.[80] 전한서에는 한(漢)나라 시절 황제들의 동성애 상대자들에 관한 기록이 있지만, 후한서에는 그런 언급이 없다. 그래서 왕가에 대한 동성애 기록은 한나라 초기 이전의 것들이 대부분이다. 한나라 고조인 유방(劉邦: 재위기간 BC 206-195)은 적유(籍孺)와의 동성애관계로 유명하다. 역사가인 사마천은 사기(史記)에 적유를 '다른 남성의 부인과 같은 남성'이라는 뜻으로 기록하고 있다. 유방은 적유 이외에도 궁궐 내시들을 연인으로 삼았다고 기록되었다. 또 용맹한 황제로 이름을 날린 한나라의 무제(武帝: BC 156-87)는 양성애자로도 유명했다.[80]

후한서에는 남성 동성애에 관한 기록이 없지만, 3세기경 진(晉)나라 시절 남성 동성애가 상류사회에서 용납되었던 것으로 보여진다. 그 예로 소위 죽림칠현(竹林七賢)들이 서로 사랑을 나누는 관계였다는 기록이 유의경(劉義卿)의 세설신어(世說新語)에 전해진다.[18] 또 상류계층이지만 왕가에 속하지 않는 남성들의 동성 및 양성애관계의 기록은 적지 않다. 시인이었던 유신(庚信: 513-581)의 소소(蕭韶)와의 관계, 진문제(陳文帝: 재위기간 559-566)와 진자고(陳子高)와의 관계 등이 그 예이다.

명조 및 청조시대에 들어와서는 상류계층이 아닌 계층에서의 동성애 기록이 나타나기 시작한다. 그 대표적인 경우가 상공(相公)이라는 직업이다. 우리에게는 상공이라는 용어가 재상이라는 뜻으로 알려졌지만, 원래는 젊고 아름다운 남성이라는 의미였다. 또 청조에서는 여성의 역할을 하는 남성 배우라는 뜻으로도 언급되었다가 나중에 남자 배우 또는 남성 동성애자의 연인이라는 의미로 전달되어 영어의 드래그 퀸(drag queen)과 같은 뜻으로 변했다. 이에 상응하는 여성을 상고(相姑)라고 표현하기도 했다. 곧 북경에서는 상공당자(堂子) 또는 상고당자로 알려진 사업도 번창하게 되었다. 여성처럼 치장하고 행동하는 상공들은 수많은 남성 손님을 맞이했는데, 동·성애 매춘과 같은 이러한 사업은 청조 말에 폐지되었다.[18] 중국에서는 문화혁명 후 게이 남성들은 자주 처벌되고 있는 실정이므로 자신의 정체성을 드러내기를 꺼려하고 있다.

중국 문학작품 중에서 동성애를 최초로 언급한 문헌은 주나라 초기부터의 민요나 시를 집대성한 시경(詩經)이다. 시경의 산유부소(山有扶蘇)라는 작품에 중국 역사에서 당시 가장 아름다웠다는 게이 남성이 자도(子都) 또는 자충(子充)으로 묘사되고 있다.[18] 또 동성애 생활양식을 묘사한 최초의 중국문헌은 돈황(敦煌) 석굴에서 발견된 백행간(白行簡: 776-826)의 천지음양교환대락부(天地陰陽交歡大樂賦)에 언급된 내용이다. 백행간은 당나라 시인 백거이(白居易: 772-846)의 동생인데, 그의 작품에는 과거 왕들의 동성애관계를 묘사함은 물론 이성간이나 동성간의 성교가 자연적인 것이라고 결론짓는 주장을 펴고 있다.[18]

명조와 청조에는 소설 속에 동성애관계가 매우 사실적이고 자세하게 묘사되었는데, 남성들간의 동성애를 가장 기본적인 주제로 부가시키기도 했다. 반금연(潘金蓮), 이병아(李甁兒), 춘매(春梅)라는 세 여성과 서문경(西文慶)이라는 남성 위주로 이야기를 꾸민 금병매(金甁梅: 현존 최초인 1617년판)에는 서문경이 하인이던 미소년과의 성관계가 묘사되고 있다. 또 18세기 후반에 발표된 홍루몽(紅樓夢)에도 이성 및 동성간의 사랑이 상세히 묘사되어 있다. 역시 1849년도에 발표된 진삼(陳森)의 품화보감(品花寶鑒)은 동성애를 자세하게 묘사하지는 않았지만, 동성애를 강력하게 인정하는 작품이라고 널리 알려지고 있다.[18] 동성간의 성행위를 가장 적나라하게 묘사한 작품으로는 심월주인(心月主人)이라는 익명의 작가가 1800년대 초에 발표했을 것이라고 추정되는 의춘향질(宜春香質)이 있다. 네 권(春, 花, 雪, 月)으로 구성된 그 작품은 19세기 일정 기간 동안 금서로 지정될 정도였는데, 각 권마다 여러 장으로 나누어지며, 각 장에는 동성간의 성행위가 상세하게 서술되었다.[18] 그밖에 명조와 청조시대 동성애를 묘사하는 단편소설의 수는 적지 않은 편이다.

서양이나 우리 나라의 경우는 중국과 비교하여 동성애를 묘사하는 작품은 많이 전해지지 않고 있다. 문화적으로 동성애를 금기시하는 서양의 특성과 성에 대한 언급을 회피하는 우리 나라의 특성 때문인 것 같다. 그래서 서양의 작품은 비교적 근대에 발표된 것이고, 최근에는 상당히 많은 작품이 쏟아져 나오고 있다. 홀(Radclyffe Hall: ?-1943)이라는 영국 작가는 레즈비언들의 성적 해방을 선언하고 공공연하게 남성복장을 하고 다니기로 유명했던 레즈비언이었다. 그녀는 20대 초반부터 존(John)이라는 남자의 이름을 사용하고 살았으며, 1928년 고독의 샘(The well of loneliness)이라는 소설을 발표했다. 레즈비언의 고전적 소설로 여겨지는 그리고 영국과 미국에서 상당한 기간 동안 금서였던 그 소설은 레즈비언의 심리학적, 사회학적 의미를 부각시킨 거의 최초의 소설로 평가되고 있다.[42]

우리 문화권에서의 동성애

우리 나라의 역사 중 고려 이전의 시기는 고려시대에 기술된 삼국사기나 삼국유사를 통해서 유추해 보는 것이 가장 일반적이다. 비록 내용이 전설적이거나 조작된 느낌이 드는 부분도 없지 않지만, 동성 간의 사랑에 관한 기록이 존재한다. 그 예로 삼국유사 제2권을 보면, 서기 765년 8월 부친 경덕왕의 작고로 8세의 나이에 왕이 된 혜공왕의 기록이 있다. 역사가들은 혜공왕이 원래 여자였는데 남자로 잘못 태어났기에 여자의 놀이를 즐기었다고 기록한다. 그는 남자이면서 여자와 같은 행동을 일삼았으므로 결국 780년 4월 신하들에 의하여 살해되었다. 근대적인 맥락에서 혜공왕은 동성애적 성적 지향을 지닌 남성으로 해석될 수 있다.

삼국유사 제2권에 원성대왕(재위: 785-798)시절 묘정(妙正)이라는 나이 어린 남자의 이야기가 있다. 묘정은 신라의 관리를 비롯하여 당나라 황제에게서도 사랑을 받았다고 기록되어 있다. 이는 당시의 인물들이 남성들간의 성행위가 고위층에서 나타났을 것으로 짐작할 수 있는 대목이지만, 설화적인 기록이어서 추정이 애매한 상태이다.

일부 일본학자들은 우리 나라를 강점하던 시절 신라 화랑에 대한 연구를 하면서 동성애를 묘사하기도 했다. 예를 들면, 1932년에 한 학자(鮎貝房之進)는 화랑제도의 매우 중요한 특성 중의 하나로 화랑과 낭도 간의 동성애를 언급하였다. 그러나 1943년 다른 학자(三品彰英)는 동성애가 신라 화랑 전체의 특성이라기보다도 동성으로 구성된 집단에서 나타날 수 있는 통속적인 현상이라고 일축하였다.[9] 또 이익의 성호사설에 보면, 화랑을 선발할 시 반드시 미남자로 국한한 것도 당시 인사들의 남색을 반영한 것이라고 평가되어진다. 하여간 이러한 기록들은 동성애적 성적 지향을 지닌 자 또는 동성간에 성적으로 접촉했던 자들의 이야기는 시대를 초월하여 발견됨을 지적하고 있다.

고려시대의 기록들 중에서 가장 대표적인 내용은 고려 말 공민왕에 관한 것이다. 고려사 세가(世家) 권 제44편의 기록에 의하면, 공민왕은 부인이었던 노국공주가 죽자 아름다운 소년들을 가까이 하는 등 궁중의 기강이 문란하게 되었다고 전해진다. 그러한 소년과의 성적 관계가 나중에 변태적인 생활로 해석되기도 했지만, 공민왕 역시 근대적인 맥락에서 이성애적 성적 지향에서 동성애적 성적 지향으로 바뀐 양성애자로 여겨질 수도 있다.

조선시대의 대표적인 기록은 세종18년(1436년) 음력 10월 24일의 이조실록에 세종의 며느리에 관한 이야기를 들 수 있다. 세종은 대를 이을 생각으로 세자의 나이 14세인 1428년 김씨를 세자빈으로 삼았지만, 그녀는 똑똑하지 못하다는 이유로 1429년 궁에서 쫓겨났다. 그해 세자는 봉씨를 세자빈으로 맞아들였지만, 몇 해 동안 부부간의 사이가 좋지 못하였다. 세종도 부모이지만 아들 내외의 잠자리만은 간섭하기가 어려웠다. 봉씨는 소쌍이라는 자기의 시녀를 사랑하면서 곁을 떠나지 못하게 한다는 소문이 퍼지기 시작했다. 하루는 소쌍이 궁중 안을 청소하고 있을 때 세자가 느닷없이 "네가 정말 빈과 함께 자느냐?"고 묻자, 시녀는 깜짝놀라면서 "그렇습니다"라고 답하였다.

조사 결과에 의하면, 세자빈은 세자와 잠자리를 함께 하는 것이 아니라 시녀와 함께 레즈비언 관계를 밤낮을 가리지 않고 나누었다는 사실이 밝혀졌다. 이러한 일을 두고 세종과 대신들의 대화 내용이 이조실록에 전해진 것이다. 결국 봉씨를 궁 밖으로 내쫓아야 하지만, 사실을 그대로 밝히면서 내쫓을 경우 왕가의 체통이 문제시되므로 세종은 고민하였다. 세자빈 봉씨는 그 동안 질투가 심하고, 아들을 낳지 못하고, 그밖에 여러 가지 행실이 좋지 못했다는 이유가 공고되면서 결혼 7년 만에 일반 백성의 신분으로 자기 집으로 돌려 보내졌다.

실록의 내용을 보면, 세종은 그날 예전부터 궁녀들끼리 동성애 관계가 빈번하게 유지되고 있었던 점을 지적하고 있다. 그는 "그전에 늘 궁녀들이 몸종들과 저희끼리 서로 좋아하면서 함께 잔다는 말을 듣고 몹시 밉게 여기고 금지령을 내리고 이를 위반하는 자는 형장 70대씩 치게 하였다. 그래도 되지 않아 100대까지 치게 했더니 그 풍습이 없어지게 되었다. 내가 이런 풍습을 미워할 때는 뭔가 그들의 심정을 건드려서 그런가 보다고 생각했는데, 세자빈이 이를 본받을지 어떻게 생각했겠는가?"고 언급하였다. 궁녀들의 특수한 생활을 고려하면, 왕가에서 선택되는 경우를 제외하고는 그러한 방법 등으로 자신의 성욕을 분출했을 것이 틀림없다. 이러한 제도적인 희생을 아깝게 여긴 효종은 1654년 9월 궁녀가 우물에 투신자살하는 일이 발생하자, 궁녀 30명을 방출했다고 한다.

  상기의 내용은 왕가를 비롯한 상류계층이나 특수계층에 관한 이야기들이다. 반면에 서민계층들의 동성애 성향이나 동성간의 성행위도 통속적으로 유행했을 것으로 판단되는데, 판소리나 구비문학 등에서 그 내용을 짐작할 수 있다. 예를 들면, 판소리 사설 적벽가 또는 박타령에는 항문성교를 한다는 얘기가 등장하며, 구비문학에도 미소년의 항문에 성교한다는 미동치기가 전해진다.[7, 11] 또 보부상, 사당패거리들의 남색행위, 승방에서의 남성이나 여성들의 동성애도 구전되고 있다.[7]

제3장
유태교 및 기독교 문화권의 관점

고대 유태사회

　서구의 기독교 문화권에서는 동성애에 대한 법적인 제재가 수세기 동안 매우 가혹하게 부여되었다. 그 배경을 고대 유태인들의 생활상에서 찾아보는 것은 어렵지 않다. 유태사회를 비롯한 대부분의 고대 사회에서 인간의 절대적인 욕구는 자손을 생산하여 번성하는 일이었다. 이러한 목적을 방해하거나 좌절시키는 어떠한 행위나 습관도 용납되지 않았다. 예를 들면, 유태인들의 기록상 조상 또는 족장이라고 여기어진 아브라함(Abraham)은 신으로부터 '바닷가의 모래알처럼 수많은 자손을 번성하라'는 계시와 함께 자손을 번성하는 데 필요한 씨는 남성의 정액에 있다고 암시받았다.

　당시에는 그 계시를 지키지 않는 행위는 신 또는 자연의 명령에 거역하는 죄로 취급되었다. 그래서 남성들간의 동성애나 자위행위는 자손의 번식과 상관없이 정액을 낭비하는 행위이므로 원죄(sin)에 해당된다. 고대의 유태인들은 이러한 내용을 분명히 법적으로 명시하여 규제하고 있었다. 곧 구약의 레위기에 나온 엄중한 칙령은 2,500여 년 이전의 사막지역에서는 이해할 만한 것이었다. 이러한 맥락에서 동성애의 개념은 사실 고대사회의 유태인들에 의하여 고안되었는지도 모른다. 그 이유는 성경이 기록되기 이전에는 성행위에 대하여 능동적으로 삽입을 하는 자와 수동적으로 삽입을 당하는 자만을 구분하였다고 보기 때문이다.[79]

그렇지만 오늘날의 상황은 전적으로 달라졌다. 오히려 현대 사회에서 가장 절박한 문제는 예전과 달리 인구폭발이다. 태초 이래 지구상의 인구가 10억 명에 해당된 시기는 1800년경이다. 그렇지만 1960년에는 30억 명, 그리고 1990년에는 50억 명을 넘어섰다. 요즈음은 인구를 억제하고 인구증가를 통제할 수 있는 어떠한 방법이든지 오히려 사회를 위해서 필요하게 되었다.[79] 곧 현대에 와서는 단순히 자손의 번성과 같은 논리에 의하여 동성애를 죄로 취급하는 규정이 별로 타당하지 않다고 보는 사람이 많다.

동성애를 언급한 기독교 성경

　서구를 비롯한 기독교 문화권에서는 성경에 기록된 내용들에 따라서 그들의 생활양식이 좌우되기도 한다. 기독교 성경의 내용 중 동성애에 관한 언급은 8군데 정도에서 찾아볼 수 있지만, 동성애를 금지하고 게이를 사형에 처할 수 있다고 명시한 곳은 레위기에 기록된 내용뿐이다.[20], [51] 먼저 구약에 기록된 내용들은 아래와 같다.
　첫째, 창세기 19장 소돔과 고모라의 이야기이다. 내용을 간략하게 정리하면, "하느님의 천사 둘이 소돔에 다다를 때 성문에 앉아 있던 롯은 간청하여 그들을 자기 집으로 안내한다. 천사들이 잠자리에 들기 전, 노소를 막론하고 소돔의 시민들이 롯의 집에 몰려와 그들과 재미를 좀 보자고 소리쳤다. 롯은 몰려든 사람들을 설득하려 했지만, 대문을 부수고 들어오려는 시민들을 막을 수가 없었다. 그때 천사들은 롯을 문안으로 끌어들이면서 문 앞에 몰려든 사람들이 눈이 부셔 문을 찾지 못하도록 하였다. 그리고 나중에 이 마을은 유황이 뿌려지는 재앙이 닥쳐 멸망하게 된다"는 것이다. 이 내용에서 당시 남성들 간의 항문성교가 유행하였다는 것을 짐작할 수 있다. 또 항문성교를 의미하는 소도미(sodomy)라는 용어가 여기에서 유래되었다.

둘째, 레위기(Leviticus) 18장 22절에는 "여자와 자듯이 남자와 한자리에 들어서도 안 된다. 그것은 망측한 짓이다(Do not lie with a man as one lies with a woman; that is detestable)"라고 언급되어 있다. 그러나 동성애 행위를 혐오적이라고 표현했을 뿐, 이를 위반하는 경우 처벌한다는 조항은 없다.

셋째, 레위기 20장 13절의 내용이다. 내용은 "여자와 한 자리에 들듯이 남자와 한 자리에 든 남자가 있으면, 그 두 사람은 망측한 짓을 했으므로 반드시 사형을 당해야 한다. 그들은 피를 흘리고 죽어야 마땅하다(If a man lies with a man as one lies with a woman, both of them have done what is detestable. They must be put to death; their blood will be on their own head)"고 적혀 있다. 이 구절은 기독교 성경 중에서 처벌을 명시한 유일한 부분이다.

지금까지 소개한 구약의 내용은 인류역사상 다른 어떤 서적보다도 세상의 개화에 공헌이 큰 토라(Torah: 구약성서의 첫 5서)에 속하는 것들이다. 이 부분에서는 남성들의 동성애 행위를 부정적으로 표현하고 있지만, 레즈비언에 관한 언급은 전혀 없다.[170] 즉 당시 여성들의 동성애는 자손번식의 씨와 관계가 없다고 여겨졌으므로 신의 명령에 거역하는 행위로 해석되지 않았다.

다음으로 기독교의 신약에 기록된 내용들을 살펴보자. 신약에는 동성애를 부정하는 내용들이 최소한 다섯 군데 존재한다.

첫째, 로마인에게 보내는 편지 1장의 내용이다. 사도가 인간의 타락상을 적어 보낸 편지의 18절부터 32절 중에 26절과 27절의 내용이 동성애를 비난하는 것이다. 즉 여기에는 "여자들은 정상적인 성행위 대신 비정상적인 것을 즐기며, 남자들 역시 여자와의 정상적인 성관계를 버리고 남자끼리 정욕의 불길을 태우면서 서로 어울려서 망측한 짓을 합니다"라고 적혀 있다. 이 구절은 동성애라고 분명하게 밝히지는 않았지만, 여성들의 비정상적인 성행위를 거론하고 있다는 점에서 구약의 내용과 비교된다.

둘째, 고린도인에게 보내는 첫째 편지의 6장 9절에는 "사악한 자는 하느님의 나라를 차지하지 못하리라는 것을 모르십니까? 잘못 생각하면 안 됩니다. 음란한 자나 우상을 숭배하는 자나 간음하는 자나 여색을 탐하는 자나 남색하는 자나, ……, 하느님의 나라를 차지하지 못합니다"라고 되어 있다. 성경의 다른 구절과 비교되는 점은 영문의 호모섹슈얼(homosexual)이라는 단어가 사용된 것이다. 물론 동성 간의 성행위를 표현하는 그리스 단어들이 있었지만, 신약의 원문에는 호모섹슈얼이라는 단어가 나타나지 않았다. 그런데 1946년도 이후의 기독교 성경 영문 번역서부터 그 단어가 등장하게 되었다.[36]

셋째, 디모데인에게 보내는 첫째 편지의 1장 10절에 "음행하는 자와 남색하는 자, ……, 그들을 다스리기 위해서 율법이 있는 것입니다"라고 적혀 있다. 이 내용은 앞의 고린도인에게 보내는 편지의 구절과 유사하다.

넷째, 요한묵시록 21장 8절에 간음하는 자들은 처벌을 받을 것이라고 언급되어 있다. 동성애를 직접 거론한 것은 아니지만, 동성애도 간음이라고 포괄적으로 해석하는 사람이 많다.

다섯째, 요한묵시록 22장 15절에 음란하는 자들은 축복받지 못한다고 언급한다. 이 구절도 동성애를 성적으로 비도덕적인 행위의 일부로 해석하는 사람이 많다.

남성들이 시도하는 항문성교

　기독교의 관점에서 종족보존과 무관한 성행위의 범위는 어디까지 인가? 피임의 사용이나 오럴섹스, 항문성교 등 이성들간에 이루어지는 성행동들도 종족보존과 무관하다. 그럼에도 불구하고 기독교는 종족보존과 무관한 성행위의 범위를 특히 동성간의 성관계로만 국한하는 경향이 있다. 또 동성들간의 성행위일지라도 여성들간의 성행위는 정액의 낭비와 무관하므로 또 성기의 구조상 소도미라고 불리우는 항문성교가 나타나지 않기 때문에 어느 정도 면책되고 있다.

　그렇지만 남성들간의 성행위는 비난의 대상에서 제외되지 못했다. 아마 그 이유는 남성들간의 성관계가 항문성교와 연관되기 때문이다. 그렇다면 남성들의 경우 성적 접촉의 형태가 왜 항문성교로 나타나는가? 또 항문의 자극은 게이들에게만 나타나는 현상인가? 흔히 남성의 성기가 항문에 삽입되는 현상은 보통 게이 남성들만의 행동으로 생각된다. 그러나 사실상 상당수 남성들에게 남근이나 손가락으로 항문을 자극하는 행위는 중요한 활동에 속한다.

하이트(Hite)보고서에 의하면, 조사대상자였던 남성들 중에서 게이 남성들의 86%가 손가락이나 남근이 자신의 항문에 삽입된 경험이 있었다고 답했다. 또 게이가 아니라고 했던 남성들의 31%도 자위행위 도중이나 성적 상대자로부터 손가락으로 항문삽입을 당한 경험을 보고했다. 손가락이나 남근으로부터 삽입당한 경험이 없는 남성들은 이 행위에 대하여 매우 적개적으로 표현하고 있었지만, 경험자들은 다르게 생각하였다. 물론 경험자 중에서도 어떤 사람은 수치심, 죄의식, 두려움 등을 보고했지만, 게이든지 아니든지 삽입당한 경험이 있었던 남성들은 고통과 기쁨이 이상스럽게 공존하는 재미있었던 것으로 답했다.[105]

즉 상당수의 남성들이 항문자극에서 얻은 오르가즘을 더할 수 없이 절묘한 것이라고 답했는데, 생리학적으로 항문자극을 받으면 왜 기분이 좋은가를 두 가지로 설명할 수 있다. 하나는 여성이 질에 남근이 삽입되면서 정서적으로 만족하는 것처럼 심리적 만족을 느끼는 것이다. 다른 하나는 항문입구로부터 안쪽 5cm지점에 남성의 전립선이 위치하고 있는데, 이 전립선을 적절하게 자극하면 남성이 오르가즘을 느낄 수도 있다는 것이다. 그렇지만 대부분의 항문삽입은 전립선을 직접적으로 자극하지는 않는다.[106]

유태교 및 기독교 문화권의 관점

기독교 문화권의 동성애 처벌

이스라엘의 초대 왕이 된 사도 바울(Paul 또는 Saul: 생애기간 ? - 67년?)은 예수를 한 번도 만난 적이 없었다. 그렇지만 그는 기독교의 주창자가 되었다. 신의 계시에 따른 유태인의 전통을 철저히 준수하는 사람이었기 때문에 그는 아이를 낳을 목적이 아닌 경우 부부간의 성관계도 인정하지 않았다. 그렇다면 유태교에서의 동성애를 금지하는 관습은 바울에 의하여 도입된 것일 수도 있다.[55] 바울의 입장은 단순히 동성애만을 반대했던 것이 아니라 종족보존과 무관한 성행위, 남성의 성기를 자극하여 정액을 배출하는 자위행위나 오럴섹스 그리고 항문성교 등을 반대하였다.

바울의 시대 이후 기독교 전통은 매우 다양하게 변했다. 기독교 신앙의 다양성의 결과 기독교 전통 내에서 살아가는 사람들의 생활양식도 다양해졌다. 그 예로, 동성간의 성행위를 법적으로 규제하는 문화권이 있는 반면에 영적인 관계로만 인정하는 문화권, 아예 결혼을 인정하는 문화권 등이 있다. 금세기에 이르러 동성애를 바라보는 관점이 더욱 다양해졌는데, 금세기 이전에 유태 및 기독교 문화권에서의 변화들을 시기적으로 살펴보자.

로마법전을 성문화시킨 것으로 유명한 동로마제국의 유스티니아누스(Justinian: 재위기간 527-565) 황제는 533년 동성애에 관련된 법조항의 효력을 소멸시켰다. 이때부터 최소한 중세에 이르기까지 게이들에 대한 제약은 심하지 않았다.[162]

그러나 13세기 후반 이태리 신학자 아퀴나스(Thomas Aquinas: 1225?-1274)는 신학 대전(Summa Theologica)이라는 저서에서 동성간의 성행위를 식인행위와 같은 비자연적인 죄악으로 다시 규정하였다. 고대 유태사회의 관점에서, 그는 구약성경 창세기의 노아(Noah)의 방주 이야기나 소돔과 고모라의 재앙처럼 동성간의 성행위를 지진, 가뭄, 기근 등의 여러 가지 자연 재해의 원인이라고 믿었다.[63,113] 서구 기독교 사회에서 아퀴나스의 업적이나 권위가 인정되면서 중세 이후부터 근래까지 동성애를 부정적으로 여기는 관점이 지속되고 있는 편이었다.[162]

기독교 성경에 도입된 동성애 금지는 로마법과 영국의 교회법 및 민법에도 영향을 주었다. 중세 영국에서는 항문성교 행위자들은 교회재판소에서 재판을 받았다. 교회법에 따르면, 생매장이나 화형 또는 다른 방법으로 죽이기도 했다. 그러나 자신의 이혼문제로 로마교황과 결별하고서 영국의 교회(the Church of England)를 설립한 헨리 8세(Henry VIII: 1491-1547)는 1533년 교회법을 민법으로 흡수시켜 버렸다. 그들의 민법에 의하면, 항문성교를 사형에까지 처할 수 있었던 중죄로 취급하였다.[55,155]

대부분의 유럽 국가들에서는 1804년 프랑스에서 제정된 나폴레온 법전의 영향을 받아 게이들을 형사소추하는 것이 종식되었다. 또 영국에서는 항문성교에 대한 형량은 종전의 사형에서 1861년부터 종신형으로 감형되었으며, 1961년부터는 최고 10년형으로 처벌이 줄어들었다.[55]

여성들의 동성애 행위는 성경에서 직접적으로 언급하지 않았다. 그러나 나중에 랍비이면서 철학자인 마이마너디즈(Maimonides: 1135-1204)가 남성들의 동성애보다는 가볍지만 여성들의 동성애도 범죄라고 표현한 글을 최초로 발표했다.[63] 이성들간의 관계만을 신앙 속에서 용납하는 정통 유태교에서는 동성애를 죄로 보고 있다. 이러한 관점 때문에 여성의 동성애까지 확대 해석된 것 같다. 그러한 연유로 정통 유태교식 가정에서 자란 유태인들은 동성애를 강하게 혐오하는 태도를 전수받게 된다.

이제 보다 근년에 동성애를 어떻게 이해하는가를 보자. 여러 문화권에서 19세기 이후 동성애를 무조건 배격하지 않고 조건부로 통제하기 시작하였다. 성인들이 서로 동의하는 상태에서 이루어지는 동성간의 성행위를 프랑스는 1810년, 폴란드는 1932년, 스위스는 1942년, 스페인은 1980년, 뉴질랜드는 1986년부터 범죄로 여기지 않았다. 또 러시아는 1934년 다시 동성간의 성행위를 범죄로 규정하였다.[84] 그 결과 구 소련에서는 매년 평균 7백 명 정도의 남성들이 동성간의 성행위로 인하여 구속되었다.[96] 소련이 해체되면서 독립한 리투아니아에서는 1990년 1명의 미성년자를 포함하여 7명의 남성이 동성간의 성행위로 인하여 3년에서 8년형을 선고받기도 했다.[97]

영국에서는 1954년 상원에서 월펀든(John Wolfenden) 경의 책임하에 동성간의 성행위에 대한 연구를 하도록 위임하였다. 그의 보고서는

1957년에 제출되었는데, 성인들이 서로 동의한 상태에서 사적으로 행한 성행위를 법으로 관여하기는 곤란하다는 내용이었다. 그러나 수세기 동안 동성간의 성행위를 죄악시하였던 탓에 그의 건의는 10년 동안 묵과되었다. 곧 1967년부터 영국에서는 동성간의 성행위도 동의한 상태에서 이루어졌다면 범죄에서 제외시키기 시작했다. 그렇지만 1992년까지 영국의 게이들은 고위직 공무원이나 외교관으로 임명되지 못했다.[97]

미국은 영국으로부터 독립하기 전까지 영국의 영향을 받아서 동성간의 성행위를 중죄로 취급했으며, 독립 후에도 마찬가지였다. 그 예로 버지니아주에서는 18세기 말까지 사형에 해당되었으며, 사우스 캐롤라이나주에서도 1873년까지 사형에 해당되었다.[56] 미국에서도 1955년 영국의 월펀든 보고서와 유사한 내용이 한 법률연구소에 의해서 건의되었지만, 모든 주에서 1961년까지 동성간이든 이성간이든 오럴섹스와 항문성교를 금하였다. 그래서 1948년 킨제이 등은 미국 남성들의 절반 이상이 범죄로 규정된 성행동을 시도하고 있다고 추산했다.[85] 미국은 주마다 차이가 있는데, 동성간의 성행위를 범죄로 여기지 않았던 최초의 주는 1961년 일리노이주이다.[72] 그렇지만 1976년 노스캐롤라이나주의 법원에서는 자기집에서 사적으로 동의한 상태에서 남성과 오럴섹스를 했던 남성에게 1년 징역형이 내려졌다.[196] 미국은 1993년까지 오럴섹스나 항문성교가 발각되면 처벌하는 주는 20여 곳이었다. 그리고 그 행위로 적발되면 주마다 10년형에서 종신형까지 언도받을 수 있었다. 미 연방법에서는 그러한 행위를 범죄로 규정하지 않았더라도 군대, 관청, 국립공원내에서는 금하고 있다.[196] 미국 내에서 게이들의 인권을 보호하는 법을 제정한 최초의 도시는 1972년도 미시간주의 이스트 랜싱시이며, 최초의 군은 1975년도 캘리포니아주의 산

터 크루즈군이며, 최초의 주는 1982년 위스컨신 주이다.[72]

곧 미국의 경우 동성애 자체를 법규위반으로 보지 않더라도 아직 여러 주에서는 항문성교나 오럴섹스를 법규위반으로 여긴다. 화장실과 같은 공공장소에서 적발되면 처벌되는데, 그들의 대부분은 게이 남성들이다. 또 이성애자 부부일지라도 간혹 그러한 행위는 처벌된다.

캐나다에서는 1977년 퀘백주에서 게이들의 인권을 지지하는 법률이 통과되었으며, 1988년부터는 18세 이상의 성인들이 동의하는 상태에서 이루어지는 오럴섹스나 항문성교 등을 범죄에서 제외시켰다.[72] 호주의 동남부에 위치한 타스매니아(Tasmania)주는 남성들간의 성행위를 불법으로 여기는 유일한 주이다. 그러나 여성들간의 성행위에 대한 법적인 언급은 없다.[97]

칠레에서는 게이들의 단체가 불법으로 간주되는 것은 물론 게이 남성들은 의무적으로 HIV항체 검사를 받아야 한다. 니카라구아에서는 동성간의 성교를 조장, 유혹, 실행하는 자는 누구나 1년에서 3년까지 투옥시키도록 명기하고 있다.[97] 남아프리카공화국에서는 남성들간의 성행위는 불법이지만, 1993년 11월 국회에서는 모든 사람에게 동등한 권리를 인정하는 헌법조항이 지지되었다.[115]

반면 덴마크는 동성간의 성행위는 물론 1986년부터 남녀 게이 커플들의 재산상속도 인정하고 있다.[97] 오스트리아 역시 1971년부터 동성애 행위를 범죄시하지 않고 있으며, 1989년부터는 동성애자를 위한 매춘도 법제화시켰다. 그렇지만 형법의 한 조항은 동성애를 조장하거나 지지하는 남녀 모두 6개월 이하의 징역이나 벌금형을 받게 되어 있다.[97]

1993년 현재 지구상 202개 국가 중에서 144개국(71.3%)은 게이들의 인권을 공적으로 지지하지 않고 있으며, 47개국(23.3%)은 인구의 소수가 그들의 인권을 지지하고 있으며, 또 11개국(5.4%)은 대다수 인구가 그들의 권리를 지지하고 있다. 또 202개 국가 중에서 6개국은 게이들이 차별받지 않도록 법적으로 보호하고 있으며, 미국이나 캐나다, 호주 등은 부분적으로 보호를 하는 나라들이며, 98개국은 법적으로 동성애 행위를 범죄로 여기지는 않더라도 차별에 대한 보호가 전혀 없는 상태이며, 또 74개국은 법으로 금지하고 있다. 후자 중에서 72%는 이슬람 국가, 종전의 공산주의 국가, 또는 예전의 영국식민지 국가들이다.[97]

기독교 성경의 재해석

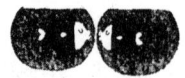

우리 나라와 같은 유교 문화권도 마찬가지이겠지만, 인간에게 가해진 체계적인 억압은 특히 서양인들의 종교구조, 법을 토대로 한 문화에 기인한다. 이러한 문화권에서는 여성의 가치를 저하시킨 가부장적인 제도를 존속시켜 왔는데, 이 제도가 바로 인간 억압의 근원이다. 그리하여 오늘날 수많은 기독교도들은 인종관계, 동성애나 양성애 관계, 여성의 권리들에 대한 관점을 변화시키기 위하여 노력하고 있다.[113]

기독교적 입장에서 성행동의 표출기준을 벗어난 소수인들은 종교가 자신들을 압제하는 주요한 수단이라고 주장한다. 그래서 근래 종교라는 제도 내에서 자신들의 입장을 주장하는 남녀 게이들이 늘어나고 있다. 곧 성경을 인용하여 동성애가 부도덕하다고 생각하지만, 게이 남성들이나 레즈비언들은 성경 내에서의 동성애의 비난은 성경

의 해석이나 번역의 문제로 보아야 한다고 입장을 달리하고 있다.[196]

그리스도가 태어나기 이전 유태 문화권에서는 성의 표현을 인간에게 주어진 신의 선물이라고 여겼다. 성의 표현을 종족보존의 수단으로만 해석하기 시작할 때부터 여성은 법적으로 남성의 재산이 되었으며, 또 그 성의 표현은 남성의 특권으로 부각되었다. 그런데 남성이 여성보다 모든 면에서 우월하다고 인식되던 시대에 그리스도는 근본적으로 남녀의 평등을 선언했으며, 성적인 문제든지 다른 문제든지 우선적으로 용서와 사랑을 강조하였다. 즉 그리스도는 사회의 모든 계층의 사람들과도 마음을 열고 지냈으며, 동성간의 성행위를 비난하는 이야기도 하지 않았다. 단지 동성간의 성행위는 종족보존의 욕구 때문에 유태 문화권에서 비난하고 있었을 뿐이다.[113]

복음서를 기록했던 사람들 중에서 성의 표현을 심리학적으로나 사회학적으로 이해하려는 지식을 갖춘 자는 아무도 없었다. 그들은 인간 생활에 자연적으로 존재하는 이성애 – 양성애 – 동성애의 연속체를 이해하지 못했던 것 같다. 결국 연속체의 일부인 이성애만을 인정하는 차원에서 기독교가 전파되기 시작했다. 성의 표현이 오직 종족보존을 위한 수단이라는 유태교를 모체로 하여 전파된 셈이다. 하여간 이성애적인 성의 표현만을 인정하는 기독교 전통은 2천여 년 유지되고 있다.[113]

기독교 근본주의자들은 자신의 기독교 신념을 확인하는 방법의 하나로 게이들에 대한 적개적인 태도를 취한다. 자신들이 게이를 증오하는 행위나 태도를 성경의 말씀을 인용하면서 정당화시킨다. 그렇지만 게이를 반대하는 편견은 심리적 갈등으로부터 생긴 무의식적 불안을 감소시키기 위한 방어기능으로 해석되기도 한다. 이러한 맥락에서 그러한 편견을 실제로 표현하는 사람들은 자기의 잠재적인 동성애를 노출하는 것으로 해석된다. 게이들에 대한 폭력과 범죄는 이러한 문화적 편견에 근거하고 있다. 그 편견은 신이 인간에게 이웃을 자신처럼 사랑하라는 계시를 내렸다는 점에서 반박될 수 있다.[100]

금세기 중반 이후 유태교의 입장

　유태교에서는 그 동안 동성애가 금기시된 주제였지만, 금세기 중반기를 지나면서 근본적인 변화를 보이고 있다. 게이들을 지지하거나 인정해야 한다는 논의가 활발해지면서 1972년에는 유태인으로 구성된 한 개혁단체의 도움으로 미국 로스앤젤레스에 유태인 게이들을 위한 교회가 설립되었다. 신교의 입장에서 설명하겠지만, 페리(Troy Perry) 목사가 창건한 교회의 이름을 따서 'MCT(Metropolitan Community Temple)'라고 불렀다. 나중에 유태인의 특성을 살리기 위해 '생명의 집'이라는 뜻의 'BCC (Beth Chayim Chadashism)'라고 고쳤다.[63]

　그후 BCC는 기독교 종파 내에서 수차례의 논쟁을 거친 후 1974년 유태인 개혁단체의 회원으로 등록되었다. 이러한 성공적인 결과로 미국을 비롯한 캐나다, 유럽, 이스라엘 등의 여러 대도시에 유태인 게이들을 위한 교회들이 생겨났다. 물론 유럽이나 이스라엘의 유태인 게이 단체들은 사회적 및 정치적 이유로 교회를 설립하였다. 그러한 교회에서는 미국에서와는 달리 유태교 의식에 따른 경배를 별로 중요하게 생각하지 않는다. 그래서 이스라엘의 게이 단체는 게이나 레즈비언이라는 단어를 사용하지 않는 대신에 '개인의 권리보호를 위한 단체(Society for the protection of personal rights)' 라는 명칭을 사용하고 있다. 이 단체는 지역사회에서 일반인들을 위한 서비스센터와 같은 기능도 하고 있으며, 이스라엘 정부에까지 영향을 미치어 게이들을 반대하는 법을 개정시키기도 했다.[63]

세계 도처의 유태인 교회 및 단체들은 함께 행사를 치루고 있는데, 그 예로 2년마다 국제 회의를 개최한다. 1990년에는 미국 시애틀에서 개최된 유태인 랍비들의 회의에서 게이들에게 기념비적인 사건이 있었다. 유태인 게이 단체들의 노력에 의하여 게이들도 랍비 서품의 후보자가 될 수 있도록 결정했던 것이다. 그 동안 레위기에 명시된 구약시대의 금지 때문에 게이들은 랍비나 성가대 선창자, 교육자 및 지방자치 근무자가 되지 못했다.[63]

전통적인 성경에 의하면, 여성의 평등권에도 심각한 장애 요인이 많았다. 그렇지만 근래 보수적인 유태교 단체 중 일부는 여성이 교회의 랍비가 될 정도로 바뀌었다. 또 진보적인 유태교 연합체에서는 게이 남성들이나 레즈비언 커플들을 상대로 1992년 2월 전통적인 유태교 결혼식과 유사한 언약식을 거행하기도 했다.[63] 현재 유태인 게이들을 위한 최대규모의 집회 중 하나는 뉴욕시에 있는 BST(Beth Simchat Torah) 인데, 1992년 초의 회원은 약 1천 명 정도였다. 그리고 유태인 게이들의 단체는 이스라엘은 물론 미국, 캐나다, 영국, 프랑스, 네덜란드, 호주, 남아프리카공화국 등까지 퍼져 있다.[63], [196]

금세기 중반 이후 기독교 구교의 입장

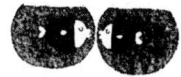

중세에는 교황을 비롯한 여러 성직자들의 생활이 상당히 문란하였다. 일부 교황은 남성들과의 성행위를 즐기기도 했다. 백과사전에 의하면, 지금까지의 교황 중에서 적어도 10여 명은 게이 또는 양성애자였다는 증거가 있다.[6] 그러나 근세에 들어와 태도가 달라졌다.

기독교 중에서도 구교 즉 로만가톨릭교의 동성애에 대한 입장은 매우 단호한 편이다. 동성애가 종족보존과 무관하고 또 비자연적인 행위라는 점 때문이다. 후술하겠지만 게이해방운동이 본격적으로 전개된 1970년대 초반 이래 신교측의 일부에서 동성애가 본질적으로는 장애이지만 이를 증명할 방법이 없다는 주장이 나왔다. 이에 대하여 로마교황청은 1976년 1월 가톨릭교에서는 임신의 가능성이 없는 성관계를 비롯하여 동성간 성행위도 잘못된 것임을 재확인시켰다. 그래서 근래까지 가톨릭신자가 되려면 동성애를 부정해야 했고, 게이의

생활양식을 취하려면 종교를 포기해야 했다.[63]

그렇지만 가톨릭교 역시 단일체가 아닌 것 같다. 피임이나 낙태, 혼외 성관계에 대한 입장을 달리하는 평신도들이 많으며, 동성애에 대한 의견도 다양하다. 예를 들면, 게이 독신자이던 존 맥닐(John McNeill)이라는 가톨릭 성직자는 1976년 '교회와 동성애자(The church and the homosexual)'라는 저서에서 동성애에 대한 교회의 혐오적 태도를 반박하였다. 그의 입장은 상당수의 성직자들에 의해서 지지되었지만, 현재의 교황이나 대부분의 추기경, 주교들은 그렇지 않았다. 로마교황청은 1986년 다시 동성애적 지향은 객관적인 장애라고 발표하였다. 이러한 판단 때문에 가톨릭신자 중 게이들은 교회로부터 소외감을 더 심하게 받았다.[63] 그럼에도 불구하고 1980년대부터 서구 가톨릭계 일부에서는 동성애가 개인, 사회, 그리고 종교에 어떠한 영향을 미치고 있는가를 이해하려고 노력하였다. 곧 종교적 신념과 동성애 간의 조정이 필요하다고 믿는 신도들이 늘어나면서 그 동안 긴장, 갈등, 죄의식에서 게이의 정체성을 버리지 못했던 가톨릭 신자들이 종교를 보는 눈에서 타협의 실마리를 찾은 셈이다. 물론 이러한 변화도 상당수의 성직자들이 이해하였기 때문에 생겼다.[63]

현재는 교황보다도 젊은 사제들이 인간의 성을 더 자유스러운 관점에서 바라보고 있다. 서구에서 101명의 게이이면서 가톨릭 성직자들의 조사결과가 이를 반영한다. 조사대상자의 2/3는 가톨릭 성직자의 40%에서 60%가 게이일 것이라고 추측했으며, 또 37명은 과거 타인과 성관계를 자주 경험했다고 답하였다.[21] 여러 가지 조사들의 결과를 종합하면, 기독교 신교 및 구교의 성직자, 또 유태교 율법학자 중 약 30%가 게이들이었다.[96] 그러한 변화로 서구에서는 게이이면서 가톨릭 신자인 사람이 상당히 늘어났다.[63]

금세기 중반 이후 기독교 신교의 입장

세계적으로 게이들을 위한 최초의 교회는 성공회에서 파생된 LCC(Liberal Catholic Church)로 1916년 호주 시드니에 창건되었다.[96] 미국의 경우 게이들을 위한 최초의 교회는 1946년 하이드(George Hyde)라는 젊은 가톨릭 목회자가 애틀랜타에 설립한 교회이다.[46] 그후 게이들을 위한 교회로는 미국에서 1968년 페리(Troy Perry)라는 목사가 창건한 MCC(Metropolitan Community Churches)가 가장 대표적이다. 게이들을 위한 이러한 교회의 설립이나 기독교에서의 변화는 게이 공동체와 기독교 지도자들 간의 공개적인 대화로부터 비롯되었다고 볼 수 있다. 그 대화는 1964년 '동성애자와 종교에 관한 위원회(the Council on Religion & the Homosexual)'라는 기구가 창건되면서 샌프란시스코에서 시작되었다.[113, 147]

동성애에 대하여 최초로 긍정적인 입장을 취한 교파는 그리스도교회(The Church of Christ)인데, 1964년부터 동성의 성인들간의 성행위가 서로 동의하는 상태에서 나타나는 경우 범죄시하지 않았다.[147] 상술한 MCC 교회는 1992년까지 미국에만 230여 곳에, 세계적으로는 17개 국가에서 291개의 교회 및 32,000명의 회원이 등록되어 있었다. MCC는 게이들을 위한 비영리단체 중에서 최대 규모를 자랑할 정도로 성장했는데, 1992년도 전체 수입은 1천만 달러를 초과했다.[138] MCC에서는 게이도 군대 내에서 사제로 근무할 수 있도록 요구했었지만 용납되지 않았다.[141]

게이 남성을 최초로 성직자로 임명한 기독교 종파는 그리스도 연합교회(The United Church of Christ)로 1972년의 일이다. 또 레즈비언(Ellen Barrett라는 여성)을 최초로 성직자로 임명한 기독교 종파는 영국 성공회로 1977년 1월이었다.[138] 또 몇몇 교회에서 이성애자들의 결혼식에 해당되는 게이 커플들의 언약식(commission or covenant ceremony)이 거행되었는데, 이로 인하여 교회들간의 갈등이 생기기도 했다. 예를 들면, 인디애나주 인디애나폴리스시에서 그러한 의식이 한차례 있은 후에 인디애나 및 미시간주의 연합감리교 감독자들은 자기 교파의 사제들이 그러한 의식에 관여하지 않도록 지시하기도 했다.[141]

미국 내 32개 장로교 및 그리스 정교로 구성된 평의원회에서는 MCC의 대표가 정식 대표가 아닌 관찰자(observer) 자격으로 참여하는 것도 거부하였다. 미국에서 가장 규모가 큰 장로교파인 SBC(the Southern Baptist Convention)에서는 1992년 2개의 조합을 축출시켰는데, 그 이유는 동성애를 관대하게 여겼기 때문이다. 이와 같은 축출은 지난 147간의 총회 역사상 재정적인 이유로 조합을 탈퇴시킨 사례를 제외하고는 최초의 일이었다.

다른 장로교파인 연합감리교회(the United Methodist Church)에서도 게이들의 생활양식이 기독교적 가르침과 공존할 수 없다는 입장을 고수하였다. 그러나 그 교파의 총연합회에서는 게이들의 시민권리를 인정했으며, 남녀 게이들을 비교적 개방적으로 언급한 보고서를 내기도 했다.[14]

미국 침례교회 총평의회에서는 1992년 10월 우편투표를 통하여 동성애 행위가 기독교 생활양식과 공존해서는 안 된다는 입장을 확인하였다. 또 뉴욕주 로체스터시에 있는 한 교회에서는 레즈비언을 사제로 임명하는 것을 장로교회의 최고 법원에서 12대 1로 부결시켰다. 연합감리교회는 1992년 5월 캔터키주 루이스빌시에서 매 4년마다 개최된 총회에서 동성애 행위가 기독교의 가르침과 공존해서는 안 된다는 것을 재확인하였다.[4] 이러한 동성애 반대로 인하여 MCC교회에서는 1971년부터 1985년 사이에 18곳의 교회에서 방화사건이 있었다.[96]

신교의 종파 중 일부에서 최근 동성애에 관하여 공식적으로 인정하고 있더라도 신교 교회내에서 동성애 혐오가 존재한다. 또 평신도나 교회의 지도자들이 동성애에 대하여 엄격한 태도를 보이지 않더라도 그들은 교회의 이익을 위하여 적극적인 이미지 개선을 하지 않는다. 다시 말하면, 신교의 단체 내에서도 레즈비언이나 게이 남성들이 정의나 평등을 요구하지 않는다면 더이상 토의나 대화를 시도하지 않는다.

그렇지만 게이들은 시간이 지나갈수록 예수 그리스도의 가르침에 대한 진리가 무엇인지를 되묻고 있다. 자신의 성을 인정하는 것이 그리스도의 가르침이라면 타인의 성도 인정하는 것도 마찬가지라고 대응하고 있다.[3]

동성애에 대한 논쟁은 현재 교회의 긴장을 끊임없이 고조시키고 있다. 그 이유는 기독교 신교의 여러 종파들간에 동성애를 바라보는 입장이 상이하기 때문이다. 또 동일한 종파 내에서도 이를 심히 비난하는 입장과 인정하는 입장으로 구분된다. 몇 년 전에 조사한 47개의 기독교 단체들의 입장은 다양했다. 그 단체들 중에서 34곳만이 동성애를 구약에 적힌 대로 비난하고 있었다. 또 9곳에서는 동성애적 지향과 죄로 여겨지는 동성간의 성행위는 구별하고 있었으며, 다른 4곳에서는 동성애와 전통적인 기독교 도덕지침은 서로 양립할 수 있다고 응답했다.[47] 후자의 13곳 중에서 8곳은 게이들의 권리를 지지한다고 언급했으며, 그 중 4곳에서는 동성의 커플들을 위하여 일종의 결혼식도 거행할 것이라고 답했다. 또 13곳 중에서 3곳은 게이들도 성직자로 임명되고 있었다.[47]

기타 종교의 입장

　동성간의 성행위로 인한 형벌은 나라마다 다르다. 우선 이를 규제하는 조항이 법으로 명시되어 있어야 형벌의 적용이 가능한데, 기독교가 아닌 다른 종교의 영향을 받은 나라들 중에서 일부는 동성애를 형벌로 취급한다. 그 예로 에티오피아에서는 10일간의 구류, 인도에서는 25루피의 벌금과 함께 경찰서 밖에서 공개적인 태형, 그리고 가이아나에서는 종신형 등이다.[57] 또 이슬람교의 경전인 코란(Koran)에는 동성애 자체를 비난하고 있지는 않지만, 이슬람법에는 공공연한 동성애 행위를 한 사실이 성인 남성 4인에 의하여 증언되면 남녀 누구나 동성애 행위로 처벌받는다. 만약 이를 증명하지 못하면 신고자가 오히려 처벌받게 된다.[58] 이슬람법이 적용되는 8개 국가에서는 사형까지 언도할 수 있다.[59] 반면에 세계의 여러 종교 중에서 불교는 동성애를 비난하지 않는 것으로 유명하다.[61]

제4장
정신의학 및 심리학에서의 평가

제4장

재미있고 신기한 수학이야기

초기의 정신의학적 관점

중세 이후 18세기까지 동성간에 이루어지는 성행위는 범죄나 원죄로만 취급되었다. 그렇지만 이는 19세기에 들어와서 근대의학 분야에서 정신질환의 일종으로 여겨지기 시작했다. 그래서 1940년대까지는 동성애는 편집증이나 성격장애 등의 영역에서만 논의되었다. 이처럼 병리학적 입장을 취하면서 정신의학자들은 동성애가 치료될 수 있는 정신질환이라는 입장을 취하였다.[43] 결국 미국정신의학회에서는 1942년 동성애를 질병이라고 선언했으며, 1952년 정신질환을 진단하는 통계편람 제1판(DSM-I: Diagnostic & Statistical Manual of Mental Disorders)을 출간하면서 동성애가 사회병질적 성격장애(Sociopathic Personality Disturbance)의 범주 내의 성적 일탈의 일부로 분류되었다.[84, 150]

그렇지만 서구사회가 성행동의 정상성을 논할 때 기독교 성경을 고려하지 않았다면, 당시까지 동성애가 잘못된 것이라고 말할 수 있는 근거는 거의 없었다고 보는 견해가 지배적이다.[27] 또 질병으로 여겨지던 시대인 1948년도에 발표된 킨제이 등의 보고서에서는 가정환경, 사회적 지위, 교육수준, 출신지역 등의 배경에 상관없이 남성들 간의 동성애가 존재한다고 밝혀졌다. 사실상 정신의학에서는 "동성애는 선택된 것이다, 치료될 수 있다, 또는 병리적이다"라고 규정했지만 이 규정은 과학적으로 검증되지 못한 상태에서 이루어졌다.[43]

이블린 후커의 연구

　동성애를 정신질환으로 명문화시킨 1950년대의 미국은 게이들에게 가장 고통스러운 시기였다. 당시 공산주의자와 게이들은 미국 사회에서 가장 위험한 인물로 여겨졌던 탓에 색출당하는 대로 처벌받았다. 이 무렵인 1953년 이블린 후커(Evelyn Hooker)라는 UCLA의 젊은 여성 심리학자는 게이들이 과연 정신적으로 문제가 있는가를 검증하기 위하여 정부 보건당국에 연구비 지원을 신청하였다. 얼마 후 정부 당국에서는 그녀에게 연구비를 지급하기 전에 그녀가 어떤 사람인가를 알아야 한다면서 조사하려 나왔다. 당시 그녀의 남편은 그 학교의 영어과 교수로 매우 잘 알려진 인물이었다.[08]

　나중에 그녀는 연구비를 지원받아 30명의 게이 남성과 30명의 이성애자인 남성들을 표집하였다. 물론 두 집단은 지능, 나이, 교육수준 등의 요인을 비슷하게 통제한 상태에서 선정되었다. 또 연구대상자들은 모두 연구 당시 임상환자가 아닌 자들이었다. 그들을 상대로 심리검사의 반응을 비교한 그녀의 연구결과가 1956년 시카고에서 개최된 미국심리학회에서 보고되었을 때, 학계를 비롯한 일반인들의 관심을 끌게 되었다.

그녀는 로르샤흐 검사, 주제통각검사(TAT) 등의 투사검사에 대한 조사대상자들의 반응을 기록한 다음, 조사대상자의 성적 지향을 전혀 알지 못하고 있는 전문가들에게 평가하도록 요구하였다. 결과는 두 집단 모두 2/3 정도의 대상자가 잘 적응하고 있었으며, 두 집단간의 반응 차이가 없었다고 판명되었다. 그녀는 임상환자가 아닌 게이들을 표집했을 경우에는 이성애자와 전혀 차이를 밝힐 수 없었다고 결과를 보고했다. 그녀의 연구결과에 의하여 그 동안 동성애를 병리학적으로 정의하던 논리에 제동이 걸렸다.[43] 그녀가 발표했던 연구 내용은 1957년도 한 학술지에 게재되었는데, 동성애를 병리학적으로 정의할 수 없다는 것을 증명한 최초의 연구 논문이자 임상환자나 교도소 수감자 이외에서 동성애를 연구하여 발표한 최초의 논문으로 평가되고 있다.[43]

DSM에서의 변화

정신질환을 진단하는 기준이 시대에 따라서 조금씩 달라진다. 이에 미국정신의학회에서는 DSM-I을 개정하여 1965년 DSM 제2판(DSM-II)을 발간하였다. 미국정신의학회에서 발간한 DSM은 우리 나라를 비롯하여 범세계적으로 가장 널리 적용되고 있는데, 세계보건기구에서 발간되는 ICD보다 더 폭넓게 적용되고 있다. DSM 제2판에는 성격장애(Personality Disorders) 범주 내에 성적 일탈이라는 9개의 영역이 소개되는데, 그 중 하나로 다시 동성애가 수록되었다.[50] 이러한 사회적인 분위기 속에서 게이들은 은폐되고 위축된 생활을 할 수밖에 없었다. 그러나 뒷편에서 언급되겠지만 뉴욕에서 발생한 스톤웰 항쟁과 같은 게이해방운동이 DSM-II에 수록된 동성애 조항을 삭제시키는 운동의 계기가 되었다.

게이들의 인권을 지지하는 운동가들은 1970년 샌프란시스코에서 개최된 미국정신의학회 연차학술대회 장소로 찾아가 최초로 게이들의 입장을 인정하라고 요구하면서 여러 가지 방해 활동을 전개하였다. 이러한 노력 때문에 1971년 워싱턴시에서 개최된 연차대회에서는 게이 인권 운동가들이 진행하는 토론 세션 하나를 배정받았다. 미국정신의학회에서는 1년 전 샌프란시스코에서와 같은 방해 활동을 피하기 위하여 그들의 요구를 들어 주었지만, 1971년도 학회에서도 여러 차례의 시위가 발생하였다. 그들의 토론 세션에서는 동성애가 진단규정에서 삭제되어야 한다고 강력하게 주장하여 이러한 노력은 결국 1973년 결실을 거두게 된다.[58] 즉 1973년 2월 8일 미국정신의학회 전문용어(Nomenclature)위원회 앞에서 공청회가 열리게 되었다. 그 공청회에서 게이 대표들은 정신과 의사들에게 논쟁과 설득, 대화를 통하여 게이들의 입장을 전달하였다. 그 결과 정신의학회 회원들의 우편 투표를 거쳐서 동성애의 정상 여부를 가려보자는 결론이 났다. 투표일이 공고되자 게이단체에서는 정신의학회 회원들을 상대로 하여 자신들의 입장을 이해시키는 활동을 적극적으로 전개하였다. 그들은 정신의학회 회원들의 명부를 기초로 조직적인 투표운동을 실시하였으며, 그들의 노력으로 태도가 변한 회원들도 상당수 생겼으며, 또 투표에 기권해 버리는 회원이 나타났다.

투표의 결과, 투표에 참여한 정신의학회 회원들의 58%가 동성애는 정신질환이 아니라는 입장을 취하였다. 그리하여 1973년 12월 15일 미국정신의학회 이사회(the Board of Trustees)에서는 동성애 조항을 DSM-II에서 공식적으로 삭제하기로 결정하였다. 학회 차원에서 공식적으로 동성애를 질병이나 질환이 아니라 성행동의 정상적 변형체(normal variant)라고 인정한 셈이다.[90] 그대신 나중에 성적 지향의 장애(sexual orientation disturbance)라는 범주로 대체하기로 했다. 이는 동성애가 개인에게 주관적으로 방해가 되는 경우 즉 자신의 성적 지향 때문에 장애를 보이면서 변화시켜 주기를 원하는 경우에만 한정해서 정신질환으로 간주한다는 말이다.[150]

1973년 DSM에서 동성애를 수정한 것은 전문가들에게 동성애를 인식시키는 전환점이 되었지만, 여기에 반대하던 세력도 적지 않았다. 예를 들면, 투표일이 공고되자 일부 회원들은 신중하게 자료들을 검토하지도 않는 상태에서 정신의학자들이 게이들의 정치적인 논쟁에 말려 들었다고 불만을 토로하기도 했다. 역시 1974년 미국정신의학회 회원 37%는 동성애를 다시 질병으로 분류해야 한다고 주장했지만 성공을 거두지는 못했다.[85]

또 정신과의사 2,500명을 상대로 1970년대 중반 실시했던 조사에서 응답자의 69%가 동성애가 정상적인 변형체가 아니고 병리학적인 적응이라고 답하였다. 그렇지만 이와 같은 현상은 임상환자였던 게이들이 자신의 성적 지향에 대한 불안을 느끼고 있었기 때문이라고 해석된다.[130] 하여간 1973년도의 상황은 질병분류학사상 임상조건에 관한 사항을 투표에 의하여 결정하는 최초의 사례가 되었다.

근대 심리학계의 입장

 동성애 조항이 1973년 말 DSM에서 삭제되는 결정이 나오면서 심리학계에서도 게이들에 대한 차별을 폐지하려는 노력을 경주해 왔다. 그들에 대한 차별은 그 동안 수천년 이상 서구사회에 만연된 편견과 고정관념에서 비롯된 것이라고 보는 심리학자들의 노력에 의하여 1975년 미국심리학회에서 동성애는 정신질환이 아니라고 재천명하였다. 그 내용은 미국심리학회의 대변지 역할을 하는 학술지인 American Psychologist에 발표되었으며, 그 구체적인 사항은 다음과 같다.[50]

 (1) 미국심리학회는 1973년 12월 15일 미국정신의학회에서 동성애를 정신질환의 목록으로부터 삭제한다는 결의를 지지하면서 다음과 같은 결의를 한다. 동성애 그 자체는 판단능력, 안정성, 신뢰성 또는 전반적인 사회생활이나 직장생활을 하는 능력에 어떠한 손상도 내포

하지 않는다. 미국심리학회는 정신건강을 다루는 모든 전문가들이 동성애적 성적 지향과 오랫동안 연루되었던 정신질환의 오명을 타파시키는 데 선두적 역할을 하기를 촉구한다.

(2) 미국심리학회는 다음과 같이 게이들의 인권에 관한 결의를 한다. 미국심리학회는 게이들에게 취업, 주거지 선택, 공공 수용시설과 같은 분야에서 공적 및 사적으로 차별했던 점, 또 현재 및 과거 동성애 행위자를 이해하지 못했던 점을 애석하게 생각한다. 미국심리학회는 게이들의 정신능력을 증명하는 데 있어서 게이들에게 부과된 부담이 어떤 다른 사람에게 부과된 부담과 비교하여 차이가 없어야 한다고 선언한다. 게다가 미국심리학회는 인종, 종교, 피부색 등을 기저로 모든 사람에게 공평하게 보장된 권리가 동성애 행위에 관련된 시민들에게도 정부 및 지방자치단체의 차원에서 동등하게 보장되기를 촉구한다. 또 미국심리학회는 성인들이 사적으로 동의한 상태에서 이루어진 동성애 행위를 차별하는 법적 조항이 폐지되기를 촉구한다.[50]

상기는 게이들에 대한 편견과 오명이 다른 소수 집단에게 행해지는 것과 본질적으로 다르지 않으므로 절대 정당화될 수 없다는 내용이다. 곧이어 미국심리학회는 회원들의 투표를 통하여 1976년 9월 어린이의 양육이나 보호에 관련된 재판과정에서 개인의 성적 지향을 근거로 차별받아서는 안 된다는 입장을 표명하였다. 이러한 문제는 다른 장에서 서술되고 있지만 남편과 결혼하고 살던 여성이 레즈비언 정체성을 드러내면서 이혼하게 되고, 이혼의 과정에서 자녀의 양육권이 문제시되는 사례가 많았다. 대부분의 재판에서 레즈비언들은 어린이를 보호할 능력이 없을 것이라는 편견 때문에 불이익을 받고 있다는 연구결과들이 한창 쏟아져 나오는 시기였다.

DSM 제3판 및 제4판

미국정신의학회에서는 1980년 DSM 제3판을 발간했다. 여기에서는 동성애를 진단기준에서 삭제시키는 대신 보다 제한적으로만 적용되는 '자아 이긴장성(自我 異緊張性: ego-dystonic) 동성애'라는 조항으로 교체하였다. 자아 이긴장성을 진단하는 기준은 ① 이성애적 관심이나 흥분이 지속적으로 결여되었거나 약하며, ② 이성애적 관계를 바라고 있지만 그 관계가 손상되었으며, ③ 동성에 대한 관심과 흥분이 일관성있게 나타나지만 이를 원하지 않기 때문에 근심과 걱정의 원인이 된다는 것들이다.

또 제3판에는 'dyshomophilia'라는 범주가 새롭게 등장했다. 이는 동성에 관련된 자극들로부터 흥분되더라도 동성애적 자극들과 개인의 양심은 서로 모순적이므로, 그 흥분 자체에서 심리적 긴장이 나타나는 사람들의 장애라고 정의되어 있다. 미국정신의학회에서는

1987년 제3판을 수정 보완한 DSM-III-R을 출간했는데, 미국심리학회의 요청에 의하여 그 수정판에서는 자아 이긴장성 동성애 조항도 아예 삭제되어 동성애를 진단하는 범주가 완전히 사라졌다.

상황이 이렇게 전개되자 일부 정신의학자들은 끝까지 게이들이 이성애자들보다 정신신경학적 질환의 환자가 되기 쉽다고 주장하였다. 그렇지만 게이들이 환자가 될 가능성이 높다는 주장은 동성애 자체의 문제라기 보다도 사회에서 게이들을 차별적으로 부정적으로 바라보았던 결과라고 해석된다. 하여간 동성애 조항이 삭제되고 그 대신 아동기 분야에서 정체성 장애(Gender Identity Disorders) 조항만이 다루어 지고 있다. 1994년에 출간된 제4판에서도 마찬가지로 동성간의 성 관계에 관한 단어가 아예 존재하지 않는다.[19]

심리학계의 단체활동

미국심리학회 내에서는 1973년 the Association of Gay Psychologists가 창립되었고, 이는 나중에 the Association of Lesbian and Gay Psychologists로 개칭되었다.[190] 또 그 학회 내에 1980년에는 게이 문제를 다루는 위원회(Committee on Gay Concerns)가 발족되었으나 1985년에 레즈비언 및 게이 남성들의 관심사를 다루는 위원회(CLGC: Committee on Lesbian and Gay Concerns)로 바뀌었다. CLGC에서 만든 심리학자들을 위한 전문용어 안내서는 1985년 미국심리학회에서 인정되었다.

1984년에는 미국심리학회의 제44분과로 레즈비언 및 게이 문제의 심리연구단체(The Society for the Psychological Study of Lesbian and Gay Issues)가 형성되었다. 그 분과의 관심사항은 인간의 성적 지향이 매우 다양하다는 점을 이해시키기 위한 연구, 교육 및 서비스의 업무이다. 또 그 분과에서는 게이나 양성애자가 자신의 성적 지향을 나타내고 다닐 수 있도록 미국심리학회는 물론 국가정책에까지 영향을 미치는 공개토론회 등을 개최하고 있다. 예를 들면, 최근 몇 년간 미국심리학회가 개최될 때마다 제44분과의 심포지엄 주제들은 치료전문가와 환자 간의 성적 지향의 차이를 줄이는 것, 남녀 게이들이 미국 군대내에서 차별대우를 받지 않는 것, 그리고 게이를 심리치료할 때 전문적 실습기준을 마련하는 것 등이었다.

위원회와 분과의 노력으로 미국심리학회에서는 1991년 이성애적 편견이 들어 있는 언어의 사용을 금지하는 지침서가 제작되어 1994년도에 발간된 Publication Manual 제4판부터 적용되고 있다. 역사적으로 1970년대까지 동성애를 주제로 한 심리학 연구들은 대부분 병리학적 관점에 초점을 두었다. 그렇지만 미국정신의학회 및 미국심리학회에서 정신건강 전문가들에게 동성애에 관계되는 오명을 제거시키는 데 노력하도록 요구한 결과, 1980년대에는 연구의 초점이 동성애의 원인 및 병리학적 면에서 게이들에 대한 태도를 비롯하여 게이들의 사회심리적 특성이나 관심으로 바뀌었다. 근래에는 게이를 보다 긍정적인 입장에서 정상적 변형체(normal variant)로 이해하고 있다. 그럼에도 불구하고 아직 동성애에 대한 부정적인 편견이 심하게 나타나고 있다. 역시 자신을 드러낸 게이들의 수적 증가가 가시화되면서 그 사회적 태도는 도전을 받고 있다.[79]

제5장
동성애 원인론

동성애 원인론의 논쟁

　기독교를 근간으로 한 서구 문화권의 역사에서 원죄나 범죄로 여겨지던 동성애는 정신의학에서 그 원인론이 거론되면서부터 정신질환이라는 오명까지 추가되었다. 정신의학에서 동성애가 매도되었던 상황은 흑인들이 백인들의 사회에서 천대받고 있는 사회구조적 상황과 매우 흡사하다. 즉 미국 사회에서 정신의학의 아버지라고 알려진 러쉬(Benjamin Rush)는 흑인들의 피부가 검은 이유를 선천적으로 물려받은 문둥병의 성향 때문이라고 주장하였다. 그래서 백인들에게 문둥병에 걸리지 않으려면 흑인들과 결혼해서는 안 된다고 충고하였다. 동성애도 역시 종교적인 오명 때문에 의학적으로 정신과의 진단을 받아야 한다는 오명을 얻었다.[30]

　학자들은 어떠한 사람이 왜 동성애자가 되는가에 관심을 가지면서 논쟁하였다. 동성애의 원인 규명은 매우 흥미로운 연구영역처럼 생각된다. 그러나 이 질문에는 원인을 찾아내게 되면 개인이 동성애 상태로 발달하는 것을 예방할 수도 있으며, 또 이미 동성애자가 된 사람을 치료할 수도 있다는 의미가 내포되어 있다.

우선 1800년대 후반 프로이트의 주장이 부각되기 이전까지 학자들은 누구나 이성애자가 아니면 게이가 될 것이라고 생각했다. 그러나 프로이트는 사람이 원래 태어날 때부터 양성애적인 특질을 지니고 있는데, 가족과의 관계에서 동성애로 발전하게 된다고 주장하였다. 적어도 그 시기를 전후하여 성 연구자들에게는 동성애 지향이 선천적이고 생물학적 요인에 의하여 결정되는가, 후천적이고 사회문화적으로 학습된 현상인가, 아니면 복합적인 상호작용의 결과인가의 주제가 논쟁의 관심사로 등장했다.

생물학적 기원을 암시한 대표적 학자로는 1860년대 유럽지방에서 최면기법으로 정신 및 신경증 환자를 치료하던 샤르코(Charcot) 등의 의사들이었다. 그들은 최면기법이 동성애 지향을 지닌 사람들에게 잘 적용되지 않음을 깨닫고, 동성애 지향은 선천적 요인에 결정된 것이라는 견해를 피력하였다. 생물학적인 차원에서 설명을 시도하려는 그 외의 대표적인 인물로는 허쉬펠트(Magnus Hirschfeld), 엘리스(Havelock Ellis), 세이몬즈(John Seymonds) 등이 있다.

반면에 프로이트를 위시하여 킨제이(Alfred Kinsey) 그리고 마스터즈(William Masters)와 존슨(Virginia Johnson) 등은 후천론을 강조한 대표적인 성 연구자들이다.[218] 또 종족보존과 상관없이 표현된 모든 성행동을 일탈로 규정했던 크래프트에빙(Krafft-Ebbing)은 상호작용론을 주장했다. 곧 환경과 유전의 요인이 우연히 복합적으로 나타난 결과 동성애자로 발달한다는 설명이다.[155]

동성애의 원인을 규명하려는 연구들이 수없이 많았지만, 아직 그 원인을 정확하게 밝히지는 못하고 있다. 여기에서 몇 가지 지적하고 싶은 분명한 사실은 현재 게이들의 부모는 대부분 게이가 아니라는 점, 이성애자로 자라나면 사회 생활에서 상처를 받지 않는다는 점 그리고 왜 동성을 상대하지 않고 이성을 상대하는가에 대한 물음이 없다는 점 등이다. 동성애 원인론에 관한 지금까지의 연구결과들을 살펴보면, 어떤 사람이 왜 게이인가를 한두 가지 요인으로 설명하는 것도 매우 어렵고 또 한 사람에 대한 설명이 다른 게이들에게는 잘 적용될 수 없었다.

다음 절부터 언급되고 있지만, 유전이나 호르몬 불균형 또는 부모와의 상호작용에서의 문제점으로 동성애의 원인을 설명하는 연구들은 일반화 가능성이나 신뢰성이 매우 희박하다. 그렇지만 동성애 원인연구를 선도적으로 하는 학자들은 한 개인의 성적 지향은 주로 아동기까지 이미 결정된다는 의견에 일치하고 있다. 즉 심리학 및 정신의학계에서는 원인을 믿을 만하게 규명하지는 못한 상태라고 하더라도, 개인의 동성애적 지향은 출생시기를 전후하여 생의 초기에 발달되어 결정된다고 본다. 그 발달이란 순수한 생물학적 차원이 아니라 환경적 요인과 복합적으로 조합된 결과라고 본다. 예를 들면, 출생 전 중추신경계의 발달과정에서는 생물학적인 영향을 받으며, 그 생물학적 영향은 출생 후 생의 초기의 환경적 요인과 복합된다는 것이다.

성적 지향에 대한 결정이 생의 초기에 이루어졌다고 하더라도 한 개인이 표출하는 이성이나 동성에 대한 관심은 대부분 사춘기를 지나면서 보이기 시작한다. 대부분의 게이들은 자신의 동성애적 지향을 적어도 10대 후반이나 20대까지 알아차리지 못한다. 그들과 함께 생활하는 가족들도 마찬가지로 알아차리지 못한다. 그렇기 때문에 특히 사춘기 이후에 영향을 주는 사람들 때문에 게이로 발달했을 것으로 잘못 인식되기도 했다.

그러나 게이의 성향은 이미 생의 초기에 결정되었고, 그 결정도 자발적인 상태에서 획득된 것이 아니다. 또 그 성향은 일단 발달하면 변화에 대한 저항이 매우 크다. 그러므로 치료가들이 게이들의 성향을 변화시키려는 노력은 여성을 남성으로 변화시키려는 노력이나 혹인을 백인으로 변화시키려는 시도처럼 윤리적인 문제로 여겨질 수도 있다. 그 동안 후천적 요인만을 강조하던 시대에는 동성애가 잘못된 선택이었다는 해석이 가능했다. 적어도 1990년대에 들어와서는 동성애의 원인을 규명하려는 연구는 이미 유행이 지나갔다. 근래의 연구들은 서로 다른 성적 지향의 소유자들의 행동이 왜 다른가에 더 많은 관심을 두고 있다. 그리고 그 행동특성에 영향을 미치는 환경적, 심리적, 생물학적 요인이 무엇인가를 찾아내려고 노력한다.

그래서 게이와 이성애자의 차이, 게이 남성과 레즈비언의 차이, 또 이성애자들 중에서도 남녀간의 차이는 왜 나타나는가에 대한 연구들이 성행하고 있다. 게이들 중에서도 개인차가 나타난다면 어떠한 요인 때문인가를 찾는 연구도 실시되고 있다. 그러한 차이점을 밝히는 예를 들면, 게이들에게 "당신은 왜 게이입니까?"라고 질문한다. 그 결과 게이 남성들은 원래 그런 성향을 타고 났다고 답하는 경향이 있었던 반면, 레즈비언들은 남녀 차별을 타파하기 위한 수단으로 레즈비언이 되었다고 답하는 경향이 컸다.[78]

일반인들의 이해를 돕기 위해서 다음 절부터는 동성애를 후천적인 요인으로 설명하려는 정신분석학적 모델과 학습이론, 그리고 선천적인 요인으로 설명하려는 생물학적 차원의 연구결과들을 소개한다. 아울러 선천론과 후천론의 입장을 강조했던 시대에 동성애를 치료하려고 시도했던 방법들도 간략하게 살펴본다.

정신분석학적 모델

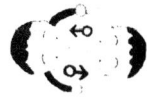

동성애와 정신분석의 관계는 정신분석학을 정립시킨 프로이트 (Sigmund Freud: 1856-1939)의 견해로부터 출발한다. 그는 성을 죄악시하고 동성애를 병리학적으로 바라보던 빅토리아 왕조시대의 말기부터 20세기 초반까지 인간의 행동을 다루는 심리학 및 정신의학에 지대한 영향을 미친 의사였다. 프로이트가 작고하기 몇 해 전, 한 미국 여성이 게이인 자기 아들을 치료하고 싶다면서 걱정하는 편지를 보내자 프로이트는 다음과 같이 답장을 썼다 (1935년 4월 9일의 답장이다).

동성애는 분명히 이득도 없는 것이지만 부끄러워할 만한 것도 아니며, 또 타락도 아니므로 질병으로 분류될 수 없습니다. 그것은 성적 발달의 정지에 의해서 성적 기능이 변한 것으로 보아야 합니다. 고대나 중세에도 사회적으로 존경할 만한 수많은 사람들도 게이였는데, 플라톤, 미켈란젤로, 레오나르도 다빈치 등이 바로 그들입니다. 그러므로 동성애를 범죄나 잔학행위로 보는 것은 매우 잘못된 일입니다. 당신이 나를 믿지 못하겠으면, 엘리스(Havelock Ellis)의 책을 읽어 보십시오.

이 편지의 내용에 의하면, 프로이트는 동성애를 병리학적으로 보고 있지 않았다. 단지 게이를 게이가 아닌 사람보다 성적인 발달이 더 건강하지 못하고 미숙한 상태에 머물렀다고 보았다.[156] 프로이트는 모든 사람이 원래 양성적 존재로 태어나며, 자라는 도중에 성적 발달이 정지하게 되면 게이가 된다고 믿었다. 그러므로 동성애자가 배척당해서는 안 된다고 보았다. 결국 프로이트는 동성애 그 자체를 치료할 필요가 없다고 생각했으며, 자신이 개발한 정신분석법을 동성애의 치료책으로 생각하지도 않았다.[155]

프로이트의 논지에 따르면, 성적 지향의 발달은 아동기에 가족과의 관계에서 어떠한 경험을 했는가에 달려 있다고 한다. 특히 자신의 신체구조가 이성과 다르다는 것을 인식하는 3세에서 5세 사이의 경험에 의하여 성적인 발달이 제대로 이루어지거나 정지될 수 있다고 말한다. 예를 들면, 그 시기의 남자 아이는 자신의 생식기 구조가 여자의 구조와 다르다는 사실을 인식하면서 이성에 대한 관심을 가지기 시작한다. 이 시기에 자기 주변의 이성 중에서 가장 가까운 대상인 어머니에게 그 관심이 쏟아지면서 아이는 갈등에 직면하게 된다.

그 갈등은 소위 오이디푸스 콤플렉스(Oedipus complex)라고 표현된다. 자신이 어머니를 사모한 것을 아버지가 알게 되고, 이에 대한 보복으로 아버지가 혹시 자신의 남근을 잘라 버릴지 모른다는 두려움이다. 어린 아동들은 누구나 그런 갈등과 두려움을 경험하지만, 이러한 갈등을 겪는 과정에서 아동의 성적 발달의 정상성 여부가 결정된다. 갈등이 별로 심하지 않았다면 나중에 정상적인 발달을 하지만, 만약 갈등이 너무 심했거나 전혀 없었다면 정상적인 발달을 하지 못하게 된다.

즉 갈등이 그렇게 심하지 않았다면 아버지가 자신을 보복할지도 모른다는 두려움에서 쉽게 벗어난다. 그 경우 아동은 아버지의 모습을 그대로 본받아 사회생활을 하는 데 남성적이라는 행동을 표출하게 된다. 그 아이는 게이가 아닌 이성애자가 된다. 그러나 갈등이 너무 심했다면, 성년이 된 이후로도 남근이 잘려져 나갔는가에 대한 불안과 함께 살아간다. 이 경우 대부분 게이가 아니라 노출증 환자가 된다.

반면 갈등을 겪는 과정에서 아버지가 어머니에 비하여 상대적으로 약하게 지각되었다면, 아동은 아버지에 대한 두려움이 별로 없는 상태에서 자라난다. 다른 아동에 비하여 어머니와 더욱 가까워진 관계를 유지하게 된다. 만약 어머니가 아들을 유혹하는 경우라면 어머니에 대한 애착의 정도는 더욱 쉽게 깊어진다. 또 아버지가 계시지 않거나 아동이 아버지와 함께 지낼 수 있는 시간이 부족한 상태에서도 마찬가지로 어머니와 밀착하게 된다.

이러한 상황에서는 어머니가 아들에게 동일시의 모델이 된다. 그러므로 남자 아동의 머릿속에 여성과 같은 행동유형이나 사고방식이 의식적 또는 무의식적으로 심어지게 된다. 결과적으로 그 아동은 아버지로부터 남근이 잘리게 될지도 모른다는 두려움을 피할 수 있게 된다. 프로이트의 생각에 의하면 이러한 식으로 발달하는 것은 이성애적으로 발달하는 것과 비교하여 더 원시적 형태라고 보았다.

아동은 자라나면서 어머니처럼 성적인 상대로 남자를 접촉하면서 만족을 추구하게 된다. 그런 남성이 만약 나중에 여성의 생식기를 본다면 이미 잘려진 남자의 생식기를 연상시키므로 그는 자신의 남근이 잘릴지 모른다는 불안을 느끼게 만든다는 설명이다. 이러한 맥락에서 정신분석학적 연구들은 아버지와 아들 간의 관계에 초점을 맞추고 있는데, 대부분 아버지는 아들에게 친근감이 결여되었거나 위협적이거나 사귀기 힘든 존재라는 특성을 밝히려고 한다. 하여간 프로이트는 아이가 동성애자로 발달하는 것은 가족의 상호작용이 흐트러졌기 때문이며, 부모 모두가 부모의 역할을 제대로 하지 못했기 때문으로 보고 있다.[27, 156]

그렇지만 프로이트 이후의 정신분석가들은 프로이트와는 약간 다르게 이론을 전개하면서 동성애를 설명하고 있다. 우선 클라인(Klein)은 남성이 어린 시절 어머니와의 관계가 가까워져서 그녀를 동일시한 결과 게이가 되었다고 보지 않는다. 오히려 어머니를 두려워한 감정 때문에 나중에 게이가 되었다고 해석한다.[22] 아동이 어머니를 두려워하는 감정도 자신의 신체구조가 이성과 다르다는 것을 이해하는 시점에서 갑자기 생기는 것이 아니라, 젖이나 우유를 먹고 자라던 시절부터 어머니에 대한 분노가 느껴졌다고 본다.

이러한 분노를 느낀 아동은 어머니가 자신을 처벌할지도 모른다고 두려워하게 되고, 더욱 아버지를 동일시하게 된다는 설명이다. 아동은 자신의 남근을 보면서 만족감이나 우월감을 얻지만, 남근이 없는 어머니의 신체를 보면 두려움을 느낀다. 곧 어머니는 남근을 숨기고 있는 옳지 못한 대상이므로 더욱 아버지를 동일시하게 되면서 동성애적 성적 지향이 발달한다는 것이다.

또 다른 학자(예, Bergler)는 어머니로부터 수유받는 시기에 너무 만족이 컸기 때문에 남성에게 집착한다고 해석한다. 이 경우 다른 남성들의 성기는 어머니의 젖을 상징한다고 보고 있다.[31] 즉 프로이트 이후의 정신분석가들은 개인이 양성적인 존재로 태어난다는 개념을 기각시키고 정상적인 이성애 관계에서 벗어난 것으로 재개념화시켰다. 프로이트를 비롯하여 후세대의 정신분석가들 모두 동성애의 원인을 생의 초기의 경험으로 설명하고 있지만, 이성과의 관계나 동성 간의 관계에 대한 설명은 서로 다르다.

보다 구체적으로 설명하면, 프로이트는 게이 남성이 여자를 상대하지 않는 것을 아버지로부터 받을지도 모르는 처벌을 연상시키기 때문으로 해석하는 반면, 다른 정신분석학자들은 어머니로부터의 처벌을 연상시키기 때문이라고 해석한다. 다시 말하면, 후자의 학자들은 이성과의 성적 접촉을 두려워하는 것은 이성이 두렵기 때문인 것이다. 그런 맥락에서 동성애가 병리학적이므로 행복한 생을 누릴 수 없다고 결론지은 대표적인 연구는 1962년의 비버(Bieber) 등의 것이다.[34]

비버 등은 뉴욕 시에서 개업하고 있는 정신분석학자 77명에게 요청하여 정신분석가를 찾아온 환자들을 여러 가지 질문 형태에 따라서 기록하도록 했다. 그들은 106명의 게이 남성들과 100명의 이성애자에 대한 기록을 건네받아 그 내용을 분석하였다. 우선 그 질문의 내용을 보면, 다음과 같다.

'환자는 어머니의 총애를 받은 아이였는가?'
'어머니는 환자에게 키스나 포옹 등 신체적인 애정 표현을 했는가?'
'분석가는 어머니가 아들을 유혹했다고 보는가?'
'환자는 어머니와 함께 자는가?'
'어머니는 환자의 옷을 입혀주고 벗겨주었는가?'
'어머니는 평소 환자의 남자다운 태도와 행동을 격려했는가?'
'환자는 아버지가 성적으로 무능하다고 보고 있는가?'

'환자는 어머니로부터 애기 취급을 받았는가?'
'어머니는 환자에게 관장시키는 일을 자주 하는가?'
'아버지는 환자의 남자다운 태도나 행동을 격려해 주었는가?'

상기의 질문을 토대로 정신분석학자들이 평가한 106명의 게이 남성들에 대한 내용을 보면, 모두 아버지와 정상적인 관계를 이루지 못했다. 아버지들은 적개적이거나, 무관심하거나, 고립된 생활을 하고 있었다. 반면 어머니들은 남성들에게 냉담하고, 남편을 압도하며, 아들의 남성다운 태도를 낙담시키고, 아들의 관심을 어머니에게만 편중시키고, 아들에게 자신만을 믿게 하면서 과잉보호를 하였다. 또 어머니는 아들과의 관계를 밀착시켜 그를 유혹하고, 남편 대신 아들을 사랑의 상대자로 여기고, 사춘기 시절에는 아들의 이성애적 행동을 방해하기도 하였다.

그래서 비버 등은 동성애를 이성애에 대한 공포가 내재된 현상으로 파악했다. 그리고 그들은 여자와 성적으로 접촉하는 남자가 여성의 생식기로부터 질병이나 상처를 받지 않을까하는 두려움이 수반된다고 결론지었다.[30] 비버 등의 연구에서는 동성애의 원인은 아동기의 갈등에서 야기된 무의식적 불안이며, 이 불안을 해소시키는 것이 동성애의 치료라고 보았다. 그들은 실제로 동성애자라고 생각되는 환자들을 장기간 치료했지만, 그 중 27%만이 이성애자로 변화되었다고 하였다.

그렇지만 그러한 치료 결과도 비판을 받았다. 바로 그 27% 중의 상당수가 처음부터 순수한 게이가 아닌 양성애자였으며 또 임상적인 표집을 근거로 치료될 수 있다는 결론을 내렸기 때문이다. 하여간 프로이트는 동성애를 질병으로 명명하는 것을 거부했음에도 불구하고 상당수의 정신분석학자들이 동성애의 치료책을 강구하려고 노력했다. 게이가 정상적인 성적 만족을 얻으려면 이성에 대한 두려움을 보이지 않는 이성애자로 전환되어야 한다고 믿었던 까닭에서이다.[100], [156]

게이 남성에 대한 정신분석학적 설명은 흔하지만 레즈비언이 되는 과정에 대한 설명은 매우 드문 편이다. 한 정신분석가(예, Socarides)는 어떤 여성이 아동기 때 아버지로부터 받은 거부감 또는 실망의 두려움 때문에 남성을 회피했으며, 그 결과 레즈비언이 되었다고 보았다. 즉 그녀는 나중에 남성에게 의지하고 싶어도 어린 시절 아버지가 안겨준 두려운 상처 때문에 그 남성을 피하려고 한다. 이 경우 어린 시절 이상적이던 어머니에게 의지하는 마음이 다른 여성에게 전가되는 것이다. 특히 아동의 자율성을 위한 욕구가 부모에 의해 좌절되었을 때 그와 같은 어려운 관계로 발전한다고 보았다.[99] 레즈비언을 이해하려는 관점도 역시 부모와의 원만하지 못한 관계에서 출발하므로 정신분석학자들은 이를 치료가 가능하다고 믿었던 것 같다.

학습이론적 모델

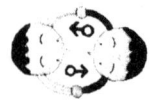

　동성애를 학습이론으로 설명하기 시도한 사람들은 순수한 실험심리학자들이 아니었다. 그들은 후천성을 주장했던 킨제이 학파들이었다. 킨제이 학파들은 동성애를 하나의 성적 지향이라기 보다도 동성을 선택하는 기호로 보았는데, 그 기호의 형성은 조건형성(conditioning)의 역할로 해석하였다. 즉 동성과의 만족스러웠던 경험이나 이성과의 불만족스러웠던 경험이 어느 결정적인 시기에 강화(reinforcement)되어 나타난 현상이 바로 동성애이다.[42]

　이러한 입장을 추종하는 연구자들은 동성애를 사회심리학적 관점에서 개인의 정체성이 발달하는 문제로 보고 있으므로 기존의 정신분석적 접근방법과 대립되거나 관계가 없다.[42] 또 직접적인 경험 이외에도 간접적으로 경험된 내용도 개인의 행동을 변화시킬 수 있다고 보는 사회학습이론에 의하여 동성애 현상을 더 폭넓게 해석할 수 있다. 사회학습이론으로 동성애를 설명할 수 있는 상황의 예들은 어린 시절 의복의 착용이나 장난감의 선택, 또는 놀이방법의 선정에서 직접적으로 강화받았다거나, 직접적 강화가 없는 상태에서 동료나 성인의 행동이 강화받는 것을 관찰했다거나, 어떤 사건이 발생하면서 우연히 보상의 효과를 얻었다거나 등이다.

경험의 중요성만을 강조하는 학자들의 일부가 주장한 바에 의하면, 누구나 자기 주변에 존재하는 모든 대상(예, 담요, 인형, 이성, 사촌 등)에게 성적으로 반응하도록 태어난다. 그렇지만 여러 가지 학습과정을 통하여 자신의 성적 에너지를 발산하는 채널이 점점 좁아진다고 한다.[58] 만약 남성이 사회적으로 고정관념화된 성역할 행동에서 여성적인 행동을 표출하면서 긍정적인 강화를 받았다면 나중에도 남성스러운 행동보다도 여성스러운 행동이 더 자연스럽게 표출된다는 것이다. 또 동성에 대하여 에너지를 발산했을 때 쾌감을 경험했거나 이성에 대하여 에너지를 발산하면서 혐오나 공포를 경험했다면 나중에 동성애자로 발달한다는 설명이다.

혹자(예, Feldman)는 타고난 성향 때문에 게이가 되는 경우도 있다고 가정하고 이와 비교하여 후천적인 요인으로 게이가 되는 것을 이차적인 동성애라고 표현했다.[71] 여기에서 이차적인 동성애는 사춘기 이후에 발달하기 시작하는데, 그 이유는 사춘기 이전에 이성과의 성적인 경험을 하지 못하기 때문으로 생각하였다. 만약 사춘기 이후 남성이 여성으로부터 불쾌한 감정을 경험했다면, 그는 여성을 두려워하고 회피한다. 또 자신의 그러한 회피적인 태도를 정당화시킨다. 전에는 여성이 성적으로 바람직한 대상이었지만, 이제 성적인 대상으로나 정서적인 친구로서의 가치가 떨어진 존재가 되었다. 그는 시험삼아 남성을 상대해 보고, 그 경험이 만족스러우면 남성에 대한 매

력을 더욱 강하게 느끼게 된다.[71]

많은 사람들은 후천적인 이유로 동성애자가 되었다는 이야기를 들어보았고, 또 이를 믿고 있다. 여러 전문가들도 후천적인 경험의 결과로 동성애적 지향이 발달했다고 보았다. 그렇지만 전문가들 중에서도 킨제이 학파를 제외하고는 행동주의 이론가들의 대부분은 동성애를 잘못된 학습의 결과이므로 정상이 아니라고 보았다. 그러한 까닭에 이 입장에서는 그와 같은 잘못된 행동도 행동주의식 원리에 의하여 수정될 수 있다고 본다. 그 원리는 조건형성을 응용하는 것이므로 매우 단순하다. 예를 들면, 동성을 선호하는 반응을 전기충격과 같은 혐오적 자극과 결부시키면 동성을 기피하게 된다는 것이다.

물론 경험론 주창자들의 논리가 근거가 없는 것은 아니다. 예를 들면, 전혀 동성애적 행위에 대한 경험이 없었던 중년여성이 이혼이나 강간 등의 고통스러운 경험 때문에 의식적으로 레즈비언이 되는 경우도 간혹 있었다. 이러한 사례를 접한 사람들은 동성애가 분명하게 드러난 후천적인 경험에 의하여 선택된다고 믿게 된다. 모든 행동을 과거 경험이나 훈련 등으로 설명하는 행동주의 이론이 심리학에서 중요한 위치를 차지하면서 당연히 동성애도 그런 식으로 해석하려는 시도가 이루어졌다. 정신분석학에서는 무의식적으로 영향을 준다고 설명하지만, 학습이론은 객관적인 상황에서 원인을 찾아볼 수 있다는 점에서 상대적으로 매우 설득력있게 부각된 이론이다.

사실 레즈비언을 상대로 한 조사에서는 상당수가 과거에 성적으로 학대받은 경험이 있었다. 예를 들면, 2천여 명의 레즈비언 응답자 중에서 1/3 이상이 일생 중 한 번 이상 성적으로 학대를 당한 경험이 있었다고 응답했다. 조사대상자 전체의 21%는 아동기 때만, 15%는 성인기에서만, 그리고 4%는 아동기 및 성인기 모두에서 강간이나 성적인 학대의 희생자였다.[185] 보다 최근에는 미국인 레즈비언 2천 명의 조사에서 표집의 약 41%가 남성으로부터 한 번이라도 성적으로 강간이나 학대받은 적이 있었다고 대답했다.[40]

그렇지만 그 연구결과들은 성적으로 학대받았기 때문에 레즈비언이 되었다는 증명이라고 볼 수 없다. 오히려 그녀가 레즈비언이었기 때문에 남성으로부터 성적 학대의 희생자가 되었을 가능성이 더 높다고 해석하는 것이 더 타당할지도 모른다. 또 앞의 조사대상자 2천 명의 레즈비언 중에서 근친상간을 당한 비율은 18.7%였는데, 이는 이성애자인 여성에게서 나타난 비율과 별다른 차이가 없었던 것이다.[40]

경험에 의한 동성애의 발달을 생각할 수 있는 또 다른 예를 들어보자. 교도소, 군대, 기숙사, 승방, 수도원 등은 동성들끼리 장기적으로 생활하게 되는 환경이다. 이러한 상황에서는 이성과의 접촉이 어느 정도 제한되어 있다. 이처럼 특수한 환경에서 장기간 생활하면서 인간의 성적 본능을 억제하는 것은 쉬운 일이 아니다. 만일 이러한 환경에 입소하게 된 동기가 자발적이지 못하다면, 입소자들이 성욕을 억제하기는 더욱 힘들 것이다. 즉 교도소의 수감자는 다른 환경에 비하여 성욕 억제의 능력이 부족할 수 있다. 그래서 동성애적 성적 지향을 지닌 자들이 아니더라도 동성간의 접촉으로 성욕을 해소하는 경우가 발생한다.

우리 나라의 경우 교도소 재소자들간의 성적 접촉이 발생하면 징벌을 내리게 되어 있지만, 아직 인용가능한 통계적인 자료는 없다. 미국 캘리포니아주에서 조사한 바에 의하면, 교도소 수감자 2,500명의 남성 중에서 65%가 수감생활 도중에 성관계를 경험했다고 보고한다.[22] 즉 응답자의 38.5%는 타인의 항문에 자신의 남근을 삽입한 경험이 있었고, 20.5%는 타인으로부터 항문성교를 당한 경험만을 보고 했으며, 나머지는 구강섹스만을 보고했다. 또 수감자 중에서 스스로를 게이라고 밝힌 자들 중에서 52.5%는 다른 수감자로부터 성적인 요구를 자주 받았으며, 또 자신들이 상대하였던 수감자들의 88.8%는 게이가 아니었다고 답했다.[222]

교도소에 수감되어 있는 여성들의 경우도 마치 혈족과의 관계처럼 성적인 접촉이 나타난다.[80] 동성간의 관계는 여성 수감자들의 심리적 안녕을 위하여 중요하며 또 교도소 내의 사회조직의 기초가 되고 있다. 그렇지만 특수한 상황에서 형성된 동성간의 접촉에서도 남녀의 차이를 보인다. 여성은 정서를 중심으로 관계를 형성하지만, 남성들의 접촉은 성욕해소를 위하여 이루어진다. 그러나 여성 수감자들의 동성애 관계는 대부분 그러한 특수한 상황에서만 국한되고 있다.[36]

곧 교도소에서 동성애 관계를 유지하던 여성들 중에서 투옥되기 전에 이성애적 생활양식을 취했던 수감자들은 석방되자 마자 예전처럼 이성애적 생활양식으로 되돌아간다.[80] 물론 남성들도 마찬가지로 예전에 동성과의 관계가 전혀 없었던 수감자들이 교도소 내에서의 성적 접촉의 빈도가 높아지고, 동성과의 접촉을 빈번히 유지하더라도 석방되면 이성애자로 되돌아간다.[120]

상기의 예들을 토대로 경험에 의한 동성애의 발달은 타당성이 높지 않다고 판단할 수 있다. 역시 인류학적 연구결과들도 개인의 성적 지향이 청소년기의 성경험에 의하여 조건형성화되었다고 보기 힘들다는 것을 암시한다. 또 행동주의 이론에 의하여 성적 지향을 게이에서 이성애자로 전환된 사람들이 잘 적응하고 있음을 보여주는 연구결과도 거의 없는 편이다. 역시 실험적인 연구가 아닌 조사에 의하여 학습이론의 주장을 반박한 연구결과도 있다.

그 예로 벨(Bell) 등은 연령, 교육수준, 종교 등을 비슷하게 통제시켜 성인 남녀 게이 979명과 이성애자 477명을 상대로 부모와의 관계를 살펴보았다.[29] 즉 조사대상자들에게 부모와의 경험에 의하여 게이 또는 이성애자가 되었는가를 비교하였다. 연구결과 성인기에 보이는 그들의 성적 지향은 성적 경험들보다도 정신적 사고 및 정서에 의해서 더 많은 영향을 받는 것으로 나타났다.

하이트(Hite) 보고서의 조사대상자 중 남성들의 43%가 사춘기시절 다른 남성들에게 자위행위를 해주거나 다른 남성이 자신에게 자위행위를 한 적이 있었다고 답했다. 또 남성의 1/3은 상대방의 성기를 입으로 빨아준 경험도 있다고 하였다. 그렇지만 유년시절의 동성애적 경험이 그가 나중에 게이가 되는 것과 상관이 없었다. 즉 상당수의 이성애자인 남성들이 어린시절 동성애적 행위를 경험한 반면에, 상당수의 게이 남성들은 그러한 경험이 없었다고 말했다.[106] 아동기나 사춘기 시절의 경험과 게이성향의 발달 간의 함수관계는 설득력이 부족한 주장일 수도 있다.

생물학적 모델

　동성애가 선천적인 요인에 의하여 결정되는가를 살피는 연구들은 연구방법론의 발달로 예전보다 더 정교하게 이루어지고 있다. 그렇지만 연구 결과들은 일관성을 보이지 못하고 일부 게이들의 특성만을 설명하는 데 그치고 있다. 최근까지 동성애가 생물학적으로 결정되는가를 확인하려는 연구들은 주로 3가지 접근방법으로 나누어지고 있다. 세포유전학, 내분비계 및 신경해부학적 연구들이 바로 그것들이다.

　그 첫번째 접근방법은 유전적 요인이 동성애적 지향을 결정하는가를 밝히기 위한 고전적인 방법으로 일란성 쌍생아의 행동을 비교하는 연구였다.[197] 보다 정확하게는 동성애적 지향이 순수한 유전요인에 의한 결과인가를 확인하기 위하여 서로 다른 환경에서 살아가는 일란성 쌍생아의 행동을 비교하거나 서로 다른 유전인자를 지닌 다른 입양된 자들이 동일한 환경에서 살아가면서 나타나는 행동을 관찰하기도 한다.

연구에 대한 문제점 때문에 나중에 객관적인 평가를 받지 못했지만, 1952년도에 발표된 칼만(Kallman)의 연구가 쌍생아의 동성애 일치율을 보고한 최초의 것으로 평가된다.[114] 칼만은 자신을 게이라고 밝힌 남성 중에서 쌍생아들을 표집하여 형제가 게이인지 아닌지를 물었다. 표집된 일란성 쌍생아 37명은 쌍생아 형제가 모두 게이였으며, 이란성 쌍생아 26명 중에서 4명만이 쌍생아 형제가 게이였다. 그는 곧바로 일란성 쌍생아의 동성애 일치율은 100%인 반면, 이란성 쌍생아의 동성애 일치율은 15% 정도라고 결론지었다.

그렇지만 그는 동성애가 유전된다고 말하면서도 결론의 해석에 조심스러워했다. 약 10여 년 후 독일의 슈레겔(Schlegel)은 113쌍의 쌍생아를 연구하고서 칼만과 비슷한 결과를 도출하였다. 슈레겔은 일란성 쌍생아의 동성애 일치율이 95%인 반면에 이란성 쌍생아의 경우는 5%에 불과했다고 발표하면서 칼만의 입장을 지지하였다.[218]

그러나 칼만의 연구는 교도소 및 정신병원 수감자들을 표집한 상태에서 도출한 결과라는 점 때문에 그 결과를 일반화시킬 수 없으며, 또 일란성 쌍생아라는 진단에 대한 설명이 부족한 상태에서 연구되었다는 비판을 받았다.[218] 사실 보다 정교한 방법론을 도입하여 검증한 1960년대 이후 연구들에서는 일란성 쌍생아간의 동성애 일치율은 그리 높지 않은 편이었다. 예를 들면, 1968년도의 한 연구에서는 일치율이 40%에 불과했으며,[104] 최근 발표된 한 연구에서는 동성애 일치율이 일란성 쌍생아에서 65.8% 및 이란성 쌍생아에서 30.4%였다.[218]

또 동성애 일치율은 표집을 어떻게 하느냐에 따라서도 달라지고 있다. 그 예로 광고를 통하여 모집된 쌍생아 중에서 그 형제들을 조사한 결과, 일란성 쌍생아 56쌍의 52%, 이란성 쌍생아 54쌍의 22%, 입양된 형제들 57쌍의 11%가 게이 일치율을 보였다.[24] 그 동안 여러 연구들에서 보인 통계를 종합하면, 일란성 쌍생아의 경우 동성애 일치율은 일반 형제들간의 일치율보다 훨씬 높은 50% 정도에 해당되므로 어느 정도 생물학적 근거를 지지해 주고 있다.

그렇지만 일란성 쌍생아에서 동성애 일치율이 높은 편이라고 하더라도 100%가 아니라면 동성애의 결정 요인은 유전적인 차원에서만 해석할 수 없는 복합적이라는 점을 의미한다. 또 서로 다른 환경에서 살아가는 다수의 일란성 쌍생아들을 찾아내어 표집할 수만 있다면 환경과 유전의 효과를 밝히는 데 더 도움이 될 수 있을 것이다.

보다 최근에는 일부 학자들이 염색체상의 이상 때문에 동성애로 발전한다는 점을 찾을 수 있는가에도 관심을 가지고 있다. 물론 이에 대한 증거를 확보하지는 못했지만, 일부 게이 남성에게 영향을 적절하게 미치고 있다고 생각되는 '게이 유전자'가 성염색체 내부에 존재한다는 주장도 나오고 있다.[30] 그러나 그 주장도 일부 게이 남성에게만 설명될 수 있으며, 또 단 하나의 원인에 의하여 동성애적 성적 지향이 결정되는 것 같지 않다. 그러한 유전적 성향을 물려받았다고 하더라도 출생을 전후하여 받은 영향들이 복합적으로 동성애적 지향을 결정하는 것 같다. 여러 가지 연구 결과에 의하면, 게이들마다 서로 다른 원인에 의해서 동성애 지향이 발달하고 있는 것이 분명하다.

생물학적 모델의 두번째 접근방법은 동성애가 호르몬의 영향 때문인가를 확인하려는 것이다. 이러한 연구를 하게 된 동기는 조류나 파충류 및 일부 포유동물의 연구에서 호르몬이 태아기 상태의 중추신경계 발달에 영향을 미친다는 점에서 찾을 수 있다. 사람도 동물처럼 태아기 동안 호르몬의 영향으로 중추신경계의 구조와 기능에 변화가 생기며, 그 결과로 남성이 여성적인 또는 여성이 남성적인 성적 지향을 보이게 된다고 가정해보는 것이다. 사실 흰족제비(ferret)의 연구에서는 그러한 가정이 증명되었다. 즉 흰족제비의 암컷이 뇌의 성 분화가 이루어지는 태아기 동안 남성호르몬 테스토스테론을 주입시킨 결과, 태어난 족제비는 암컷과 교미하려는 행동이 나타났다.[26]

역시 출생 전의 원숭이(rhesus monkey) 암컷에게 남성호르몬을 주입했더니 출생 후에는 수컷과 같은 행동을 보였다.[38] 그러나 동물들의 연구결과와는 달리 호르몬 수준의 영향으로 인간의 성적 지향이 결정된다는 연구결과들은 일관성을 보이지 못하고 있다.[24] 즉 소변이나 혈액의 성분을 분석한 결과, 게이 남성들이 이성애자인 남성들보다 남성호르몬의 수준이 낮거나 기형의 정자세포가 많으며, 레즈비언들이 이성애자인 여성들보다 남성호르몬의 수준이 더 높다는 연구들도 있었다.[123]

반면에 혈액에서 게이들과 이성애자들 간의 호르몬 수준의 차이가 없다는 연구들도 많았다.[25] 오히려 이러한 호르몬 수준의 차이를 보이더라도 그 자체가 동성애를 결정하는 요인이라기 보다도 성행동 양상이 다르게 나타난 결과 그러한 차이를 보였다고 말할 수 있다. 하여간 과거에 게이들을 위협하거나 구속하거나, 치료하려고 시도했음에도 불구하고 행동의 변화가 보이지 않자, 이를 호르몬의 불균형 때문일 것이라고 가정했던 점도 증명되지 못했다.[42]

혹자는 호르몬과 같은 생물학적 요인이 곧바로 게이가 될 수 있는 성향을 결정하는 것이 아니라 나중에 경험의 요인이 가미될 때 결정된다는 절충식 설명을 시도하기도 한다. 이 주장은 쥐들이 출생 전 모체 내에서 호르몬의 영향을 받으면 나중에 성행동의 변화가 생긴다는 점에 착안하여 사람도 태아시 뇌에 호르몬의 영향을 민감하게 받는 결정적인 영역이 있을 것이라고 보는 접근이다. 이를 보다 더 쉽게 표현하면, 남자 아이가 태아기 당시 뇌에서 여성호르몬의 영향을 받도록 설계되었더라도 출생 후 여성적인 행동을 보이지만 곧바로 게이로 발달하지 않는다는 주장이다. 그 아이가 나중에 동성과의 가까운 관계를 유지하면서 긍정적인 강화를 받아야만 원래부터 타고난 동성애자가 된다고 설명한다.[71]

생물학적 모델의 세번째 접근방법은 게이들의 뇌의 구조가 이성애자들의 구조와 다른가를 살피는 방법이다. 이러한 접근방법은 다른 접근방법들보다 더 정교한 연구도구를 사용하므로 매우 설득력있게 보인다. 그렇지만 연구대상자가 동성애 전집을 대표하지 못한다면 일반화 가능성은 매우 낮을 수밖에 없다. 우선 1991년 사이언스(Science)지에 발표된 한 연구자(LeVay)의 결과가 그러한 접근방법의 선구적인 예이다. 그는 성행동과 관계가 깊다고 알려진 뇌구조물의 부위인 시상하부(hypothalamus)에서 게이와 이성애자 간의 차이가 있다고 보고하였다.[129]

그렇지만 그의 연구는 조사대상자들이 모두 에이즈로 사망한 자들이었다는 중대한 약점을 가지고 있다. 또 근래에는 정신질환의 경력이 없는 성인 남성 중에서 이성애자 9명과 게이 8명의 뇌파를 비교했더니, 대뇌의 청각피질에서 반응이 다르게 나타났다고 보고했다.[74] 이러한 결과도 변인을 어떻게 설정하느냐에 따라서 다른 변인에 의해서 설명될 수도 있으며, 또 표집을 달리하여 반복실험을 할 경우에 일관성있는 결과를 얻는다고 보장하기도 어렵다.

성인들을 대상으로 부모와의 관계를 조사했던 한 연구결과에 의하면, 게이들은 청소년시기에 성적으로 전혀 활동하지 않았더라도 이미 그들의 성적 지향은 청소년기 이전에 결정되어 있었다는 것이다.

역시 게이들 중에서 자신들이 동성애적 행위를 처음으로 시도하기 이전 약 3년 동안에 나타난 성적 감정들이 전형적으로 그들의 행위를 강화시켰던 것이다.[20] 이러한 연구 결과는 동성애적 성적 지향이 생의 초기에 작용하는 유전이나 생리학적 연구 영향에 의한 것이라는 주장과 일치하는데, 사후에 뇌를 검시하여 밝힌 근래의 연구결과들을 뒷받침해준다.

초창기 동성애 치료법 및 현대 전문가들의 믿음

앞에서 동성애의 원인을 다루는 접근은 선천성과 후천성을 강조한 것들이며, 이들을 몇 가지 범주로 나누어 설명하였다. 우선 정신분석학적 모델에서는 부모의 배경, 자녀의 양육 방식, 가족의 운명, 근친 상간으로부터의 도피 등의 개념이 적용되었다. 두번째, 학습모델에서는 이성으로부터 받은 부적 강화, 학습된 공포나 혐오의 기대에서 비롯된 동성에 대한 집착, 청소년기에 간접적으로 경험한 내용 등이 포함되었다. 세번째, 생화학적 모델에서는 호르몬이나 생리적인 차이들로 동성애 지향을 설명했지만 연구결과들은 서로 모순되어 결론이 나질 않았다. 유감스럽게도 이 세 가지 모델들이 동성애 지향을 변화시키려는 치료에 대한 암시가 어느 정도 내포되어 있다. 특히 후천성을 강조하는 이론들은 더욱 그렇다.

의학적 기록에 의하면, 1884년부터 1914년 사이에 이용된 동성애의 치료방법은 허리까지 잠기는 찬물에서 목욕시키는 방법 (cold sitz bath)이나 거세술, 불임시술 등이었고, 1940년대 후반에서 1950년대 초까지는 대뇌피질의 전두엽 부위의 백질을 절제하는 수술(lobotomy)도 사용되었다. 심리적 치료법으로는 최면, 전기충격, 정신분석, 행동치료 등이 이용되었다. 행동치료의 예로는 동성애 행동을 절제시키는 방법이나 동성애적 환상과 구토제를 연합시키는 혐오적 치료법(Aversion therapy) 등이 있었다.[20], [155]

여러 가지 심리치료 기법 중에서도 혐오적 치료법이 가장 광범위하게 응용되었을 것으로 생각된다. 혐오치료를 시도한 행동치료가들은 동성애를 동성으로부터의 자극들에서 매력을 느끼는 행위가 부적절하다고 보았다. 그렇다면 혐오자극의 제시는 그러한 매력을 감소시키는 시도로 볼 수 있는데, 이러한 기법의 고안자는 펠드먼(Feldman) 등이다.[71] 그들은 게이 남성에게 남자와 여자의 여러 가지 사진을 주고서 각 사진들이 어느 정도 매력이 있는가를 평가하도록 했다. 그리고나서 그 사진을 하나씩 슬라이드로 보여주었다. 그가 매력있다고 표시한 남자의 사진을 약 8초 정도 제시하는데, 그 사진을 보는 동안 고통스러운 전기충격이 가해졌다.

그 게이 남성은 사진이 제시될 때 전기충격을 피하려면 재빨리 버튼을 눌러 다음 사진이 나오도록 해야 했다. 그러나 그가 별로 매력이 없다고 판단했던 사진이 나오면 전기충격은 가해지지 않았다. 이러한 식으로 몇 차례 훈련을 거듭한 게이 남성들의 일부가 나중에 동성을 혐오하게 될 것이라는 논리가 응용된 셈이다.[71] 행동주의자들을 비롯한 치료가들은 1970년대 초까지는 치료의 성공이란 동성애 행동을 제거시키는 것이라고 정의하였다. 그렇지만 치료를 받은 일부 게이 남성들이 나중에 여성과의 성관계를 시도하는 경우도 있었지만,

그들이 지니는 동성애 감정까지 바꾸지는 못했다. 즉 그 행동치료방법이 행동상의 변화를 어느 정도 유도하였지만, 그 변화도 대부분 장기적으로 유지되지 못하였다.

동성애를 질병으로 보던 1970년대 이전에 적용되었던 또 다른 치료법으로는 동성에 대한 성적 충동을 발산시키는 조건을 형성해 주는 것들이 있었다. 매춘부를 방문하게 하거나, 운동을 과다하게 시키거나, 자위행위를 하도록 하는 것들이었다. 또 단순히 안정을 취하게 하거나 이성에 대한 두려움을 극복시키는 사교술을 가르치는 것들도 있었다. 이러한 방법들도 모두 동성에게 색정을 느끼는 것은 바람직하지 못하다는 가정에서 출발하였다.[20, 155]

서구의 학계에서는 1970년대에 들어와서 동성애가 질병이 아니라고 규정하였다. 이는 동성애 자체를 치료하려고 해서는 안 된다는 의미이다. 물론 이러한 목소리는 금세기 초부터 희미하게나마 나오기 시작했다.[20, 155] 게이들의 정체성을 변화시키는 것보다도 자신에게 주어진 생활 환경에 잘 적응하도록 해야 더 바람직하다는 의견들이 1980년대 이후 지배적이다.

그럼에도 불구하고 근래까지 치료를 시도한 예들이 없지 않았지만, 1990년대에 들어와서는 게이들의 성적 지향을 변화시키려고 고안된 프로그램은 거의 사라졌다. 그래서 게이가 되는 것을 죄라고 보지는 않았지만, 질병으로 여기었던 중국에서 최근까지 충격 치료법이나 구토제 등으로 치료를 시도하였다는 얘기는 해외토픽감이 되고 있다.[124]

근래 동성애의 원인을 밝히려는 연구들이 활발하게 진행되면서 과거의 학습이나 정신분석적 견해보다도 생물학적 요인에 의한 설명이 더 설득력있게 부각되었다. 이러한 추세에 따라서 정신건강 전문가들의 견해도 달라지고 있는 것 같다.

한 연구에서 남성들이 게이가 된다는 원인을 12가지 정도 나열하고서 현재 정신과 의사들에게 이들이 어느 정도 동성애와 관계되는가를 물었다. 그 12가지의 원인 중 8가지는 후천적으로 설명하려는 것들이고, 다른 4가지는 생물학적으로 설명되는 것들이다.

그 8가지 후천적 원인으로는 ① 우세한 어머니, ② 약한 아버지, ③ 성인 남성으로부터 유혹받았던 경험, ④ 부모가 여자옷을 입히는 것을 격려함, ⑤ 부모가 아들보다도 딸을 원함,[118] ⑥ 부모의 결혼생활의 역기능,[34] ⑦ 외아들,[118] ⑧ 응석을 많이 부리는 첫아이[118] 등을 소개하였고, 다른 4가지 생물학적 원인으로는 ① 유전인자,[24] ② 출생 전의 호르몬 발달, ③ 시상하부의 구조 차이,[129] ④ 뇌의 조직 등이었다.

미국에 거주하는 정신과 의사 2천 명에게 설문지를 보내어 상기의 12가지 원인에 대한 견해를 물었는데, 508명이 응답하였다. 내용을 분석한 결과 생물학적 요인의 4가지가 차례대로 가장 관계가 깊다고 나왔으며, 5위부터 12위까지는 후천적인 원인이라는 것들을 들었다.[77] 이는 동성애를 이해하는 전문가들의 견해가 후천성보다도 선천성에 입각한다는 점을 의미한다.

제6장
게이 정체성 형성과 전통적 성역할

게이들의 정체성 형성과정

　이성애적인 틀에 맞추어 살아가는 개인들은 연령이 증가하면서 그틀에 적절한 사회행동이 표출되리라고 기대한다. 발달과정에서 이성과의 첫 데이트의 시기, 청혼을 하거나 받았던 시기, 약혼이나 결혼의 시기, 아이를 낳는 시기 등이 틀에 맞추어 진행되리라고 믿는다. 반면 이성애적 틀에 거부감이 든 개인들에게는 발달의 양상이 좀 다르다. 즉 게이들에게는 언제 자신이 게이임을 알아차렸는가, 동성과의 첫 성경험은 언제였는가, 게이가 아닌 사람에게 언제 처음으로 자신의 정체성을 드러냈는가, 언제 연인관계가 시작되고 함께 살기 시작했는가, 언제 게이 공동체에 참여하기 시작했는가, 언제 처음으로 가족, 친구, 직장동료 등에게 정체성을 드러냈는가 등이 중요한 문제들로 부각된다.[30]
　자신이나 자신의 주변인들이 모두 이성에게 매력을 느끼는 것을 가장 안정스럽게 생각하더라도, 어떤 사람은 자신의 감정, 사고, 행동 등을 토대로 스스로 동성애적 성적 지향의 소유자라고 인식한다. 보통 이러한 정체성 형성은 아주 어린 시기부터 나타나기도 하지만, 성인기에 가서야 나타나는 경우도 드물지 않다. 자신이 게이일지도 모른다는 의심이나 인식은 스스로를 두렵게 만들기 때문에 초기에는 자신의 동성애 감정을 부정, 방어, 억압하면서 은밀하게 살아간다. 또 동성에게 매력을 느낀다고 해서 모두 진정한 게이라고 할 수 없다면서 자신의 상황을 재해석하기도 한다. 게이들이 자신의 정체성 발달과정에서 직면했던 문제는 대부분 내재화된 동성애 혐오증에 기인하였다.[151]

최근까지의 연구결과에 의하면, 게이 남성 및 레즈비언들의 정체성 발달과정에서 두드러지는 특징은 최소한 두 가지로 요약된다. 하나는 그들이 자란 가정은 전형적으로 이성애적이었으므로 그들의 역할에 맞는 모델이 없었다는 점이고, 다른 하나는 정체성의 발달이 비교적 늦은 시기에 나타난다는 점이다. 이미 성욕을 인식하기 시작한 사춘기 이후의 시점에서 자신이 게이 및 레즈비언임을 발견하는 것이 보통이다.[79]

발달과정에서 자신의 게이 정체성이 확인된 후에는 드러내기를 시도하게 된다. 드러내기의 과정은 게이의 생활에서 정치적으로나 심리적으로 영향을 미치는 주요한 과정이다. 게이 인권운동가들은 게이들이 자신의 정체성을 노출하는 것을 두려워하면서 숨어서 생활하면 할수록 게이들의 권리를 찾기 힘들다고 주장한다. 게이 정체성을 드러내는 것 자체가 개인적으로 심리적 이득을 준다는 설명이다. 곧 자신이 게이임을 드러낸 후에는 사적인 정체성과 공적인 정체성이 일치하지 않아서 생기는 불이익이 사라진다는 점을 강조한다.[211]

일련의 정체성 발달에 관한 연구들은 자신의 정체성을 어떻게 확인하고, 명명하고, 형성하는지 등에 초점을 맞추고 있다. 게이들의 정체성 발달에 관한 여러 가지 연구들을 종합하면, 발달과정의 특성은 다음과 같다. 우선 게이는 성욕을 인식하면서 본인이 다르다는 것을 느끼는데, 이 경우 수많은 게이들이 정체성 혼동을 경험한다. 그리고 자신이 독특하다는 점을 스스로 조정하는데 예를 들면, '나도 게이인 것 같다'는 입장에서 '게이임을 자랑스럽게 여긴다'는 입장으로 바뀐다.

정체성 형성과정에서 동성애에 관한 오명을 회피하는 전략도 다양하게 구사된다. 그 예로 신문이나 소식지를 구독하거나, 정보센터를 이용하면서 게이 문화권에 접촉하기 시작한다. 이러한 접촉을 통하여 자신의 집단 정체성, 역할 모델 등을 조성하고 소외감을 줄일 수 있기 때문이다. 그리고 시간이 지나면서 자신의 정체성을 노출하고 싶은 욕망이 커질 경우, 결국 남녀 게이 친구를 비롯하여 이성애자 친구, 가족 등에게 드러내기 시작한다.[79]

정체성의 형성과 드러내기의 과정은 뚜렷하게 구분된 여러 가지 단계로 자주 기술된다. 그렇지만 어떤 게이들에게는 어느 단계가 생략되기도 하므로 게이 각자의 발달과정은 보통 예언하기 어렵고 혼동적이다. 또 간혹 자기파괴적 행동들에 의하여 초래된 위기들 때문에 이러한 과정이 흐트러지기도 한다. 예를 들면, 어떤 게이는 노출의 초기 단계들에서는 지지집단을 발달시켜 잘 진행되어 나가지만, 잠깐이라도 흐트러진 관계에 빠지면 불안이나 자기 비하감을 경험한다.

또 어떤 게이들은 타인에게 충동적으로 자신이 게이라는 정체성을 드러냈지만, 별다른 준비가 없어서 고립이나 불신과 같은 부정적 결과만을 초래하기도 한다. 상당수의 게이들은 준비를 아주 철저하게 한 상태에서 드러냈더라도 타인들로부터 예기치 않는 반응이 초래되어 상당한 스트레스를 받을 수 있다.[86] 다음 절에서는 그 정체성이 발달하는 과정을 정리한 몇 가지 단계이론을 소개한다.

정체성 형성의 발달 단계이론

게이의 정체성이 형성되는 단계를 설명하는 이론은 여러 가지이다. 보통 게이라는 정체성을 확인하는 단계는 가장 단순하게는 전형적인 3단계로 설명하는 것이 가능하다.[158]

첫째는 환상이나 욕망을 경험하면서 자신이 타인들과 다르다는 것을 느끼기 시작하고, 그 차이가 동성에게 매력을 느끼기 때문인가 하고 의심을 하는 단계이다.

둘째는 이러한 의심을 동성애적 접촉으로 확인해 보는 단계이다.

셋째는 자신을 게이라고 인정하는 단계이다.

모두가 이러한 단계를 순차적으로 경험할 필요는 없지만, 실제 행동은 자신의 동성애에 대한 모호한 인식에서부터 출발한다.[159]

이제 1970년대 카스(Cass)가 제시했던 정체성 발달의 6단계 모델을 살펴보자.

첫째, 정체성 혼동(identity confusion)의 단계이다. 이는 이성애적 환경에서 자신의 감정과 행동을 토대로 게이임을 인식하면서 자신의 정체성에 대하여 갈등이 생기는 단계이다.

둘째, 정체성 비교(identity comparison)의 단계이다. 이는 또래나 가족의 구성원과 동일한 하위집단에 소속되지 못하고 자신이 다르다는 느낌 때문에 사회적으로 소외감을 경험하는 단계이다.

셋째, 정체성 관용(identity tolerance)의 단계이다. 이는 동성애 정체성에 대한 태도가 보다 분명하고 확실해지는 단계이다.

넷째, 정체성 용납(identity acceptance)의 단계이다. 이는 게이들을 끊임없이 접촉하면서 자신의 동성애적 성적 지향을 보다 타당하다고 여기는 단계이다.

다섯째, 정체성 자긍심(identity pride)의 단계이다. 이는 동성애를 자신이 용납하는 동성애와 사회에서 거부하는 동성애의 부조화가 생기지만, 한 개인이 이성애자들의 우월성을 타파하고 게이로서의 정체성을 노출시키면서 긍지를 느끼는 단계이다.

여섯째, 정체성 통합(identity synthesis)의 단계이다. 이는 자신의 게이 정체성을 자신의 다른 모습에 통합시키면서 더이상 세상을 이성애와 동성애적 이분화된 상태에서 바라보지 않는 단계이다.[46]

다음으로 사춘기를 전후하여 게이의 정체성이 형성되는 발달단계를 살핀 트로이덴(Troiden)의 4단계 모델을 보자.[209]

첫째, 민감화(sensitization)의 단계이다. 흔히 사춘기 이전에 해당되는 이 단계에서 게이들은 대부분 당시 동성애가 적절하다고 보지 않았다. 그들은 이성애자라고 생각하고 지냈지만, 단지 자기 또래들과 비교하여 조금 다르다고 지각하면서 생활했던 단계이다.

둘째, 정체성 혼동(identity confusion)의 단계이다. 사춘기에 경험하는 특성으로 자신이 게이일지도 모른다는 느낌을 가지는 단계이다. 이러한 느낌은 기존의 자신의 이미지와 부합되지 않으므로 정체성 혼동을 겪는다. 정체성 혼동을 경험하는 사춘기 청소년들은 여러 가지 형태로 반응한다.

우선 자신의 감정이나 환상, 행동상에 동성애적 요소가 없다고 거부(denial)하거나, 자신의 동성애 감정과 행동을 근절하고 교정(repair)하거나, 자신의 행동이나 사고 등이 동성애적이라고 인정하면서도 이를 받아들이기를 회피(avoidance)하거나, 자신의 게이 정체성을 일시적이거나 상황적인 것이라고 재해석(rede-finition)한다. 또 자신의 행동이나 감정, 환상 등이 동성애적이라고 인정하면서 그러한 감정을 보다 더 잘 알아보기 위하여 정보를 찾아나서 수락(acceptance)하는 등 반응이 다양하다.

셋째, 정체성을 가정(assumption)하는 단계이다. 이는 청소년기 또는 그 이후에 해당된다. 또 자신을 게이로 가정하고, 다른 게이에게 자신이 게이라고 소개하는 드러내기(coming out)가 시작되는 단계이다. 보통 레즈비언들이 게이 남성들보다 더 늦게 그러한 상황을 경험한다. 이 단계의 말기에는 자신을 게이라고 받아들인다.

마지막인 넷째는 언약(commitment)의 단계이다. 이 단계에서는 게이들의 생활양식을 취하고, 동성간의 사랑의 관계에 접어들어 생활한다.[20]

또 다른 학자들은 소수집단이 다수집단의 문화권에서 정체성을 발달시키는 모델을 소개하였다.[21] 이른바 애트킨슨(Atkinson) 등의 5단계 이론은 다음과 같다.

첫째, 동조(conformity)의 단계이다. 이는 자기 자신의 문화적 가치보다도 우세한 문화권의 가치가 더 낫다고 동조하면서 살아가는 단계이다.

둘째, 부조화(dissonance)의 단계이다. 이는 자신이 소속된 소수집단의 가치체제와 현재 더 우월하다고 받아들이고 있는 다수집단의 가치체제 사이에서 갈등과 혼동이 생기면서 다수집단의 체제에 도전하는 단계이다.

셋째, 저항(resistance)과 몰입(immersion)의 단계이다. 이는 우세하다고 믿는 사회체제와 문화를 거부하고, 단지 소수인들의 관점에만 몰입하면서 이를 용납하는 단계이다.

넷째, 내성(introspection)의 단계이다. 앞의 단계에서 미시안적 한계상황이 존재하지 않았는가를 살펴보고, 자신의 집단에 대한 충절과 개인의 자율성 간의 갈등을 보이는 단계이다.

다섯째, 표현(articulation)과 인식(awareness)의 단계이다. 이는 소수집단의 문화 속에서 자신의 정체성에 대한 자기충족감이 생기며, 과거 경험이나 개인적 이익에 근거한 문화적 가치를 용납하거나 거부하는 단계이다.[21]

게이 정체성 발달 시기의 남녀 차

여러 가지 연구결과를 종합하자면, 레즈비언 및 게이 남성들의 정체성을 발달시키는 데 표출되는 여러 가지 현상에서 남녀간의 연령차가 나타난다. 다음의 표는 정체성 발달을 보이는 연령의 최빈치이다.

〈표〉 정체성이 발달하는 연령의 최빈치(단위: 세)

정체성 발달의 내용	레즈비언	게이 남성
동성에게 애착의 감정을 인식하는 최초의 시기	14~16	12~13
동성과의 성행동을 최초로 경험하는 시기	20~22	14~15
레즈비언이나 게이임을 스스로 인정하는 시기	21~23	19~21
동성과 성교 행위를 경험하는 시기	20~24	21~24
게이로서 긍정적인 정체성을 가지는 시기	24~29	22~26
이성애자인 친구에게 노출하는 시기	28	25
부모에게 노출하는 시기	30	28
동성과의 성행동의 누가빈도의 점근선 도달시기	35	25

이 표를 보면, 게이 남성들이 레즈비언들보다 약간 더 어린 나이에서 동성에 대한 성적 감정이나 동성관계의 성관계를 경험하고 있다.[79], [150], [209] 또 서로 다른 문화권을 비교한 연구에 의하면, 동성애에 관한 태도가 부정적이고 성의 표현을 제한하는 문화권일수록 게이들의 정체성의 억압이 심하며, 그 결과 자신이 게이임을 알아차리는 연령도 더 높은 편이다.[177]

청소년의 정체성 형성과 갈등

　청소년들은 발달과정에서 스트레스를 가장 많이 받는 시기이다. 정신적 능력의 신장에 걸맞지 않게 신체적 성숙 속도가 빠르기 때문에 자신의 정체성 발달에서 혼돈을 경험한다. 이러한 시기의 청소년들 중에서 게이들은 정체성 형성에서 더 심각한 스트레스를 받는다. 게이 청소년들이 자신의 정체성을 형성해 가는 과정에서 나타나는 특성들은 다음과 같이 여러 가지로 열거된다.

　정체성 형성의 시기　아동기에는 일반적으로 아이가 오직 이성애자의 모델에만 노출되어 성장한다. 그렇지만 아무리 늦더라도 청소년기 후기나 성인기 초기는 자신의 성을 이해하는 결정적인 시기가 된다. 그래서 사춘기에 접어들면서 청소년들은 이성과의 교제에서 욕구좌절을 경험하거나 어색함을 느끼면 자신들의 정체성에 대하여 의심하기도 한다.

동성애적 경험   청소년기에는 동성간의 성적인 접촉은 빈번하지 않는 편이다. 흔히 청소년들은 동성과 성관계를 경험하지 않았기 때문에 자신은 게이가 아닐 것이라고 생각하기도 한다. 반면 이성과의 성관계를 성공하지 못했거나 관심이 없을 경우에는 가끔 자신이 혹시 게이일지도 모른다고 생각하기도 한다. 그렇지만 청소년기는 경험이 많지 않으므로 실제 게이인 청소년들도 동성간의 접촉을 전혀 경험하지 않을 수도 있다. 또 이성애적 성적 지향을 타고났더라도 발달과정에서 동성애 접촉을 시도하거나 동성애적 환상을 자주 경험할 수 있는데, 그러한 경우라도 나중에 게이로 발달하는 것은 아니다.

갈등의 인식   자신이 게이라는 감정을 지닌다면 그렇지 않는 사람들보다 심리적으로 더 번민하게 된다. 청소년들은 동성애적 감정을 지니고 있는 자신이 과연 옳은가 혹은 다른 사람들이 알면 거부하지 않을까 등으로 번민한다. 그래서 동성에게 매력을 느낀 청소년들은 부모, 가족, 학교, 지역사회 등에 만연된 동성애 혐오증 때문에 스스로를 이성애적 틀에 맞추려고 노력하면서 살아간다. 즉 그들은 심리적인 고통에서 벗어나기 위하여 자신의 생활을 '아마도 과도기인 것 같다'고 해석하거나, 애써 이성과 데이트를 하려고 노력하거나, 사회교제를 줄여 컴퓨터나 미술, 음악 등에 심취해 보려고 시도하게 된다.[45]

발달과업의 이중성   아동이나 청소년 모두 이성애자로 발달해야 된다고 규정하고 있는 사회구조의 틀 속에서 자신의 성적 지향이 남들과 다르다는 것을 발견하고서 정서적으로 어려움을 느낀다. 동성애적 성적 지향을 나타내는 청소년들은 이성애자인 자기 또래들에게 특징적인 발달과업에 직면하지만, 또 게이들에 대한 차별이 존재하는 사회에 적응해야 할 다른 발달과업에도 직면한다.

가족의 반응   부모들은 대부분 자녀가 동성애적 성적 지향을 보이면, 죄의식과 두려움을 느낀다. 또 부모들은 자녀의 성적 지향을 발달과정에서 보이는 일시적인 현상으로 해석하려고 한다. 그러나 청소년들이 가족과의 갈등을 경험한 결과는 다양하다. 집으로부터 쫓겨나는 경우도 있으며, 심지어는 가족들로부터 신체적인 학대를 받는 청소년들도 있다. 이처럼 어려운 시기를 맞이한 게이 청소년들은 학교에서 전문가를 찾아가 상담을 받기도 하지만, 자신을 위로해 주는 낯선 게이 성인을 만나 성적으로 접촉해 버리는 경우가 더 흔하다. 또 그들이 게이바를 찾아간다면 젊은 남성을 성적인 상대로 찾아나서는 성인들에게 이용당하기도 한다. 학교에서도 이러한 청소년들은 성적의 저하, 결석, 중퇴 등의 문제를 안고 있으므로 결국 위험하고 문제있는 청소년들로 인식된다.[202]

일반적으로 대부분의 게이 청소년들은 학교나 또래집단으로부터 거부당한다. 또 그들은 친부모로부터도 거부당하면 의지할 곳이 없어진다. 그래서 미국 대도시 일부에서는 그들을 위한 시설을 마련하고 있거나 게이 커플을 양부모로 삼고서 살아가기도 한다.[87]

대응책   게이 청소년들이 자신들의 동성애적 성적 감정에 대처하는 방식은 주로 3가지이다. 하나는 심리적인 방어기제를 이용하여 의식적으로 자신의 감정을 억누르는 형태를 취하는 부류이고, 다른 하나는 감정을 억누르지는 않지만 타인에게는 숨기는 부류이고, 그리고 세번째는 게이 공동체에 참여하여 자신의 성적 지향을 노출시키는 부류이다.[139]

게이 공동체의 부재   가족에게 자신의 정체성을 드러낸 수많은 청소년들은 거부당하거나, 학대받거나, 또는 가족관계의 역기능을 초래시킨다. 공교롭게도 게이 청소년들은 성인들의 게이 공동체로부터 도움을 제대로 받지 못하고 있다. 성인 게이들은 아동학대라는 비난을 받을지 모른다고 두려워하여 돕는 것을 꺼려하기 때문이다. 또 그러한 두려움은 현실적으로 정당화되고 있다. 이러한 이유로 성인들의 역할모델이 결핍된 상태의 청소년들은 술집이나 공원, 대합실 등 공공장소에 자주 들린다. 그러한 곳을 찾는 청소년들은 술취한 게이 등을 만나게 되고, 또 결과적으로 성적으로나 정서적으로 이용당하게 된다.[84]

게이 청소년들은 이성애자인 또래들과 교우관계를 유지하지만, 이를 두려워한다. 그들과 절친해지면 자신의 성적 지향이 탄로날까봐 더이상 가까워지는 것을 경계하게 된다. 그들은 이러한 식으로 자신의 성적 지향을 은폐하기 때문에 고립감이 증대된다. 그들은 대부분 이성애를 지향하는 가정에서 성장하고 있으며, 가족들이 동성애에 대한 언급을 거부하거나 아이에게 치료를 받으라고 요구하는 분위기라면 심리적 상처를 심하게 받는다.[202] 게이 청소년들에게는 자신의 길을 적절하게 안내해 줄 제도가 존재하지 않는다. 그들의 행로는 단지 잘못된 정보, 공포, 수치 등으로 가리워져 버린다. 근래에는 그들이 대학생일 경우 기존의 지지집단을 찾아볼 수 있으나, 고교생일 경우는 매우 어려운 환경에 처할 수밖에 없다.[145]

게이 정체성과 청소년 자살

청소년들은 성장과정에서 본인의 성적 지향이 게이라고 확신할 때 가족이나 사회의 기대와 가치가 다르기 때문에 고민한다. 게이 청소년들은 남녀 모두 상당수가 노출 이후 부모로부터 거절당하여 집을 뛰쳐 나가거나 부모와의 갈등을 유지하고 있다. 또 부모를 비롯한 주변인들로부터 거부당하는 것이 두려워 자신의 상태를 비밀로 유지하면서 살아가기도 한다. 게이 청소년들의 환경적인 상황은 그들에게 내재화된 동성애 혐오증을 유발시키며, 이로 인하여 자존심의 저하나 수치심, 죄의식, 불안감, 우울증상을 경험한다. 어떤 청소년들은 자신의 고민스러운 심정 때문에 노출을 전후하여 전문가를 찾아가 도움을 받기도 하지만, 그렇지 못한 청소년들은 매우 위험이 높은 편이다.

그들은 흔히 외부에 드러나지 않는 소수집단에 해당되므로 문제가 표면화된 이후에야 주변인들에게 인식되고 있다. 그들은 사회적 오명이나 부모의 거부를 극복하기 위한 수단으로 간혹 가출하거나 매춘에 빠져들거나, 약물을 남용하거나, 심지어는 자살을 하기도 한다.[175, 202] 청소년들의 자살에 관한 연구들은 대부분 희생자의 성적 정체성에 대해서 별다른 언급을 하고 있지 않다. 그렇지만 여러 임상가들은 일반 전집에서보다도 게이 청소년들의 표집에서 자살시도가 더 빈번하다고 주장한다.[84]

몇몇 조사들에 의하면, 게이 정체성 문제로 도전을 받은 남녀 청소년들이 자살하는 비율은 일반 표집에서의 비율보다 6배 정도나 더 높다고 한다.[36] 또 다른 보고서는 게이 청소년들이 일반 청소년들에 비하여 자살을 시도하는 비율이 3배 정도이며, 10대 청소년 자살자 중 거의 30% 정도가 성적 지향의 문제로 인한 고민과 관계가 깊었다고 한다.[103] 미국 보건성에서도 게이나 레즈비언 청소년들의 자살률은 이성애자인 청소년들의 자살률보다 최소 2-3배 정도라고 보고하였다.[96] 그렇다면 사춘기에 접어든 게이들이 자살을 하는 주요한 이유는 가족이나 친구들로부터 거부당하는 두려운 감정 때문이라고 할 수 있다.

아직까지 자살을 시도하여 성공했거나 실패한 자들에 관한 성적인 차원에서의 조사 내용은 단지 성별에 불과하다. 그렇지만 게이들의 조사 결과는 자살 위험성이 성적 지향의 문제와 관련되지 않을까 하는 의문을 갖게 만든다. 그 이유는 게이들을 상대로 연구했던 보고서에서 자살시도나 자살의 의도와 같은 결과들이 반복적으로 나타났기 때문이다. 물론 오늘날보다 자신의 게이상태를 드러내기 힘들었던 1970년대에 조사했던 것이지만, 한 보고서에서는 5천 명의 남녀 게이들 중에서 거의 40%가 주로 청소년기에 자살을 기도해 보았거나 자살을 심각하게 생각해본 적이 있었다고 했다. 특히 남성들 중에서는 게이들이 이성애자들보다 자살기도 및 자살의 의도가 2-3배 정도 높게 나타나기도 했다.[28],[112]

보다 최근의 연구에서도 마찬가지의 결과가 나타났다. 연령은 14세부터 21세 사이로 어리지만, 자신의 게이 또는 양성애적 정체성이 분명했던 남성 137명을 대상으로 자살 시도의 경험을 조사한 연구가 있다.[175] 그 연구에서는 표집의 30%인 41명이 자살을 최소한 한 번 이상 시도한 적이 있었으며, 두 번 이상 시도한 자도 18명이나 되었다는 결과가 나왔다. 자살을 시도했던 청소년들은 자기 또래에 비하여 더 어린 나이에 동성에 대한 매력을 느꼈으며, 자신의 성적 관심이 상황적으로나 일시적으로 자기학대로 발전했다고 해석된다.

그렇지만 자신의 게이 또는 양성애적 정체성을 분명히 알아차리지 못한 집단이나 레즈비언 표집과도 자살위험의 결과가 다를지도 모른다.[175] 최근 2천 명의 레즈비언을 대상으로 조사했던 연구에서도 표집의 18%가 자살을 시도한 경험이 있었는데, 자살의 시도는 나이가 어린 레즈비언일수록 더 높게 나타났다. 또 자살을 시도할 때 사용한 방법으로는 약물 사용이 68%로 가장 높았으며, 그 다음으로는 면도칼의 사용이 10%를 차지하였다.[40]

전통적 성역할과 게이의 정체성

우리 문화권에서는 고정관념화된 성역할 때문에 여성을 연약하고, 정서적, 강박적, 수동적, 의존적, 순종적인 존재로 그리고 남성을 용감하고, 적극적, 독립적, 명령적, 공격적, 지배적인 존재로 구분하였다. 결과적으로 성행동의 표현에서도 남성은 능동적, 성기 중심적 그리고 목표지향적이며, 여성은 수동적, 정서 중심적 그리고 과정 중심적이라고 받아들인다.

그 이분화된 성역할을 따르고 고수하려는 경향은 전생애 중에서도 청소년기 동안 가장 강하게 나타난다. 그러므로 청소년기 남성들은 또래집단으로부터 보다 강인하고 남성적이기를 강요받고, 여성들은 수동적이고 순종적이기를 바란다. 남자 아이들은 여성처럼 되지 않도록 학습되며, 여자 아이들은 여성적인 모델의 관찰을 통하여 여성의 역할을 습득한다.[84] 이와 같은 이분화된 성역할의 구분에 따르면,

동성에 대한 관심을 가지는 것 자체는 반대의 성역할을 지니므로 일탈로 여겨지기 쉽다. 그리고 동성애 혐오증은 그 전통적 성역할 구분에 의하여 남성성의 필수요소가 된 것 같다.[39]

전통적으로 여성들은 남성들에 비하여 동성과의 행동적이고 정서적인 상호작용을 더 넓게 허락받고 있다. 그래서 상당수의 십대 레즈비언들은 자신들의 성적이고 정서적인 친교를 단순히 우정으로 잘못 해석하기도 한다. 특히 한국 사회에서의 여성들간의 정서적이고 신체적인 밀착이 레즈비언으로 해석되지 않는 것도 같은 맥락으로 보여진다. 반면에 남성들간의 정서적 표현의 형태는 여성들보다 더 제한받고 있으므로 남성들과의 정서적이고 신체적인 접촉의 갈망은 분명한 동성애로 지각되기 쉽다.[84]

게이들의 성역할이 전통적인 기준에 벗어났다고 볼 경우, 아동기 때 표현된 성역할이 성인기의 동성애와 관계가 깊을 것이라고 생각할 수 있다. 즉 게이 남성은 어렸을 때 여자 같은 남자였으며, 레즈비언은 남자 같은 여자였다고 지각할 수 있는 것이다. 실제로 몇몇 연구들은 게이 남성들이 어렸을 때 남성적인 거친 놀이를 즐기지 않는 대신에 인형이나 여자 아이들과 어울리기를 좋아했으며, 레즈비언들은 여성적인 성역할에 관련된 행동보다도 남성들처럼 거친 놀이를 더 좋아했다고 보고한다.

그 예로 남녀 이성애자 및 동성애자인 청소년들을 상대로 아동기 동안 성역할의 상황을 스스로 평가하도록 하고서 그 반응을 어머니들로부터 확인하도록 했다. 그 결과 게이 남성들은 어린 시절 이성애자 남성들보다 더 남성적이지 못했다고 답했으며, 레즈비언들은 이성애자 여성들보다 더 남성적인 특질을 보였다고 답했다. 예를 들면, 레즈비언들은 남성적인 스포츠를 이성애자보다 더 즐겼으며, 게이

남성들은 이성애자보다 남성적인 스포츠를 덜 즐겼다고 했다.[22]

그렇지만 다른 연구들에서는 어린 시절의 그러한 성역할 행동과 별로 관계가 없었다.[24] 한 연구에서는 게이 남성들과 그 어머니들을 대상으로 그 남성이 아동기시절 성역할 행동이 어떠했는가의 기억 내용을 조사하였다. 그 결과 본인이나 어머니의 대답이 상당히 일치했는데, 여성적인 성역할 행동이 그다지 많이 보고되지 않았다. 또 아동기의 행동이 성인기의 성적 지향과 강하게 연관되었다고 하더라도 완전한 관계라고 말할 수는 없다. 즉 어린 시절에 여성적인 놀이를 하던 남성도 이성애자가 되고 있기 때문이다.[23]

그러나 전통적인 성역할에 비추어 평가될 때 평균적으로 게이 남성들은 이성애자인 남성들보다 여성적 특질이 더 높게 나타난 반면에 남성적인 특질은 더 낮게 나타났다. 또 레즈비언들은 이성애자인 여성들보다 남성적인 특질이 더 높게 나타난 반면에 여성적인 특질이 더 낮게 나타났다. 그렇다면 게이들은 이성애자들보다 양성적인 특질이 더 높게 나타난다고 말할 수 있다.[44]

그렇다고 하더라도 외모를 근거로 게이인가 아닌가를 판단하는 것은 쉽지 않다. 여성처럼 보이는 남자나 남성처럼 보이는 여자라고 하더라도 게이가 아닌 경우가 많다. 또 어떤 레즈비언들은 전통적인 남성성을 보여주기 위하여 자신의 외모를 남성적으로 꾸미고 다니지만, 어떤 게이 남성들은 가죽자켓, 리바이스(Levis)와 부츠, 짧은 머리, 코수염 등으로 남성성을 과잉적으로 표현하기도 한다.

일반인들은 게이 커플들이 이성애자인 남편과 아내의 역할을 하고 있다는 편견을 가진다. 물론 소수의 커플들은 전통적 부부의 역할관계를 형성하고 있는데, 그들은 지배와 종속의 구조 속에서 수행하는 일들을 구분하므로 성적 상호작용이나 의복의 착용 등에서도 차이가 난다. 또 상황에 따라서는 남편과 아내와 같은 역할관계를 유지하기도 한다. 예를 들면, 한 파트너가 직장에 나가지 않거나, 아프거나 또는 나이의 차이가 심하여 한사람이 관계를 이끌어나가는 입장일 경우가 그렇다.[66]

　장기적 관계를 유지하는 게이들은 대부분 전통적인 부부 또는 남성적이고 여성적인 역할의 구분을 거부하고 있다. 커플들은 거의 모두 직장생활을 하므로 경제적으로도 어느 정도 독립성을 유지하고 있다. 즉 성행동이나 가사, 의사결정 등에서 분명하고 일관성있는 남편과 아내의 역할을 보이지 않는다.[66] 결론적으로 전통적인 성역할의 기준에서 게이들이 남성성, 여성성, 양성성 등을 더 다양하게 표현하는 것 같다.

레즈비언의 부취-페미 관계

적어도 1960년대까지 레즈비언 커플들이 남성 역할을 하는 여성과 여성 역할을 하는 여성의 관계를 유지하고 있다고 생각했다. 이러한 고정관념을 부취 – 페미(butch-femme)의 관계라고 표현한다. 이성애적 관점에서 부취는 남편이나 남성의 역할을 하는 레즈비언이고, 페미는 부인답고, 어머니답고, 히스테리성의 수동적인 레즈비언이다. 사실 게이해방운동 이전에는 상당수의 레즈비언 커플들은 이성애 부부의 모습을 흉내냈다. 예를 들면, 페미는 보통의 여성처럼 옷입고, 가정을 지키며 가사를 돌보는 반면에 부취는 경제적인 책임을 지면서 페미에게는 권위적이었다. 후자의 레즈비언은 집을 수리하는 등 남성적 일에 대한 책임을 떠맡다 보니 부취 등으로 불리워졌다.[76]

그러나 근래 연구결과들은 그러한 틀에 얽매이는 레즈비언 커플은 그렇게 많지 않은 것으로 드러났다. 그들은 오히려 평등과 개인적 표현의 자유에 가치를 두고 있는 것이다.[158] 물론 레즈비언 커플 중 일부는 부취와 페미의 관계를 유지하지만, 다른 일부는 신체 외모나 행동 등 성역할의 고정관념이 사라진 것 같다. 그 예로 남자처럼 생긴 레즈비언이 아이를 돌보고 집을 지키기도 하고, 입술 화장을 하고 굽높은 구두를 신은 여성이 집에서 하수구를 고치기도 한다. 그래서 근래 치료가들은 게이 커플들의 관계에서 뚜렷하게 구분된 성역할의 부재를 느낀다. 더 중요한 것은 한 파트너가 다른 파트너에게 경제적으로 의존하는 경우도 찾아보기 어렵다. 또한 그들이 이성애 부부처럼 어린이를 키우는 경우도 흔하지 않다.[161]

또 남녀의 역할을 떠맡고 있더라도 성역할이 엄격하게 정의되고 구별되지 않는 경우가 허다하다. 역시 부모의 역할을 하더라도 두 사람 모두 아이를 돌보며, 가사도 분담한다. 두 사람이 외출할 때에도 번갈아가면서 차를 운전하기도 한다.[42, 186, 187] 즉 이성애자인 여성들이 친교관계에서 남성들에게 정서적으로나 재정적으로 의존하지만, 레즈비언들은 친교관계에서 독립성의 가치를 추구한다.[154, 191] 게이 커플은 일반적으로 이성애자 부부관계보다도 파트너간의 평등이나 상호관계를 더 잘 유지하며, 성역할을 뚜렷하게 구분하지 않는 편이다.[79]

정체성 형성과 대중매체

성에 대한 사회구성원들의 태도와 가치에 영향을 미치는 요인은 여러 가지이다. 특히 아동기나 청소년기에 가장 영향력이 강한 요인은 부모 및 또래집단들이다. 심리학적 연구들은 또 다른 요인으로 TV나 영화와 같은 대중매체를 꼽는다.[213] 대부분의 TV프로그램이나 영화는 이성애적 생활과 사고방식을 정상으로 간주하고 제작되므로 그 내용에서 게이의 역할이나 가치는 거의 항상 부정적으로 묘사되고 있다.

예를 들면, 게이의 역할을 하는 대부분의 인물들은 웃음거리나 조롱, 회롱의 상대로 등장하는데, 이는 곧 동성애가 정상에서 벗어났다는 고정관념을 부추기는 것이다.

1980년대 이전에 제작된 헐리우드 영화에서는 게이로 등장하는 인물들이 대부분 영화가 끝나기 전에 자살이나 살인에 의하여 사망하였다.

게이역이 등장한 헐리우드 영화 400여 편을 소개한 안내서(Gay Hollywood Film & Video Guide, 1993년판)의 내용을 보면, 44편은 살인자 또는 살인의 희생자, 48편은 게이 남성이 여성적으로 연약하게 보이는 고정관념의 씨시(sissy), 69편은 게이 남성이 여성처럼 분장하고 다니는 드래그 퀸(drag queen), 12편은 나치주의자 또는 파씨스트, 4편은 흡혈귀로 묘사된 반면, 5편은 영웅이나 행복한 사람으로 묘사되어 있었다.[96] 또 어린이용 만화영화에서도 전통적인 남녀의 역할을 위반하는 게이의 배역은 조롱, 멸시, 폭력의 상대로 묘사되고 있었다.[82]

근래에는 게이들이 TV프로그램이나 영화에서 예전보다 더 긍정적으로 묘사되고 있기는 하지만, 그 이유도 게이들의 삶을 이해하는 차원에서 전개되기 보다도 게이의 등장이 이야기의 구성에서 필요하기 때문인 것들이 더 많다.[100] 게이 단체들에서는 요즘 게이 남성이나 레즈비언의 삶의 부분을 묘사한 영화들을 평가하고 감상하는 축제형식의 모임을 갖고 있다. 이러한 레즈비언 및 게이에 관한 영화제가 1993년 현재 전세계적으로 73곳에서 열리고 있다. 그 영화제 중의 32곳은 미국에서 열리고 있으며, 세계적으로 규모가 가장 크고 역사가 깊은 영화제는 샌프란시스코에서 개최되는 영화제이다. 샌프란시스코의 영화제는 1977년 제1회 대회에서는 하룻밤만 개최될 때 참석자가 2백 명 정도에 불과했지만, 1993년도의 경우 5만 2천 명 정도 참가하는 규모로 변모하였다.[1]

동성애의 내용이 묘사된 외국의 영화들은 1950년대부터 제작되기 시작했으며, 이러한 영화들은 세 가지 부류로 나누어진다. 하나는 주제가 게이들의 삶의 방식에 대한 이해를 구하는 영화들이고, 다른 하나는 동성애를 왜곡시키지 않는 차원에서 다른 주제를 부각시키는 영화들이고, 그리고 마지막 부류는 동성애에 대한 차별이나 고정관념을 그대로 반영시킨 영화들이다. 여기에 관한 자세한 사항은 부록 3에 소개하고 있다. 역시 우리 나라의 대중매체에서 보여준 동성애에 관련된 내용이 부록 3에 소개되었다.

제7장
동성애의 인권 회복 운동 및 양성애적 정체성

인권 회복 운동의 효시

　게이 남성 및 레즈비언 지도자들은 후술할 1969년도의 스톤웰 항쟁을 게이들의 권리운동의 시발점으로 여기고 있다. 그렇지만 역사적으로 게이들의 인권을 위한 노력들은 그 이전에도 존재했다. 우선 스톤웰 항쟁이 발생하기 100년 전 본서의 서두에서 언급한 헝가리 의사 벤커르트의 노력을 권리운동의 시작으로 손꼽을 수 있다.[116]

　또 19세기 후반 프로이트와 거의 비슷한 시기에 살았던 영국의 엘리스(Henry Havelock Ellis: 1859-1939)도 선구자라고 평가될 만하다. 성의 표현을 극심하게 억압시던 시절에 성장했음에도 불구하고 성을 연구하였던 엘리스는 성 심리학 연구(Studies in the psychology of sex)라는 저서를 출간한 의사였다. 엘리스는 자신의 저서에서 당시 범죄나 질병으로 취급되고 있던 동성애를 선천적인 성적 본능이 동성의 대상에게 표출된 것이라고 묘사하여 파문을 일으켰다.[65]

엘리스는 33명의 게이 남성들에 대한 사례연구를 기초로 동성애에 대한 관점이 바뀌어져야 한다고 중립적이고 과학적인 어조로 언급하였다. 그의 저서는 1897년 처음 출간되었지만, 나중에 그 책을 출간한 출판사가 고소되어 법적으로 외설이라는 평가를 받게 되었다.[69] 벤커르트나 엘리스 등은 학술적으로 동성애를 이해하려는 입장이었고, 실제 게이들이 자신들의 권리를 되찾으려는 운동은 스톤웰 항쟁에서 비롯되었다. 그 항쟁의 전말은 다음과 같다.

뉴욕 경찰들은 1969년 6월 27일 밤에서 28일 새벽 사이에 한 게이바에 대한 일상적인 단속을 하고 있다고 생각했다. 사실상 경찰은 지난 3주일 동안에 그 술집을 여섯번째 급습하고 있었는데, 그날 역사에 남을 만한 일이 발생했다. 뉴욕시 그린위치 빌리지(Greenwich Village) 지역의 한 무허가 술집인 스톤웰 인(Stonewall Inn)의 게이 단골손님들이 경찰에 저항하기 시작했다. 경찰들은 술집 내의 손님들뿐만 아니라 거리의 게이들까지 합세하여 야유하고, 돌을 던지는 것에 놀랐다. 이러한 저항은 술집을 벗어나 거리에서까지 5일 동안의 항쟁으로 발달하였으며, 이러한 저항은 바로 게이들의 근대 권리운동의 분수령으로 출발하게 되었다.[3], [155]

실은 그 사건 이전에는 게이들을 공식적으로 지지하는 사람들도 별로 없었다. 또 동성애자들의 권리운동이 성공하리라는 희망도 거의 없었다. 물론 1960년대 초에도 게이들의 인권운동이 없지는 않았다. 미국 내 게이들의 인권을 위한 최초의 시위는 군대 내에서 차별받는 것을 항의하는 시위로 1963년 9월 19일 뉴욕의 Whitehall Induction Center에서 발생한 것이었다.[7]

또 다른 도시 지역에서는 매터친 사회(Mattachine Society)를 주축으로 한 권리운동들도 부분적으로 전개되기도 했다. 그렇지만 게이들의 본격적인 활동은 스톤웰 항쟁 이후 두드러졌으며, 마치 사회혁명이 일어난 모습이었다. 결국 미국인들은 그 항쟁 이후 가족이나 교회, 학교, 군대, 대중매체 및 문화 등의 기본적 제도를 되돌아보지 않을 수 없었다. 그래서 게이 지도자들은 스톤웰 항쟁을 계기로 한 근래의 게이들의 권리운동을 1960년대 흑인들의 시민권 운동에 비유한다.[15]

스톤웰 항쟁 이후의 자긍심 행렬

　스톤웰 항쟁이 발생하기 전에는 게이들의 모임에 참가한 수는 몇 십 명 정도밖에 눈에 띄지 않았다. 그러나 1970년 6월 스톤웰 항쟁 1주년을 기념하기 위한 모임이 뉴욕시에서 개최되었을 때에는 참석자가 무려 5천여 명이나 되었다. 억압받고 살아왔던 게이들이 자신들을 차별하는 것에 저항하기 시작한 지 1년이 경과되었을 때 이미 그들은 자신이 게이임을 자랑스럽게 생각하기 시작하였다. 그러한 의미에서 그들의 모임을 자긍심(pride) 행렬이라고 표현한다. 게이 남성들은 지난 나치정권시절 제2차 세계대전 이전부터 죽음의 수용소에서 분홍색(pink) 삼각형의 표시가 된 옷을 입고서 차별을 받았다. 그러한 억압의 시대를 기리기 위하여 근래에는 그 분홍색 삼각형의 표시가 게이들의 자긍심과 자기결정의 상징이 되고 있다.[88]

　스톤웰 항쟁으로 부각된 또 다른 중요한 사항은 레즈비언들의 권리운동이다. 그 동안 기독교 문화권에서는 레즈비언들보다도 게이 남성들이 더 차별받고 있었지만, 여성은 남성문화권에서 차별의 대상이었다. 그러한 연유로 레즈비언들은 초기에 게이해방운동 조직에 적극적으로 참여하였는데, 단순히 게이들만의 인권이 아니라 여성들의 인권을 회복하기 위한 운동에 참여한 것이나 마찬가지였다.[58]

스톤웰 항쟁 이후 게이들의 자긍심 행렬은 연중 행사로 정착하면서 규모가 점점 커지기 시작했다. 그리하여 1988년 워싱턴시의 행렬에는 약 60만 명 이상의 게이들이 모여 당시까지 미국 역사상 최대 규모의 시민권 운동이 되었다.[189] 또 1991년에는 워싱턴시에서 흑인 게이들만의 자긍심 행렬이 최초로 있었다.[96] 1993년 4월 25일 워싱턴시에서 개최된 게이들의 자긍심 행진에는 수많은 심리학자들도 참석하였다. 그 대회의 규모를 경찰측에서는 약 30만 명이 모였다고 추산했지만, 대회조직위원회에서는 1백만 명이 모였다고 주장할 정도로 대규모의 행사였다. 그 대회의 지도자들은 레즈비언이 아이들에게 위협적인 존재라는 주장에 반기를 들었으며, 한 연설자는 모임에 참석한 게이들에게 "여러분들은 투표자로서 힘을 지니고 있다. 그 힘을 발휘해야 한다"고 주장하였다.[96]

근래 개최된 게이들의 집회 중에서 규모가 가장 큰 대회는 스톤웰 항쟁 발생 25주년을 기념하는 행진이었다. 뉴욕 맨해튼지역에 1994년 6월 26일 일요일 수만 명의 남녀 게이들이 기념행사를 위하여 모여들었다. 타임지의 평가에 의하면, 게이들의 투쟁은 이미 성공했든지 아니면 적어도 궁극적인 승리를 확보한 것이었다.

스톤웰 항쟁을 기념하기 위하여 그곳에 모인 참가자들은 나름대로 그 이유가 있었다. 스톤웰 항쟁의 유산을 확인하려는 사람들을 비롯하여 게이운동의 선구자들을 기념하려고, 서로를 지지하려고, 권리

주장을 위하여, 축하하려고, 죽은 자를 추념하기 위해, 또는 생존한 자들에게 신호등이 되려는 이유 등으로 모여들었다. 모여든 자들 중에서는 해병대 병사의 제복을 입고 나온 자, 전직 FBI요원, 소방관, 경찰관 그리고 독수리 발톱 목거리와 들소의 뿔을 목에 걸치고 알래스카에서 온 에스키모인도 있었다.[204]

그 행진을 이끌던 지도자 중의 한 사람(Franklin Fry)은 "우리는 결코 되돌아가지 않을 것이다. 절대로 다시 눈에서 사라지지 않을 것이다"고 선언하였다. 행진의 대열은 두 개로 나누어졌는데, 그 중 하나는 맨해튼 동부지역에서 게이들의 권리를 세계적으로 보호해 줄 것을 국제연합(UN)에 요청하는 공식적으로 허가받은 행렬이었다. 다른 하나는 규모가 적고 비공식적인 것이었는데, 그린위치 빌리지지역에서 게이들이 직면한 가장 현실적인 문제인 에이즈를 강조하기 위한 행렬이었다.[204]

타임지에서는, 후자의 행진은 전통적인 자긍심 행진에 비하여 화려하게 진행되지는 않았지만, 정치적인 집회보다도 훨씬 더 자유분방하고 축제다운 것이라고 했다. 겉옷만 입은 남성들이나 상반신을 나체로 노출한 여성도 있었지만, 대부분이 셔츠를 입고 있었다. 그들의 모임은 오후 1시 15분부터 4시간 정도 계속되었는데, 3시 정각에는 에이즈로 사망한 자들을 추념하는 묵념을 하기도 했다. 참가자들의 규모에 대해서 행사조직 관계자들은 110만 명이라고 했지만, 경찰은 10만 명 정도라고 추산했다. 이날 모임에서 경찰과의 충돌이나 체포된 사건이 전혀 없었으며, 6천 2백 명의 경찰관이 한꺼번에 관여했을 정도로 방대한 행사였다.[122]

게이들의 권리단체

게이들의 권리운동도 개별적이 아니라 단체를 이루어 전개되었다. 근대적인 맥락에서 게이들의 권리를 지지하는 최초의 집단은 1897년 5월 15일 유럽에서 허쉬펠트(Magnus Hirschfeld)가 창설한 '과학적 인도주의 위원회(the Scientific Humanitarian Committee)'이다. 또 미국 내에서 최초의 게이 권리운동집단은 1924년 시카고 시당국에서 공인하였던 '인권을 위한 모임(the Scociety for Human Rights)'이었다. 후자의 모임이 권리운동의 일부로 거론되는 이유는 '누구나 정신 또는 신체적 장애 때문에 법적으로 행복을 추구할 권리를 방해받아서는 안 된다'고 주장했기 때문이다.[3]

미국은 1950년 사회에서 가장 위험한 인물을 공산주의자와 게이들이라고 규정했다. 공산주의자들은 민주질서와 체제의 붕괴에 가장 위험한 사고의 소유자들이기 때문이고, 게이들은 법률로 금지된 성행위를 일삼는 범법자였기 때문이다. 당시 공산당과 연루되었던 일부 게이 남성들은 1951년 로스앤젤레스에서 매터친 사회(the Mattachine Society)라는 조직을 창설하였다. 매터친 사회는 초창기에는 지하운동을 하는 조직으로 당연히 이중의 위험요소를 지닌 지탄받고 있는 자들로 구성되어 있었다.[13, 58]

그렇지만 곧 게이들은 왜 우리가 억압받는 소수집단인가를 분석하고 자신들이 해방되어야 한다면서 대중운동을 펴나갔다. 마침내 매터친 사회의 창설자들은 공산주의 신봉자로 숙청당했지만, 그 조직의 목표와 철학은 게이 남성들의 부정적 태도를 불식시키려고 노력하는 인권운동의 조직으로 변모하였다.[13, 58]

매터친 사회의 지부가 1953년 샌프란시스코에서 결성되었고, 역시 샌프란시스코에서 1955년 빌리티스의 딸들(the Daugh-ters of Bilitis)이라는 최초의 레즈비언 단체가 창건되었다. 그 레즈비언 조직의 창건자는 1953년부터 현재에 이르기까지 커플관계를 유지하고 있는 델 마틴(Del Martin)과 필리스 리온(Phyllis Lyon)이다. 그렇지만 1950년대에는 샌프란시스코에 있는 그 두 조직을 합해도 회원이 200명을 넘지 못했으며, 그 당시 미국의 어느 도시에서든지 게이단체들의 규모는 매우 빈약했다.[58, 140]

그러나 1960년대 후반 스톤웰 항쟁과 같은 게이해방운동이 개시되면서, 여러 도시지역에서 게이바나 게이들의 조직이 증가하기 시작했다. 이러한 술집이나 단체들이 증가하면서 특히 레즈비언들의 활동이 가시화되었다. 근래에는 레즈비언들을 위한 술집, 정보 및 상담센터, 직통전화선, 음악회, 극장, 레코드회사, 출판사, 작가, 신문, 잡지 등을 비롯하여 여러 단체까지 두드러지게 발달하였다.[132] 하여간 미국의 경우 남녀를 포함한 게이들의 조직은 스톤웰 항쟁 이전에는

50여 개에 불과했으나, 1973년 800여 개 그리고 1994년 2,500여 개로 늘어났다.[58]

미국 내에서 가장 오래된 레즈비언 및 게이 남성들의 인권 옹호 단체는 1973년에 창설된 National Gay and Lesbian Task Force이다. 그 단체의 회원은 1993년 상주 직원 23명을 포함하여 32,000명이고, 예산도 당시 330만 달러였다. 또 미국 내에서 정치적 압력을 행사하는 최대 규모의 게이 단체는 1980년에 창설된 인권 운동 기금(HRCF: Human Rights Campaign Fund)인데, 1993년 8만 명의 회원, 상주 직원 39명 그리고 6백만 달러의 예산 규모를 유지하고 있었다. 이 단체는 정치활동위원회를 통하여 1992년 78만 5천 달러의 정치자금을 국회의원 후보자들에게 기부했으며, 당시 미국내 4천 개 이상의 정치활동위원회들 중에서 42번째에 해당되는 규모였다.[58]

국제적으로는 50여 개국 300여 개 이상의 레즈비언 및 게이 남성들로 조직된 연합체인 국제 레즈비언 및 게이 남성 단체(ILGA: International Lesbian & Gay Association)는 1973년 UN으로부터 공인받았다. 곧 ILGA는 국제연합이 공인한 최초이면서 현재까지 유일한 게이들의 집단이다.[164] 일본에서는 1984년 2명의 회원으로 출발한 일본국제게이협회는 1992년 300명으로 늘어났고, 우리나라는 1994년 7명이 1개의 단체로 시작되어 최근에는 대학에 있는 단체들까지 10여 개 단체, 수백 명의 회원으로 늘어났다.[200], [226]

세계 202개국을 대상으로 한 1990년대 초 게이 단체들의 권리운동의 현황을 보면, 131개국(64.9%)은 거의 없는 실정이며, 15개국(7.4%)은 인권운동단체가 형성되는 과정이고, 그리고 56개국(27.7%)은 어떤 형태로든지 이미 권리운동이 전개되고 있다.[97] 우리 나라의 경우 공식적인 게이인권단체는 1994년 1월 초동회라는 모임으로 출발했지만,

초동회의 출범은 국내거주 외국인 레즈비언 단체 및 재미 한국인 게이단체들의 도움으로 이루어졌다.[225]

원래 게이 남성과 레즈비언으로 구성된 초동회는 결성된 지 한달 만에 남성들만의 그리고 여성들만의 모임의 필요성 때문에 해체되었다. 그렇지만 곧바로 게이 남성들만의 모임인 친구 사이가 1994년 2월에 그리고 여성들만의 모임인 끼리끼리는 1994년 11월에 결성되었다. 1995년 초부터는 대학가에서 게이들의 인권단체가 형성되어 1996년 11월 현재 6개의 대학에 학생들로 이루어진 게이인권모임이 만들어졌다. 그 게이단체들은 1995년부터 외국의 단체들과 교류를 시작하였으며, 국내에서는 일반인 및 아직 드러내지 못한 게이들을 위한 교육 및 홍보사업도 벌이고 있다.[226]

또 스포츠 행사로 4년마다 1회씩 게이올림픽경기(Gay Games)가 개최되고 있다. 1982년도에 개최된 제1회 대회에서는 1,300여 명의 선수들이 참석했으며, 또 1986년도의 제2회 대회에서는 3,482명의 선수가 참석하였다. 캐나다의 밴쿠버에서 개최된 1990년도의 제3회 대회에는 '경쟁보다는 참여' 라는 슬로건을 내걸었던 국제적으로 공인된 체육행사였다. 당시 운동선수 7천여 명과 문화행사 관계자 8천여 명이 참석했으며, 관중도 5만명 이상이었다. 제3회 대회는 1990년 미국 시애틀에서 개최된 굳윌게임(Good Will Games)을 위축시킬 정도의 규모였으며, 1990년도에 개최된 세계 최대 규모의 체육행사였다. 그렇지만 게이들의 축제였기 때문에 밴쿠버 이외의 지역에는 잘 알려지지 않았다.[193], [196]

제4회 대회는 1994년 6월 18일부터 24일까지 뉴욕시의 Wiens경기장에서 개최되었다. 제4회 대회에서는 44개 국가로부터 11,000명의 선수가 31개 종목에 참석하여 세계신기록이 10개나 작성되기도 했다. 이

대회에는 1988년 서울올림픽 경기에서 다이빙 부문 금메달 수상자였던 루가니스(Louganis)가 시범경기에 참석하면서 자신을 게이라고 만천하에 선언하였다. 또 1994년은 스톤웰 항쟁 25주년 및 국제연합에서 가정의 해로 명시한 까닭에 뉴욕시에서 게이올림픽과 때를 맞추어 UN본부까지 자긍심(pride)행진을 하기도 했다.[192, 196]

양성애적 정체성

여러 가지 조사에 의하면, 게이라고 생각되는 남성이나 여성의 상당수가 이성과도 성관계를 경험한 적이 있다. 상식적으로 게이로 알려진 자들의 일부는 동성만을 상대하는 것 같지만 실제로는 양성과 성적으로 상대하는 경우가 드물지 않다. 그들은 동성을 상대하기 때문에 이성애자와 다르며, 또 이성을 상대하기 때문에 게이와 다르다. 사실상 양성을 상대하는 자들에 대한 연구가 미흡한 탓에 게이로 포함시켜 버리는 오류를 범하고 있는 실정이다.

양성애라는 용어는 남녀 모두에게 동등하게 성적 매력을 느끼는 것이 아니라, 남녀 누구에게든지 매력을 느끼고 성적인 관계를 가질 수 있다는 것을 뜻한다. 그런 의미에서 영문으로는 바이섹슈얼러티 (bisexuality)라고 하지만, 앰바이섹슈얼러티(ambisex-uality)라는 용어가 더 적절할 것이다.[2] 일반적으로 성인과 소년간의 사회계급이 불평등하게 유지되던 초기 그리스, 고대 중국, 로마제국주의의 사회 및 고대 페르시아 등에서는 양성애가 유행하였다. 이러한 사회에서는 순수한 이성애나 순수한 동성애와 같은 범주를 오히려 부적절하게 여기었다.[4]

보다 근대적인 맥락에서 남녀 모두를 상대하는 성적 지향은 별로 알려지지 않는 심오한 분야이다. 그렇지만 그들도 세 부류로 나누어 이해될 수 있다. 첫째는 남녀를 구분하지 않고 성적인 상대자로서 관심을 가지고 접촉하는 순수한 양성애자, 둘째는 실제 동성애적 성적 지향을 지니고 있지만 자신의 성적 지향이 탄로나는 것을 두려워하여 이성과의 관계를 유지하면서 은밀히 동성과의 관계를 유지하는 경우, 그리고 셋째는 발달의 과정에서 이성에 대한 관심과 동성에 대한 관심이 교대로 나타나는 경우이다.

마지막의 경우에 해당되는 사람들은 정체성의 변화 또는 혼동을 경험하고 있으므로 자신의 정체성을 양성애라고 여기지 않는다. 그 대신 이성애 또는 동성애적 정체성의 소유자라고 믿고 있다. 또 후자가 앞의 두 부류와 다른 점은 양성을 동시에 상대하지 않으며, 또 이성에 관심을 두는 기간과 동성에 관심을 두는 기간이 별로 중복되지 않는다는 점이다.

순수한 양성애자   순수한 양성애자는 남녀 모두에게 진정한 관심을 보이고 있다. 왜 양성 모두에게 관심을 보이는지 그 이유는 잘 모르지만, 아마도 동성애나 이성애와는 다른 발달 경로를 취하고 있다고 여겨진다. 게이라고 밝힌 사람 중에서도 이성에 대한 관심을 가지고 상대하는 사람이나, 이성과 결혼하여 살면서도 동성과의 관계에서 또 다른 성적 흥분을 경험하려고 동성을 상대하는 사람들이 여기

에 속한다.[145], [161]

킨제이의 동성애-이성애 척도를 기준으로 한다면, 남성의 50%가 남녀 모두를 상대한 경험이 있었지만, 지난 1년간의 성적인 활동을 토대로 한정시킬 때 기혼남성은 5% 정도가 양성애자에 해당된다고 볼 수 있다. 이들은 보통 상대를 모르는 상태이더라도 화장실이나 술집 등 장소를 가리지 않고 성적 접촉을 가지고 있다.[144], [207]

최근의 연구들에 따르면, 양성애자들은 어떤 때에는 공개적으로 자신을 게이 남성 또는 레즈비언으로 인식하는 자들이 늘어가고 있다. 예를 들면, 나중에 다시 자칭 양성애자라고 하더라도 게이들의 인권을 위한 시위에도 게이라고 하면서 참여한다. 그렇지만 양성애자들은 이성애자 및 게이들로부터 지지를 받지 못하고 그들만이 추구하는 공동체가 흔하지 않는 편이다. 그럼에도 불구하고 그들은 다른 참여자들의 적개심에 상관없이 게이들의 자긍심 행진에 참여한다.[161] 게이문화권에서 성적 지향을 정의할 때 그들을 제외시키는 것이 아니라 포함시키고 있기 때문에 게이문화권에서 인정받으려고 노력하고 있다.

또 그들의 생활양식에 대한 조사내용을 소개하면, 1985년도 양성애자인 기혼여성의 조사에서 47%의 응답자가 결혼 당시에도 이미 동성애적 감정을 인식하고 있었으며, 89%가 남편과의 성생활에서 문제가 있다고 답했다. 또 20%는 동성애적 감정을 없애기 위하여 노력한다고 답했다. 반면에 남편이 양성애자인 사실을 아내가 알고 있는 아내들의 조사에서는 그들의 결혼기간은 평균 13년 정도였으며, 40%의 여성이 결혼 당시부터 이를 알고 있었다고 답했다. 또 그들 부부 응답자의 3/4 이상이 결혼생활에 만족한다고 답했다.[196]

『Playboy』지 독자이면서 양성애자들인 미국인들의 조사에서 남녀간의 차이가 나타났다. 평균 26세인 여성 948명의 반응에서는 70%가 자신들의 생활이 행복하다고 답했으며, 40%는 기혼자로 성관계의 빈도, 자위행위나 구강섹스의 빈도 및 만족감이 레즈비언이나 이성애 여성보다도 높다고 답했다. 그러나 평균 31세인 남성 2,786명의 반응을 보면, 거의 절반이 성생활에 불만을 표시했으며, 그러한 이유로 이성애 남성이나 게이 남성들보다 매춘부를 더 자주 방문하고 있었다. 또 게이 공동체로부터 불신의 대상으로 여겨지기 때문에 그들과 적절하게 접촉하는 것도 어렵다고 답했다.[53]

게이 정체성 노출을 은폐하려는 양성애자 동성애의 존재는 믿을지라도 양성애의 존재를 믿지 않는 사람들은 성적 지향을 단순하게 이분화시키고 있다. 곧 양성애의 상태는 순수한 동성애가 아니면 순수한 이성애로 분류된다. 그렇지 않으면 아예 양성애 상태는 무시되거나 제외되어 버린다.

이러한 관점에서 양성애는 순수한 동성애를 은폐하는 수단이거나 게이 남성이나 레즈비언임을 드러내면서 보이는 정체성의 발달 과정에 해당된다. 많은 사람들이 공공연한 상태에서는 자신의 성적 지향을 숨기고 살아간다. 그래서 자신의 게이 역할 및 비(非)게이 역할이 하루 또는 일주일 등 시간에 따라서 교체된다.[79] 결혼하여 이성애자인 것처럼 행동하지만, 아주 은밀하게 동성과의 접촉을 시도한다.

기혼남성이면서 다른 남성과의 성적 접촉을 은밀히 유지하는 사람들의 상당수는 자신의 게이 신분이 노출되는 것을 두려워하며, 그 노출을 은폐하려는 수단으로 이성과 결혼생활을 하고 있는 사람들이다.[61] 그들 중에서 부인과 성관계를 원만하게 유지하는 사람도 있지만, 여러 가지 방법으로 부인과의 관계를 회피하는 사람이 더 많다.

그렇기 때문에 처음부터 성적인 관심이 별로 없을 것으로 생각되는 여성을 결혼 상대자로 선택한다.[45]

많은 여성들도 다른 여성들과 의미있는 관계를 유지한 후에도 남성과 성관계를 지속하기도 한다. 여성들에게 나타난 장기간의 양성애는 여성 스스로 동성애 혐오나 여성 혐오와 같은 차별의식이 내재되어 있기 때문이다.[206] 레즈비언의 일부는 사회적으로나 경제적으로 다른 선택이 없어서 남성과 결혼을 한다. 그렇지만 그들 대다수는 아이를 낳고 살더라도 정서적 애착을 느끼지 못하는 공허한 생활을 한다. 또 결혼을 하지 않았던 여성이더라도 자신의 레즈비언 정체성을 은폐시키기 위한 노력으로 가끔 남성과 관계를 가지기도 하지만, 이 경우 정서적으로나 성적으로 의미를 부여하지 않는다.[42]

정체성 변화에 의한 양성애자 아동기와 청소년기에 동성애적 정체성을 보이다가 나중에 이성애자가 되는 사람도 있고, 또 그와 반대로 나타난 사람도 있다. 아동기와 청소년기에 발달했던 정체성이 성인기까지 그대로 지속되지 않을 수도 있다는 것이다. 조사 당시까지 남녀 모두와 성적으로 접촉한 경험이 있는 사람들을 대상으로 면접한 결과, 아동기와 청소년기의 경험이 성인기의 성적 정체성을 결정해 주는 궁극적인 요인이 아니었다. 개인은 생애 동안 성적 정체성이 여러 차례 변할 수 있으며, 또 본인도 그러한 변화 가능성을 잘 모르고 있다.[36]

결혼하여 부인과 살고 있는 양성애자인 남편은 아내와 성관계를 가지는 동안 흔히 남성과의 성적 장면을 연상한다. 그렇지만 그들은 어느 일정한 기간 동안은 자신이 순수한 이성애자인 것 같다고 지각하기도 한다. 또 일부 남성들은 아내에게 집착된 생활을 하기는 어렵지만 결혼이 살아가는 데 하나의 의무라고 생각해서 결혼을 했다고 말하기도 한다.[38] 남녀 게이들의 특성은 다양하여 자신의 상태를 쉽게 알지 못하는 경우가 많아 대다수가 게이의 상태 및 이성애자의 상태를 오락가락한다.[39]

현재 레즈비언 관계를 유지하고 있는 여성들 중에서 과거 남성과 의미있는 관계를 맺었던 사람들이 많다. 남성과 사랑에 빠져 결혼이나 동거, 연인관계를 유지했던 여성들은 그 당시 자신들이 순수한 이성애자였다고 자인한다. 그렇지만 어느 순간에 여성이 자신의 성적 및 정서적 파트너가 되었음을 발견하고 스스로 레즈비언임을 공언한다. 그런데 이성애적 경험을 하다가 레즈비언 생활을 하는 여성들의 일부는 가끔 나중에 이성애자로 또다시 돌아간다. 그래서 그들의 성적 지향은 자신의 선택에 의하여 나타난 것처럼 보이므로 선택적 레즈비언들(elective lesbians)이라고 불리워진다. 또 어떤 여성들은 남성과의 긍정적인 관계를 유지하였지만, 여성과의 관계에서 만족이 더 크므로 레즈비언 생활을 지속하기도 한다.[40]

한 연구에서 현재 레즈비언이라고 밝힌 여성 346명과 양성애자라고 표현한 여성 60명을 상대로 동성애 정체성 발달을 비교해 보았다. 여성에 대한 매력을 느꼈던 연령은 레즈비언들이 평균 15세였던 반면, 양성애자들은 평균 18세였다. 또 자신의 정체성을 받아들인 평균 나이는 레즈비언이 22세, 양성애자는 25세였다고 답했다. 또 일부 조사대상자들은 자신의 정체성을 레즈비언에서 양성애자 혹은 그 반대로 전환했는데, 현재 양성애자라고 답한 여성들에서 그러한 변화가 더 많이 나타났다. 즉 양성애자라고 답한 여성의 58%와 레즈비언이라고 답한 여성의 15%가 두 차례 이상 정체성의 변화를 보였다. 결국 레즈비언들보다 양성애자들이 정체성에서 덜 안정된 모습을 보이

고 있었다.[183]

　동성애의 원인론에서 설명되었겠지만, 생물학자들은 게이가 되는 특성을 물려받은 것으로 이해하고, 또 심리학자들은 동성애적 성적 지향이 생의 초기에 결정된 것으로 본다. 그렇지만 수많은 게이들이 이성애적 관계를 다양하게 경험하고 있다는 사실에 귀를 기울일 필요가 있다.[89] 즉 양성애자의 연구는 동성애 정체성의 발달을 살피는 데 결정적인 역할을 할지도 모른다.

제8장
게이 남성 및 레즈비언의 생활양식

과거 게이 남성들의 성생활 행태

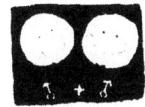

　게이해방운동이 본격적으로 전개된 1970년대 초반 이후 미국의 대도시 지역에 거주하는 게이 남성들은 자유를 축하하기 위한 술잔치를 자주 개최하였다. 그러한 잔치에서는 여러 남성들이 한꺼번에 성적인 관계를 가지는 파티가 유행했는데, 그곳에서는 익명의 상대와도 쉽게 접촉할 수 있었다. 상당수의 게이 남성들은 마치 섹스를 즐길 수 있는 자유가 바로 게이들의 특권처럼 생각하기도 했는데, 그들은 전통적인 남성들의 환상처럼 구속받지 않는 상태에서 섹스를 즐기었다.[161]
　당시 게이 남성들은 여러 가지 변형된 성행동의 기교를 발달시켰다. 상대방과 고통을 서로 주고 받는 행위를 비롯하여 손을 상대방의 항문에 집어넣는 행위(속어로 fist fucking), 상대방의 몸에 방뇨를 하는 행위(속어로 water sports) 등도 실험적으로 시도되었다. 게이 남성들의 문화를 제대로 이해하지 못한 치료가들은 이러한 행위들이 단순히 일탈된 것으로 생각되지만, 1970년대 게이 남성들에게서 나타난 그러한 실험적 행위는 속박에서 벗어난 시행착오적인 시도이므로 일탈행위와는 다르다고 보는 사람도 있다.[61]

사실상 게이 남성들은 1980년대 에이즈의 심각성이 부각되기 전까지만 해도 성적 파트너를 아주 쉽게 구할 수 있었다. 그들이 만날 때는 특정한 신호를 보내고서 성적 관계를 맺자고 합의하는데, 공공연한 장소 등에서는 별다른 말도 필요없다. 그들만이 통하는 신호로만 성관계에 대한 의사교환이 가능하였다. 예를 들면, 1970년대 미국 샌프란시스코의 게이 거주지인 카스트로 구역(Castro District) 내의 음식점이나 슈퍼마켓 같은 곳에서는 하룻밤, 혹은 한시간이나 5분 정도 함께 지낼 파트너를 구하는 데 전혀 어려움이 없었다.[148]

파트너를 그보다 더 쉽게 구하려면 온갖 기교와 형태의 섹스를 즐길 수 있는 목욕탕(bath house나 back room)을 찾아가면 되었다.[149] 그곳을 자주 찾는다면 섹스 파트너의 수가 곧 수백이나 수천에 육박해진다. 목욕탕의 구조는 전형적으로 일 대 일 또는 두 명 이상의 파트너와 섹스파티를 벌일 수 있도록 갖추어져 있다. 그곳에는 익명을 요구하는 손님들을 위하여 '글로리 홀(glory hole)'이라는 구멍도 만들어져 있다. 손님들은 각각 다른 장소에서 얼굴을 보지 않은 상태에서 그 구멍을 통하여 구강섹스를 할 수 있다.

글로리 홀을 통해서 이루어지는 구강섹스는 대부분 서로 아무런 대화를 주고 받지 않는 상태에서 진행되었다. 이성애자들은 이러한 식으로 고안된 게이문화를 무분별한 섹스의 전형적인 표현이라고 생각한다. 만약 칸막이가 갑자기 투명의 상태로 변한다면, 자기에게 매력이 전혀 없는 사람이 자신의 파트너가 되었음을 알 수도 있을 것이

다.¹⁴⁸⁾

　게이들이 공개적으로 사랑을 표현하는 행위는 인정받지 못한다. 그러므로 게이들은 대중의 눈을 피하여 만남을 시도한다. 결과적으로 게이들에게는 공공 화장실(속어로 tearoom이라고도 함)이나 영화관, 트럭 안이나 뒤, 특정한 술집, 체육관, 해변 등 주로 어두운 영역에서 사랑을 나눌 것이라는 이미지가 부각되었다. 1970년대 샌프란시스코에 거주하는 게이들을 조사하여 발표한 어느 연구결과는 수많은 사람들을 놀라게 만들었다. 레즈비언들은 대부분 성적으로 상대했던 파트너의 수가 평균 10여 명을 넘지 못했으나, 대다수 게이 남성들은 성인기 동안 상대한 파트너의 수가 5백에서 1천 명 정도라고 답했기 때문이었다. 응답했던 게이 남성들 중 20%는 여성과 결혼하였으며, 그 중 절반은 아이의 아버지인 상태였다.²⁶⁾

게이 남성들의 성생활

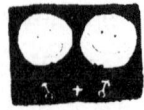

 게이 남성들이 성적 상대자를 가리지 않고 무분별하게 만나는 점을 걱정하는 사람들은 차라리 게이들에게 결혼을 인정하면 무분별한 성생활이 줄어들어 게이 자신들이나 일반 사회에도 바람직할 것으로 생각한다. 그렇지만 레즈비언들은 커플관계를 유지하지 않더라도 성생활이 무분별하지 않으며, 또 이성애자인 남성들의 일부는 결혼을 하고 나서도 외도를 무분별하게 하고 있다는 점을 비추어 보면, 게이 남성들은 결혼을 인정받아도 파트너를 자주 바꾸게 될지도 모른다.[170]

 한국을 비롯한 대부분의 문화권에서는 남성들이 여성들보다 성적으로 더 적극적이어야 정상적으로 받아들였다. 그러한 사회화 과정 때문에 남성들은 여성에 비하여 성적 실험에 대하여 사회적인 지지를 더 받고 있으며, 섹스를 사랑과 분리시키며, 또 정서적으로 연루되지 않는 채로 캐쥬얼 섹스를 더 즐기는 경향이 있다. 또 게이 남성들은 어떤 특정한 상대와 가까워지기 전에 다양한 파트너들과 성적인 경험을 하는 경향이 있다.[79]

에이즈가 유행하기 전 게이 남성들의 관계가 어떻게 발달하는가의 설명은 2단계의 모델로 가능했다.[%] 이 모델에 의하면, 두 명의 게이 남성은 초기에도 성적인 관계에서 다른 사람을 찾지 않고 일 대 일의 관계를 형성한다. 그 일대일 관계를 유지하는 단계의 기간은 매우 짧은 편이다. 시간이 지나면서 성적인 상대로 다른 남성을 찾아나서도 되는 단계로 발전한다. 이 단계에서는 성적인 상대를 자신의 파트너로만 제한하지 않는다는 점이다. 그러나 근래에는 이러한 설명이 잘 맞지 않는다.[66]

건전한 성행동에 대한 규준이 평생 동안 지속되는 일대일의 관계라고 한다면, 이성애자들도 마찬가지로 그 규준에 부합되지 않는 사람들이 많다. 남녀 게이들의 생활양식은 다양하지만, 그 다양성은 간과되고 있다. 한 명의 특정한 상대하고만 지속적인 관계를 유지하고 있는 게이들도 있는 반면에, 특정한 상대 없이 여러 사람을 번갈아가면서 접촉하는 게이들도 있다.[40] 물론 어떤 게이 남성은 충동적으로 성행위에 도착된 사람도 있지만, 이성애자인 남성에서도 그런 모습을 찾아볼 수 있으며 또 대부분의 게이 남성들은 자기의 생활양식에 맞게 일대일의 관계를 이루고 있다.[148], [161]

성행동의 목록에서도 게이들이 이성애자들에 비하여 다양하다. 그렇지만 일반인들이 상상하듯이 남근이나 물건의 삽입이 게이들의 성행위의 주요한 초점이 아니다.[161] 또 유사한 자극을 제시하고서 나타난 생리학적 반응을 연구한 결과에서도 남녀간의 차이나 게이와 이성애자 간의 차이가 없었다.[143] 게이 남성들의 성행동은 이성애자들처럼 상대방과 서로 잘 알고 사랑하는 사이라면 키스, 애무같은 행동도 전형적이다. 입이나 손으로 상대방의 성기를 자극하거나, 항문에 손가락이나 성기를 삽입하는 행위 등을 통하여 쾌감을 얻기도 하는데, 어떤 게이 남성들은 상대방의 항문에 자신의 남근을 삽입하는 것보다도 항상 삽입을 당하면서 쾌감을 추구한다.

동거하는 게이 커플들간에 가장 선호하는 성적 기법은 항문성교와 구강섹스이다. 구강섹스와 항문성교는 상당수의 기독교 국가에서는 불법으로 규제하고 있다. 그러므로 공공 화장실에서 짧은 시간 내에 이루어지는 성행위는 기독교 국가들에서 사복경찰의 단속 대상이 되고 있다. 파트너들은 번갈아가며 항문성교의 삽입자와 피삽입자가 된다. 또 그들은 정액의 사출보다도 성적 흥분의 상태의 유지를 더 중요하게 여기므로 흥분이 절정에 이르기 전 오르가즘을 피하여 다른 행동으로 바꾸기도 한다. 그 결과 그들은 성행위를 오랫동안 즐기게 된다.[158]

한 연구에서는 현재 성적인 활동을 하고 있는 영국의 게이 남성 385명을 대상으로 지난 1개월 동안의 성행위에 대하여 일기식으로 기록하도록 요구하였다. 그들의 자위행위, 구강섹스, 항문성교 등에 대한 성역할의 빈도를 측정하였다. 조사대상자의 2/3 이상이 서로 상대방에게 자위행위를 해주고 있었으며, 1/4은 자위행위를 파트너가 있는 상황에서는 실시하지 않는다고 답했다. 또 나머지는 상대방에게 자위행위를 해주도록 요구하든지 아니면 자신이 상대방의 자위행위를 해주는 입장이었다.[54]

구강섹스의 경우, 조사대상자의 54%가 상호간 실시하고 있으며, 31%는 전혀 실시하지 않았고, 그리고 나머지는 일방적으로 실시하였다. 항문성교의 경우, 일방적으로 수동적 또는 능동적 입장만을 취하는 비율이 조사대상자의 25%이며, 17%는 상호 번갈아가며 수동적 및 능동적인 항문성교를 했으며, 또 58%는 항문성교를 하지 않았다고 답했다. 역시 규칙적으로 만나는 절친한 상대가 있는 게이들은 파트너와 항문성교를 했던 비율이 높았던 반면에, 규칙적으로 만날 수 있는 성적인 파트너가 없는 게이들에게서는 항문성교를 시도하는 비율이 낮은 편이었다.[54]

게이 남성들과 레즈비언의 차이

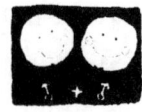

　파트너와 6년 정도 함께 지내고 있는 게이 커플들을 상대로 1988년도에 조사했던 결과에 의하면, 파트너를 만나게 된 계기나 장소는 남녀간의 차이를 보였다. 게이 남성들의 경우 22%는 게이바, 19%는 친구의 소개로 파트너를 만나게 되었으며, 레즈비언들의 경우 28%가 친구의 소개, 21%가 직장에서 만났다고 답했다.[29] 근래까지 남성들간에서 표출되는 성행동에 대한 처벌이 너무 심했기 때문인지 게이 남성들에게는 아주 은밀한 장소를 제외하고는 서로 만날 수 있는 곳이 별로 없었을 것이다.[30]
　파트너를 만나기 위하여 게이바를 비롯하여 영화극장이나 광장, 공원, 대합실 등을 찾아다니며, 우리 나라의 경우 화장실에 적힌 삐삐(beeper)번호를 통해 익명의 상대와 교제를 시작하기도 한다. 또 대부분의 게이들은 상대를 쉽게 만날 수 있다고 믿기 때문에 도시지역에서 생활하고 있다. 즉 레즈비언은 45.1%가 도시 그리고 33.1%가 도시근교에 거주하고 있으며, 게이 남성들은 52.6%가 도시 그리고 31.7%가 도시근교에 거주하고 있었다.[96]

홀로 사는 게이들은 가족을 부양해야 할 의무도 없다. 그래서 서구사회의 게이 남성들은 어떠한 다른 남성 집단보다도 실수입이 높은 편이다. 그들은 품위있는 생활을 위하여 의복이나 가구의 구입, 여행, 연주회, 오페라, 연극 등에 돈을 소비하였으며, 그런 생활 자체를 즐기고 있다.[161] 서구사회의 게이 남성이나 레즈비언 커플들도 1990년 현재 남녀로 이루어진 부부보다도 가정의 평균수입이 더 높은 편이었다. 그들은 복잡한 가족관계에 덜 얽매이기 때문에 이성애자들보다 여행을 더 많이 하며, 외식도 자주 하는 편이다.[96]

이제 성생활에 관련된 게이들의 남녀 차이를 보자. 생리학적으로 성적 반응의 형태를 비교할 때, 이성애자 남성과 게이 남성 간이나 또 이성애자 여성과 레즈비언 간에는 차이가 없었다.[143] 그렇지만 게이 커플은 이성애자 커플과는 달리 동성의 구성원들간의 관계이므로 성적 반응에서 이성애자 커플과 다른 모습을 보인다. 예를 들면, 성관계시 파트너들간에 주고 받는 언어적 및 비언어적 의사소통 양식에서 정도의 차이가 심했다. 즉 게이 커플들은 이성애자 남녀 커플에 비하여 자신들의 만족감이나 기쁨, 요구사항 등에 관한 정보를 파트너들과 더 분명하게 교환하고 있다.[143]

또 이성애자인 남녀가 서로 다른 모습을 보이듯이 게이들간에도 여러 가지 면에서 남녀간의 차이를 보인다. 성행위와 관계된 생활에서 보이는 게이와 이성애자 간의 차이 및 게이들 중에서의 성차를 정리하면 다음과 같다.

첫째, 최초의 성적 파트너에 대한 차이를 보자. 남성들은 동성애자든 이성애자든지 흔히 나중에 만날 수 없는 낯선 사람이 최초의 성적 상대자가 되는 반면에, 여성들은 첫 상대자가 정서적으로 아주 가까운 사람이 많았다.[38] 특히 레즈비언들은 낭만적 사랑이나 정서적 애착의 상황에서 성관계를 경험하는 경향이 높기 때문에 보통 동성과의 첫경험이 우정의 관계에서 동년배와 이루어지는 확률이 높다.[79]

둘째, 에이즈의 문제가 사회적으로 등장한 이후의 변화를 보자. 1980년대 이후 게이 남성들은 에이즈로 인하여 자신들의 생활에서 섹스에 대한 분야가 차지하는 비중이 전보다 줄어들었다. 그 반면에 레즈비언들은 섹스에 대해서 보다 더 관심을 보이고 있다. 즉 게이 남성들은 다양한 형태의 섹스에 대한 적극적인 관심이 예전보다 줄었고, 레즈비언들은 예전의 게이 남성처럼 적극적으로 성에 대한 관심을 다양하게 추구하고 있다.[61]

셋째, 커플관계의 개방성에 관한 차이도 있다. 게이 커플들의 관계가 개방적인가 아니면 폐쇄적인가 하는 문제는 두 사람간의 합의가 결정적이다. 커플 중 한 명은 개방적인 관계를 원하지만, 상대방은 그렇지 않을 때 그러한 문제가 발생한다.

게이 남성들은 두 사람 관계의 지속기간이 길수록 이러한 차원에서 동의를 하는 경향이 높지만, 레즈비언 커플은 친교 및 정서적인 언약을 맺은 후에 성적인 관계로 가는 것이 보통이므로 게이 남성들과 달리 개방성을 유지하지 않는 편이다.[64] 레즈비언들은 커플관계가 7년 정도 유지되었을 때 그러한 문제의 발생 확률이 가장 높은 편인데, 한 사람이 상대에게 예전에 비하여 매력을 덜 느끼거나 관계에서 권태를 느끼는 경우 개방성 문제가 거론된다.[206]

넷째, 성적 상대자와의 관계 지속에 대한 관점이다. 게이 커플들의 관계의 지속기간에서도 남녀간의 차이를 보이는데, 레즈비언 커플의 관계가 더 장기적이고 안정스럽다. 게이 남성들은 신뢰를 바탕으로 하는 관계 등을 별로 상관하지 않으므로 종종 술집이나 공원, 공공화장실을 찾아다니면서 하룻밤 정도만 함께 지내는 관계(one-night stands)를 즐긴다.[76], [186], [187]

이러한 남녀간의 차이는 여성들이 일부일처와 같은 일 대 일의 관계를 유지하도록 사회화된 반면에, 남성들은 다양한 관계를 추구해도 서로 용인하도록 사회화되었기 때문에 생긴다.[142] 즉 남성들이 사랑과 섹스를 분리시키도록 사회화된 탓에 다양한 파트너를 찾고, 낯선 자들과도 성관계를 즐기는 경향이 있다.[165] 또 다른 이유는 남성들이 여성들보다 친교관계를 유지하는 기술이 부족하고, 사회에서 레즈비언 관계보다도 게이 남성들의 관계가 덜 지지받고 있기 때문이다.[142]

다섯째, 성적 파트너의 수에서도 차이가 난다. 게이 남성들이 레즈비언들보다 성적 파트너의 수가 더 많다. 게이 남성들의 섹스의 형태가 레즈비언이나 이성애자 남성들보다 더 다양한데, 게이 공동체 내에서는 여러 명의 성적 파트너가 비교적 일반적이다. 커플관계를 유지하는 게이 남성들의 경우, 파트너 이외의 상대와의 성관계는 정서적 관계에 의해서 보다도 흔히 우연히 일회적이고 오락적인 특징을 지닐 뿐이며, 둘간의 정서적 관계에 별로 위험을 주지 않는다.[54]

한 조사에서 574명의 백인 게이 남성과 227명의 백인 레즈비언에게 동성의 성적 상대자의 수를 물었다. 그 결과 게이 남성의 84%는 파트너 수가 50명에서 100명 정도라고 말한 반면 레즈비언의 7%만이 그 기준에 해당되었다.[28] 다른 조사에서는 지난 2개월간 자신의 현재 파트너 이외의 사람과 성적 접촉을 가진 자의 비율은 이성애자 남녀에서는 11% 또 레즈비언은 13%였지만, 게이 남성들은 54% 정도였

다.[165]

　마지막으로 성행동의 빈도에서 차이가 난다. 게이 남성들이 레즈비언들보다 자위행위를 더 어린 시기부터 시작했으며, 더 자주 실시한다. 또 게이 남성들에게서 레즈비언들보다 동성간의 성행위 빈도가 역시 더 높은 편이다. 역시 게이 남성들은 레즈비언들보다 구강섹스를 더 시도하였다.[186],[187]

　그러나 과거 이성애적 경험을 했던 비율은 게이 남성들보다 레즈비언들에서 더 높게 나타났다. 즉 1974년 미국, 덴마크, 네덜란드의 게이 남성들의 조사에서는 나라에 따라서 36%에서 59%의 게이 남성들이 이성과의 성관계를 경험한 적이 있었다고 답했으며, 1978년과 1989년의 레즈비언의 조사에서는 81%와 74%가 이성과의 성관계를 경험했다고 보고했다.[85],[197] 그렇지만 사춘기 시절 이성과 성적으로 접촉했더라도 양성애자가 아닌 이상 성인기에 와서는 이성애적 접촉에 대한 관심이 줄어든다.[187]

레즈비언의 특성 및 페미니스트 레즈비언

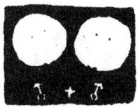

 상당수의 레즈비언들은 자신이 이성애자가 아니라는 점을 어떤 전환점에 오기 전에는 인정하려 들지 않았다. 그래서 결혼생활에 실패한 후에야 레즈비언임을 스스로 인정하는 경우가 많다. 곧 10대의 여성들이 자신을 레즈비언이라고 밝히는 경우는 그리 많지 않다.[45] 그렇지만 나중에 레즈비언이라고 자인한 여성들도 아동기와 청소년기에 학교 여선생님이나 친구들에게 정서적으로 매력을 느꼈던 경우가 허다했다. 또 남자애들과 데이트를 했을 때에도 지루했거나 마음이 내키지 않았으며, 별로 솔직하게 데이트에 임하지 않았다고 고백하는 경우가 많았다.[58]
 레즈비언들이 생활장면에서 직면한 가장 어려운 문제 중의 하나는 어떤 생활 영역이 자신들의 것이고 또는 어떤 영역이 아닌가를 판단하고 결정하는 일이다. 레즈비언임을 숨기고 살아가면 타인에게 알

려질 위험이 없지만, 가족이나 친구들과의 진실된 친교관계가 어렵고 또 생활 전반에서 자존심을 상실한 채로 살아가야 한다. 반면에 자신이 레즈비언임을 노출시키면 가족과 친구들로부터 사랑과 지지를 더이상 받지 못할 위험에 처하며, 심지어는 직장을 잃거나 승진을 못하거나, 오명에 싸여 고립을 경험할 수 있다. 그럼에도 불구하고 자신의 정체성을 드러내면서 얻는 이점은 대단하다. 자유스러운 느낌이나 자존심의 고양 그리고 공동체 구성원들로부터의 지지 등이다.[206]

게이들의 생활양식을 일탈로 여기는 분위기 때문에 레즈비언들이 이성애자들보다 자존심이 낮을 것으로 생각할 수 있다. 사실상 이러한 결과를 찾아낸 연구들도 많다. 그렇지만 게이들의 자아개념이나 자존심에 관한 연구들의 결과들은 다소 모순적이다. 한 예로 10대 후반에서 50대 초반의 레즈비언들과 이성애자 여성들을 31명씩 표집하여 자아개념을 비교한 결과 차이가 없었다. 이러한 결과가 도출된 이유는 아마도 자신의 성적 정체성을 노출한 레즈비언들의 수가 증가하면서 그들의 자아개념이 이성애자들의 수준으로 고양되었기 때문인 것으로 보여진다.[48]

레즈비언들간의 관계가 정서적으로 밀착되고, 성적인 파트너도 배타적으로 특정한 사람에게만 지속되는 관계라고 기대되었다. 그렇지만 오늘날 그들의 관계는 단일한 형태를 취하고 있지 않는 것 같다. 여성들의 전통적인 사랑과 애착에 대한 사회화는 여성들의 권리운동에 의하여 부분적으로 타파된 셈이다. 그러므로 현재의 레즈비언관계는 그 애착이나 자율성의 정도가 매우 다양하다.

구체적으로 언급하자면, 개인적인 자유에 가치를 둔 레즈비언들은 파트너와 함께 지내온 기간이 길지 않았고, 또 단기간의 관계를 유지하는 경향이 있었다. 현재의 파트너와의 지속적인 관계 기간이 1개월에서 11년 정도인 127명의 레즈비언들의 관계의 중앙치는 13개월이었는데, 이에 대응하는 게이 남성들보다 기간이 짧았던 레즈비언들도 많다는 수치였다. 또 현재의 파트너와는 사랑하는 관계인가라는 질문에서 그렇다고 답한 비율이 남성들보다 낮게 나타나기도 했다.[168]

그러나 레즈비언들의 성행동의 특성을 보면, 우선 게이 남성들에 비하여 무분별한 섹스를 하는 비율이 매우 낮은 편이다.[148] 레즈비언들도 이성애자인 여성들처럼 유방이나 음핵의 접촉을 선호한다. 그래서 레즈비언들은 유방끼리 또는 음핵끼리 부비는 신체접촉이나 구강섹스를 주로 시도하면서 만족을 얻는다.[158] 한 연구에 의하면, 레즈비언들의 70%는 현재의 파트너와의 관계에서 항상 오르가즘을 경험하며, 14%는 보통으로, 10%는 가끔 경험하며 그리고 4%는 전혀 경험하지 않는다고 말하고 있다.[167]

일반적으로 레즈비언들의 성적 관심은 정서적인 상황에서 이루어진다. 또 게이 남성들에 비하여 레즈비언들은 자신의 성적 지향을 더 늦게 인정하는 경향이 있다. 그러나 레즈비언관계는 단순히 성욕의 차원에 의해서가 아니라 상대방에 대한 관심에 의해서 형성된다. 최근에 와서는 여성해방운동으로 레즈비언관계가 예전보다 더 자유스러운 형태를 띠며, 보다 성적인 만족을 유지하는 관계로 변하였다.[76]

소위 어떤 여성들은 정치적 입장의 표명으로 레즈비언의 생활양식을 취하기도 한다.[197] 곧 일부 여성들은 페미니즘에 대한 가치관에 의하여 레즈비언이라는 정체성으로 발달하게 되기도 했다.[79] 그러한 여성들은 남성들과의 관계에서 보여지는 여성의 전통적 역할을 비롯하여 남녀간의 일대일의 관계까지도 거부한다.[32, 165] 일대일의 관계는 질투나 소유욕, 의존성, 구속감 등을 조장시키므로 급진적인(radical)

레즈비언 페미니스트 공동체에서는 일대일의 관계에 구속되지 않는 것이 보다 해방적이고 건강한 것이라고 주장한다. 이러한 생각 때문에 상당수의 레즈비언 커플들은 개방적인 관계를 유지한다.[206]

이러한 입장을 표명하고 따르는 여러 레즈비언 대표자들은 동성애를 설명하는 일반화된 이론들을 무시해 버린다. 여성들의 레즈비언 생활은 생물학적으로 불가피하게 나타나는 것이 아니라 기존의 남성 위주의 문화에 대항하기 위하여 선택된 것이라고 주장한다. 곧 그들은 레즈비언관계를 남성들의 지배로부터 해방이요, 남성들의 특권에 얽매이는 것으로부터의 단절이라고 해석한다. 이러한 맥락에서 볼 때, 여성이 이성애적 관계에 얽매여 살아가는 모습들은 여성들의 주권 발달을 지연시키는 것이 된다.[170]

레즈비언들의 페미니스트 운동은 여러 레즈비언 공동체에 중요한 영향을 미쳤다. 이는 그 동안 남성이 주도하던 게이해방운동과는 대조를 보였다. 게이 남성들은 대부분 학대로부터의 자유 또는 성적인 자유를 해방으로 보았지만, 레즈비언 페미니스트들은 가부장적 억압에 저항하고 또 여성들간의 새로운 친교형태를 발달시키는 것을 해방이라고 받아들이고 있었다.[79]

그러한 여성들의 입장은 1970년대에 두각을 보여주었다. 당시 게이 남성을 포함하여 모든 남성들을 달갑지 않게 여기던 일부 레즈비언들이 바로 그들이었다. 그들은 남성 위주로 정착된 인생의 모든 영역에서 여성들의 욕구가 무시되었다고 판단하고, 또 이를 교정시키지 않으면 안 된다고 판단했다. 그래서 강간이나 포르노, 근친상간 등과 같은 여성이 성적으로 남성들에게 이용당하는 문제에 관심을 두고 배격하기 시작했다. 또 남녀간의 성행위시에도 여성이 자리에 드러누운 상태에서 남성이 여성의 몸 위로 올라가는 자세를 여성의 억압

이라고 비난했으며, 역시 그러한 고정관념화된 남녀 성관계는 가부장적인 구조에 기인했다고 비판하였다.[61]

당시 페미니스트 레즈비언들의 공동체에서는 기본적으로 성의 억압에 초점을 맞추고 있었다. 그들은 지난 수십 세기 동안 남성들의 성기를 중심으로 표현되고 있는 성을 반대하고, 성이 여성들에 의해서 표현되어야 평등을 찾을 수 있다고 주장했다. 곧 여성들도 전통적으로 성을 표현하는 울타리에서 벗어나 익명의 상대와 섹스를 하거나, 포르노를 즐기거나, 사랑을 전제로 하지 않는 성관계, 피학 또는 가학적인 성행위 등을 시도해야 평등한 삶을 누리게 된다는 주장이다.[61] 그래서 어떤 레즈비언들은 그 동안 정상적인 범주에서 벗어났다고 여겨지는 성행위(집단 성행위, 섹스파티, 피학·가학적인 성행위 등의 kinky sex를 말함)를 즐기는 단체를 결성하기도 했다. 그러한 단체의 대표적인 예가 바로 뉴욕의 레즈비언 섹스 마피아(Sex Mafia)나 캘리포니아주의 사모이스(Samois) 등의 단체이다. 그러한 레즈비언들은 강간과 같은 것만을 제외하고는 여성이 표현할 수 있는 모든 것이 표현되어야 한다고 주장한다.[61]

이러한 성향을 지닌 레즈비언들은 이성애자인 여성들보다 성적 표현의 형태를 더 다양하게 추구하였다. 그리고 그들은 레즈비언이면서도 이성애자인 여성들처럼 신체와 외모에 관심을 가지고 있는 여성을 비꼬기도 했다. 그래서 페미니스트 레즈비언들은 후자의 여성들에게 왜 레즈비언인지도 모른다고 불만스럽게 생각하여 '입술연지(lipstick) 레즈비언'이라고 언급하기도 한다.

반면에 페미니스트 레즈비언들을 과격주의자라고 비평하는 레즈비언들도 없지 않다. 후자는 포르노를 반대하는 운동을 적극적으로 전개한다. 그들이 포르노를 반대하는 이유는 바로 과격주의적인 접근이

폭력적이고, 여성을 스스로 비하시키고, 이성애자인 여성들을 남성에게 억압받도록 만든다고 보고 있기 때문이다.[161] 그들은 또 급진적인 레즈비언 페미니스트들의 주장이 여성들의 일 대 일 관계를 유지하는 상황에서의 이득을 너무 무시한 것 같다고 비판한다. 곧 급진적인 상황에서의 인간관계는 자아감이나 독립성을 보장시키지 못하며, 또 커플관계를 개방시키더라도 두 사람의 관계가 우선적임을 인식하는 것이 더 바람직하다고 주장한다.[206]

게이와 에이즈와의 관계

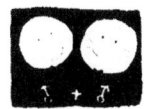

　미국의 갤럽회사가 실시한 1988년도 여론조사에서 최소한 10명의 응답자 중에서 1명은 에이즈(AIDS)에 걸리지 않기 위하여 게이들을 회피한다고 답했다.[35] 왜냐 하면, 게이들을 만나기만 해도 에이즈에 감염될 것으로 생각했기 때문이었다.

　근래에도 우리 나라 사람들에게 동성애에 관한 의견을 물어 보면 유사한 반응이 나타난다. 게이들은 모두 에이즈 환자라고 표현하는 반응, 에이즈에 감염되지 않았어도 동성애 행위를 하면 무조건 에이즈에 걸리게 된다는 반응 또는 에이즈는 게이들에 의해서 초래된 질병이라는 반응 등이 의외로 많이 나왔다.[236] 그렇다면 도대체 게이와 에이즈는 어떠한 관계에 있었기에, 그와 같은 차별적인 오명이 팽배하게 되었는가를 살펴볼 필요가 있다.

　에이즈의 원인이 된다는 바이러스, 곧 HIV의 감염은 늦어도 1970년대 중반부터 유행되기 시작했지만, 에이즈라고 밝혀진 최초의 환자는 1981년 6월 5일 미국 국립질병통제센터(CDC: Center for Disease Control)에서 보고한 사례였다. 또 CDC에서 1982년 에이즈 환자이면서 게이 남성이었던 50명에 대한 조사내용을 발표했을 때 놀라지 않는 사람이 거의 없었다.

그들은 조사당시까지 평생 성적으로 접촉한 상대의 수가 믿기 어려울 정도로 많았던 것이다. 성적 파트너들의 수가 2만 명 정도에 해당되는 환자도 있었으며, 그 50명이 상대한 파트너들의 수의 중앙치(median)는 1,100명 정도였다. 반면에 에이즈환자가 아닌 게이 남성들의 중앙치는 550명 정도였다.[148] 그 이후 CDC에서는 1985년 8월까지 11,781명의 환자가 발생하여 49.8%가 사망했으며, 환자들의 73%가 게이 남성과 양성애자인 남성이라고 발표하였다.[203] 이러한 발표를 전후하여 에이즈와 게이 남성과의 관계는 매우 밀접한 것으로 인식되었으며, 이로 인하여 게이 남성들에게는 게이해방운동과 함께 다소 수그러졌던 사회적인 편견, 오명, 차별 등이 부활되었다.[79]

곧 동성애 혐오증과 이성애적 차별주의가 에이즈를 게이들의 질병으로 개념화시키는 사회를 재현시킨 것이다. 그래서 여러 게이 남성들은 자신의 성욕 발산이 다른 남성에게 위험을 주는 독소적 요소라고 믿었고, 이전에 보이지 않았던 성욕의 억제나 혐오 등의 문제가 확산되었다.

1980년대 중반을 전후하여 게이 정체성을 노출했던 젊은이들은 에이즈 때문에 자신들의 성생활에서 두려움과 내재화된 동성애 혐오증을 다시 느끼고 있었다. 게이라는 신분에서 보다 긍정적인 이미지를 가지고 살아가려고 노력했지만, 에이즈의 공포 때문에 희망이 없는 장기간의 금욕상태를 이기지 못하고 안전하지 못한 성관계로 빠져든

경우도 많았다.[16]

 사실상 게이 남성들의 성생활에서 HIV 감염의 가능성이 높은 행동이 나타났던 면을 부인할 수는 없다. 게이 남성들이 시행하는 성행동 중에서 에이즈에 노출되는 가장 위험이 높은 행위는 항문성교이다.[21] 그들은 질병감염의 위험으로부터 보호나 예방을 취하지 않는 상태에서 항문성교나 여러 명의 상대자들과 무분별한 성행위를 시도했던 것이다. 그러므로 자신들의 행동이 안전하지 못하다는 것을 잘 알지 못했던 게이들이 많은 희생을 당할 수밖에 없었다. 혹자는 기독교적 시각에서 에이즈를 신의 분노로 보고 게이들의 생활양식은 당연히 처벌받을 만하다고 생각한다.[20]

 초창기 HIV의 감염경로에 대한 연구들은 게이 남성들의 성행동에 초점을 맞추고 있었다. 여러 학문영역 중에서 특히 심리학은 질병에 감염된 사람들에 대한 차별을 타파하는 데 중심적 역할을 하고 있다.[79] 심리학을 비롯한 행동과학적 연구들은 에이즈가 행동에 의하여 전달되는 질병이므로 감염 예방의 최선책은 성행위시 콘돔의 사용이나 위험에 노출되지 않는 행동상의 통제가 중요하다는 결론을 내리게 되었다.[16]

 그래서 게이 남성들이나 양성애자 남성들에게서 홍보와 교육을 통하여 위험을 줄이는 행동상의 변화가 보였는데, 게이 단체들은 보다 안전한 섹스(safer sex)를 통한 성욕 발산의 방법들을 탐구하기 시작했다. 실질적으로 에이즈는 특히 도시지역에 거주하던 게이들의 생활양식을 변화시켜, 몇 가지 차원에서 새로운 분위기를 조성하는 계기가 되었다. 즉 변화의 내용으로 성행위의 상대자나 시기, 방법 등을 결정하면서 안전하지 못한 성행위를 삼가하게 되었고, 익명의 상대와 우연히 성관계를 갖는 빈도가 줄어들었다.

익명의 상대를 쉽게 만날 수 있었던 목욕탕(bath house)과 같은 곳이 줄어 들고, 그 대신 안전한 성행위를 위한 사적(private) 클럽이 늘어났다. 사적 클럽의 예로 성욕을 자위행위로만 발산시키는 JO(jerk off: 자위행위의 속어)클럽 등이 보급되었다. 또 전화통화에 의한 섹스사업을 이용하여 성욕을 발산하는 비율도 늘어났으며, 성행위시 항문성교를 시도하는 비율도 줄어들었다. 역시 항문성교나 구강섹스를 시도하더라도 콘돔을 사용한 상태에서 행하는 비율이 높아졌으며, 콘돔을 사용하지 않는 상태에서 구강섹스를 할 경우에서는 정액을 입안에 사정하지 않으려고 노력하였다. 또 성적인 상대를 일대일로 국한시키는 게이 남성들이 늘어났다.[16]

에이즈가 사회적 문제로 부각되면서 게이 남성들의 성행동에서 변화가 나타나리라고 기대하지만, 모든 상황에서 그렇지는 않았다. 1989년 벨기에의 게이 남성들을 조사할 때, 그들은 상당수가 위험이 높은 상태에서 성행동을 시도하고 있었다. 조사대상자들 중 연령이나 교육수준이 낮을수록 항문성교의 빈도가 높았으며, 콘돔을 사용하지 않는 상태의 항문성교도 빈번하였다.[21]

특히 본인이 게이임을 드러냈을지라도 자신에게 의미있는 사람들로부터 인정받지 못 한다고 지각할수록 위험이 높은 상태에서의 항문성교를 더 빈번하게 시도하고 있었다. 그렇다면 그들을 받아주려는 사회적 지원체계를 강화시켜 주면서 동성애 혐오증이 사라진다면, 그들에게도 행동상의 변화가 적극적으로 나타날 것이라고 기대된다.[21]

그렇지만 이제는 에이즈가 게이 남성만들의 질병이 아님을 주목해야 한다. 1980년대 후반부터 북미 및 중남미 지역에서 동성애로 인한 HIV 감염자들의 수는 줄어가는 반면에, 이성애적 접촉에 의한 감염자들의 수는 계속 증가하고 있는 추세에 있다. 세계보건기구(WHO)의 통계에 따르면, 세계적으로 이성애적 접촉에 의한 HIV 감염자의 비율은 이미 전체의 75%를 넘어섰다.[196] 또 여성 감염자나 성적 접촉이 아닌 다른 수단에 의한 감염자들이 급증하고 있는 상황이다.

홀로되거나 연로한 게이들

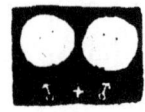

게이들이 나이가 들어 늙으면 어떻게 살아가는가? 특히 1970년대까지는 여기에 대한 정보가 거의 없는 편이었다. 게이들이 연로하면 더 고독하고, 더 우울하고, 성적 욕구도 더 좌절되어 있을 것이라는 고정관념이 있다. 이 때문에 게이들은 노화를 두려워하고, 그 두려움 때문에 게이들은 젊은 자신의 정체성을 포기해야 하는가의 갈등에 빠지기도 한다.

그렇지만 연로한 게이들을 조사한 결과, 그 고정관념은 타당하지 않는 것 같다. 고령의 게이 남성들이 젊은 게이들과 다르다는 증거들도 있었지만, 그 차이가 노화로 인한 것인지 아니면 노인을 대하는 편견에 기인한 것인지 분명하지 않았다.[17] 즉 게이들은 연령의 증가와 함께 자아개념이 더 부정적인 방향으로 변해갈 것 같지만, 실제로는 연령의 증가도 부정적인 자아개념과 관계가 없었다.[44]

홀로 생활하거나 연로한 게이들의 특성에서도 남녀간의 차이가 상당히 뚜렷하게 나타났다. 우선 홀로 살고 있는 게이들을 상대로 어떠한 연령의 상대를 파트너로 원하는가를 물어보았다. 게이 남성들의 경우, 젊은이들은 자기보다 나이가 약간 더 많은 파트너를 원한다고 응답한 반면에 연로한 게이들은 자기보다 훨씬 젊은 상대를 파트너로 맞이하고 싶다고 응답했다. 그렇지만 레즈비언들은 남성들에 비하여 그러한 경향이 강하지 않았다. 대다수의 여성들은 자기 또래 또는 자기와 나이차가 별로 없는 사람을 파트너로 원한다고 응답했다.[116]

또 연령이 60대와 70대에 해당된 게이들의 조사에서는 그들 모두 가장 가까운 사람으로 동성의 연인이나 친구들을 꼽았으며, 가족들과의 관계도 밀접하게 유지하고 있었다. 그렇지만 남성들이 여성들보다 신체적 외모의 상실을 더 걱정하고 있었다. 그러한 차이가 나타난 이유는 남성들은 성적인 관계를 유지하기 위하여 젊음에 대한 가치를 더 둔 반면에, 여성들은 성적 관심이 크지 않았기 때문이었다.[150]

역시 연로한 게이 남성들은 젊은 게이들이 자신들을 부정적으로 대한다고 생각하였다. 젊은 게이들이 자기들을 동반자나 친구로 받아들이지 않고 이용하기만 한다고 불평하는데, 그렇게 젊음을 강조하는 의식은 남성에게만 해당되는 것 같다. 나이든 레즈비언들의 상황은 다른데, 그들은 인간관계에서 연령차를 별로 중요하게 생각하지 않았다.[145]

많은 사람들은 게이들이 나이가 들어 늙으면 이성애자들보다 더 외롭고 추할 것이라고 생각한다. 한 연구에서 뉴욕시의 게이 남성 단체인 매터친 사회의 도움으로 수천 명의 게이들에게 익명을 요구한 상태에서 설문지를 발송하였다. 응답율은 30% 정도로 낮아서 결과를 일반화시키기에는 불충분하겠지만, 흥미로운 내용들도 나왔다. 그 중 하나는 응답자들 중에서 45세 이상인 경우 다른 게이들과 사회적인 성적 접촉을 거의 하지 않는다는 것이었다. 구체적으로는 26세 이하인 게이들의 절반 이상이 게이바나 클럽을 자주 방문하지만, 45세 이상의 게이들의 1/4만이 그렇다고 답했다. 또 연로한 게이들은 젊은 시절과 비교하여 동성간의 성적 접촉의 빈도가 더 낮았고, 또 혼자 사는 비율도 더 높았다.[214]

근래에 벨기에의 게이 남성 379명을 대상으로 조사했던 연구에서도 연령이 높은 자일수록 항문성교를 시도하는 빈도가 더 낮은 편이었다.[211] 그렇지만 다른 연구에서는 그 반대의 경우도 나타나듯이 연령과 성행위의 관계는 일관성을 보이지 않는 것 같다. 예를 들면, 20세에서 77세 사이의 네덜란드 게이 남성 320명의 조사에 의하면, 연령이 높은 게이일수록 성적 파트너의 수가 더 많았으며 또 정서적인 면에 가치를 두지 않고 있었다.[57]

레즈비언들이 공동체에 개인적으로 참여하는 것을 결정하는 가장 중요한 요인은 연령이다. 연로한 레즈비언들이 공동체에 별로 참석하지 않는 이유는 그 동안 은둔생활을 해온 습관, 지금까지 자신의 직업세계에 투자해온 세월, 그리고 별다른 관심이 없는 것 등 때문이다. 또 그들은 공동체에 참여하고 싶어도 자기 또래의 여성을 별로 만날 수 없다고 불평한다.

그들은 연인을 적극적으로 찾아나서고, 술마시고, 파티를 여는 젊은 여성들과 관심이 다른 것 같다. 반면에 젊은 여성들은 연로한 여성들이 자신의 생활양식이나 페미니즘에 대한 태도가 보수적이라고 느낀다.[132]

그 예로 지금은 연로한 1950년대와 1960년대에 고립되고 외로운 생활을 했던 레즈비언들 중에서 상당수가 근래 사회적인 분위기가 달라졌음에도 불구하고 게이들의 생활양식을 거부한다. 아이들이 충분히 자라서 집을 떠날 때까지 또는 남편이 사망하여 홀로 될 때까지 자기의 욕구와 욕망을 채우지 않고 기다리던 여성도 많았다.[140]

나이가 꽤 많은 레즈비언들은 조사를 하더라도 잘 응해주지 않는 경향이 있다. 그들은 게이 공동체를 중심으로 살아가는 자들과는 상관없이 아주 밀접한 일대일의 관계만을 유지하고 있다. 자기들의 제한된 사회망 밖으로 공개되는 것에 익숙하지 않는 탓에, 그들은 레즈비언이나 게이로 불리워지는 것도 싫어한다. 단지 자신들의 관계만을 매우 특별하게 여기고 있을 뿐이다. 이러한 노인들의 경향은 젊은 시절에 억압을 많이 받았기 때문으로 해석되며, 또 그들이 생활하는 모습이 마치 비밀의 커튼으로 가리고 살아가는 것처럼 보이므로 그들은 레이스 커튼 레즈비언(lace curtain lesbian)이라고 불리운다.[140]

현재의 게이 노인들이 금세기 전반 동성애에 대한 사회적 편견이 심했던 상황을 대처해 왔던 생활양식은 매우 다양하다. 외부에 드러내지 않으려고 했기 때문에 대부분 커플과 장기적인 관계를 유지하여 왔다. 그래서 어떤 커플은 50년 이상 커플관계를 유지하고 있었다.

그렇지만 나이가 들어서 함께 살고 있던 파트너를 상실하게 될 경우 이성애자들과 유사한 심리적인 상처를 받는다. 그들이 직면했던 문제들은 파트너가 심하게 아파서 중환자실이나 요양원에 입원하여 오직 가족만을 면회대상으로 제한하는 것, 게이 공동체에서 젊음만을 강조하는 분위기, 신체적 장애가 생겨 입소해야 하는 두려움, 또 단지 늙었거나 게이라는 이유로 차별받는 것 등이다. 또 유산을 상속하는 문제, 또는 파트너의 법적 가족이나 의사, 요양원 직원 등에게 자신이 게이 파트너임을 밝히는 것도 여간 고통이 아니었다고 말한다.

　이러한 맥락에서 게이 공동체에서는 청소년이나 노인층을 포함하여 소수민족, 장애인, 빈곤계층의 게이들을 위한 특별한 관심이 더 있어야 한다고 주장한다.[117]

매춘과 게이

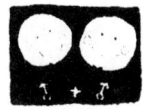

만일 게이 남성이 연로하거나 다른 사람들에게 비매력적이라면, 게이들이 모이는 장소를 자주 찾아가더라도 상대해 줄 파트너를 찾기 어렵다. 또 연로하여 파트너를 상실했을 때에도 남성들은 이 나이에 다른 상대를 찾는 것이 쉽지 않다. 물론 여성들은 나이가 들어 연로했어도 자기 또래의 상대를 찾는 데 별로 문제가 없다고 느낀다. 그리하여 남성들은 성적 욕망을 분출하기 위하여 남성 매춘부를 찾아나선다.[58] 매춘을 하는 그 창부는 게이일 수도 그렇지 않을 수도 있다. 또 자신의 게이 정체성의 노출을 꺼리어 여성과 결혼을 한 남성들도 남성 창부를 찾아갈 수 있다. 그들은 남성을 상대하고서 돈을 지불하기 때문에 자신의 신분이 노출되지 않을 것으로 믿는다.

전술했듯이 게이 청소년들이 학교생활에서 또래들로부터 경험한 학대의 내용은 놀림으로부터 신체적 공격에 이르기까지 다양하다. 이러한 폭력은 대부분 학교내부에서 발생하므로 게이 청소년들은 학교를 싫어한다. 결과적으로 성적이 떨어지거나 결석이 잦아지거나 아예 학교를 중퇴하기도 한다. 특히 부모와의 갈등이 커지면 가출을 하는데, 그 경우에는 생계수단으로 매춘을 하는 청소년들이 많다.[199],[195]

매춘업에 종사한 남성들을 상대로 조사한 1988년의 한 보고서에 의하면, 그들의 70%는 게이 남성이거나 양성애자였으며 그리고 30%는 동성을 상대하지 않았다. 이들이 매춘업에 뛰어든 연령은 청소년기로 평균 15.9세였다. 그들이 매춘업에 뛰어들게 된 동기는 절대 다수가 금전 때문이라고 답했다.[62] 특히 매춘을 자기 생활의 전부로 이해하는 자들은 대부분 가출한 남자 아이들로 생계를 위하여 매춘에 임하고 있다.[18]

게이 남성을 상대로 하는 창부들을 연구했던 결과들을 종합하면, 그들은 기본적으로 나이가 어리고, 금전을 목적으로 성적 서비스를 제공하는 남성들이었다. 도로에서 트럭이 멈추는 곳을 배회하는 상당수가 그들이었고, 여성으로 분장한 자들도 있다. 그들은 트럭 운전수와 같은 남성적인 이미지에 매력을 느낀다. 또 안전이나 안락을 추구하는 자들은 마사지 업소와 같은 곳에 근무하면서 매춘행위를 한다.[18]

이들 중 특히 연소한 자들에게서 전형성을 찾아보기 힘들다. 부유한 집 출신도 있고, 가난한 집 출신도 있다. 자신이 게이인 자도 있고, 그렇지 않는 자도 있고, 그리고 연약하게 보인 자도 있고, 강인하게 보인 자도 있다. 어느 한 연구에 의하면, 그들의 2/3에서 3/4 정도가 자기 생활의 일부로 매춘행위를 하고 있다. 그래서 자기와 가장 가까운 사람도 그들의 매춘행위를 잘 모르고 있다고 한다.[18]

게이들의 폭력문제 및 동성에 의한 강간

　게이들이 직면하는 건강상의 문제 중 가장 주요한 것들은 알콜과 같은 약물의 남용, 에이즈, 그리고 게이들로 형성된 가정내에서의 폭력 등이다. 에이즈의 경우는 앞에서 기술했으며, 약물남용은 다음 절에서 기술하게 된다. 본장에서는 게이들의 폭력에 관한 문제와 동성에 의한 강간의 문제를 다룬다. 미국의 경우 1990년대 초반 게이 남성들 중에서만 가정폭력의 희생자가 최소 35만에서 65만 명 정도라고 추정했는데, 게이 남성 및 레즈비언 커플의 가정폭력의 문제만을 다루는 치료 전문가의 수가 1991년에 20여 명에 이를 정도가 되었다.[111] 사실 이러한 문제는 게이 공동체 내의 치부를 드러내는 일이 되므로 게이들간의 가정폭력의 문제를 다루었던 연구는 매우 드문 편이었다.
　영국의 게이 남성 930명을 대상으로 과거에 자신의 의지에 반하여 타인으로부터 성폭력을 당한 경험이 있는가를 조사했다. 대상자의 약 27.6%가 그렇다고 답했는데, 이들 중 여성으로부터 당했다는 10명을 제외시킨 반응의 내용은 항문성교나 오럴섹스, 자위행위 등이었다. 희생자들의 약 1/3은 예전에 서로 동의한 상태에서 성관계를 경험했던 사이였고, 희생자의 16%는 전혀 모르는 낯선 자들로부터 공원, 공중화장실, 극장 등에서 피해를 당했다고 반응했다.[05]

게이 남성들 중에서 강간의 희생자는 어느 정도인가의 비율은 표집에 따라서 다르지만, 게이 남성들간의 강간행위는 여러 가지 이유로 관심을 가지지 못했다. 게이 남성들이 여성처럼 연약한 성격의 소유자들인데 어떻게 강간을 범하겠는가 또는 게이 남성들이 손쉽게 자신의 성적 파트너를 찾을 수 있는데 굳이 강간을 할 필요가 있겠는가 등의 일반인들의 고정관념 때문에 게이들간의 강간문제는 별로 관심을 받지 못했다. 또 다른 이유로는 강간을 당하더라도 게이 남성들은 경찰이나 법체제를 별로 신뢰하지 않으므로 신고하지 않았기 때문이다. 또 게이 공동체 자체에서 이러한 사실의 인정을 꺼려한다는 점도 있다.[%]

이제 특수환경에서 나타나는 동성에 의한 강간이나 성행위에 대하여 살펴보자. 즉 교도소와 같은 특수한 환경에서 입소자들이 동성과의 성적 접촉을 자발적으로 유지하는가를 점검할 필요가 있다. 하이트 보고서에서 한 남성은 "나는 1970년 군대 교도소에 수감되었을 때 3명의 남성들로부터 집단으로 두들겨 맞고 강간을 당했다. 당시 나처럼 당한 사람이 일주일 동안에 3명이었다. 다행히 곧바로 장교들이 적절한 조치를 취하였다. 나는 그래도 운이 좋아서 항문성교밖에 당하지 않았다. 다른 2명은 항문성교 이외에 남근을 빨아주고 또 오랫동안 굴욕도 당했다. 결국 다른 두 명 중 한 명은 자살을 시도하기도 했다"고 말하고 있다.[06]

사실상 교도소와 같은 특수환경에서 발생하는 남성들간의 성적 접촉은 자발성을 내포하지 않는 경우가 흔하다. 여러 나라의 법 조항에는 강간과 같은 성범죄는 거의 대부분 공격자인 남성과 희생자인 여성과의 관계로 규정하여 해석하고 있다. 그러므로 상식적인 차원에서 남성들간의 성적 접촉은 강간으로 용납되기 어렵다. 그러나 인간관계의 역동성을 토대로 상하관계의 위계질서가 비교적 뚜렷한 교도소나 군대와 같은 환경에서는 남성들간의 강간이 빈번하게 보고되고 있다.

보통 그런 경우를 동성애 강간(homosexual rape)이라고 표현하지만, 공격자가 게이인지 아닌지 불분명하다. 그렇다면 그 경우를 언급할 때 동성에 의한 강간(same-sex rape)이라는 용어가 더 적격이다. 남성이 남성을 강간하는 경우는 노출이 잘 안되는 문제이지만, 감옥 또는 이와 유사한 상황에서나 발생하는 것으로만 여겼다. 그러나 근래에는 그러한 상황 이외에서도 발생하는 심각한 문제라고 보기도 한다.[78] 우리 나라의 경우 대중목욕탕의 휴게실에서 발생하는 동성에 의한 강간이 사회적인 문제로 지적되기도 하였다.

일반적인 고정관념과는 달리 남성을 강간하는 남자들은 스스로 이성애자라고 밝힌 경우가 많다. 또 희생자들은 이성애자 남자보다도 게이 남성일 가능성이 더 높다. 그 이유는 희생자들이 자신을 공격한 남성을 게이라고 생각하고서 게이를 찾아서 보복하는 경향이 높기 때문이다.[138] 동성을 강간하는 동안 공격자는 희생자 역시 정액을 사정하도록 성기를 자극하기도 한다. 그러한 경우 희생자는 자신도 오르가즘을 느끼지 않았는가 하고 혼동하게 된다. 곧 희생자는 자신도 생리학적으로 흥분했기 때문에 성관계를 동의한 상태로 잘못 해석하여 강간으로 여기지 못할 수 있다.[91]

다른 남성을 공격하거나 강간하는 남성들은 대부분 여성을 강간하는 남성들처럼 남성을 지배하려는 욕구를 강하게 지니고 있다.[38] 한 강간자가 "나는 발기도 하지 않았다. 섹스에 관심이 없다. 그를 괴롭히면서 내가 세다는 것을 느끼는 것이 재미있다. 나의 성기를 빨도록 하는 것은 내가 신체적인 만족을 얻기 위해서가 아니라 그를 굴복시키기 위해서였다[I didn't have an erection. I wasn't interested in sex. I felt powerful, and hurting him excited me. Making him suck me was more to degrade him than for my physical satisfaction.]."고 표현한 것을 보면, 공격자의 심리를 어느 정도 파악할 수 있을 것이다.[91] 강간자는 자신의 힘을 과시하거나 공격성을 해소하거나 또는 자신의 무능력을 통제하기 위한 목적으로 공격한다. 곧 공격은 자신의 강인함이나 남성성의 발휘, 힘의 표현, 보복의 행위이다.

게이의 약물의존 문제

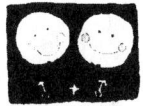

레즈비언이나 게이 남성들의 알코올 섭취에 관한 보고서는 1970년대에 들어와서 등장하기 시작했다. 표집 방법이나 지역에 따른 차이를 보이기도 하지만, 이성애자들의 표집에 비하여 게이들은 알코올로 인한 문제를 지니는 비율이 높은 편이다. 여러 연구결과들을 종합하면, 게이 남성이나 레즈비언들의 알코올중독의 비율은 거의 30% 정도로 나타나고 있다. 물론 이렇게 높은 비율은 게이바의 고객들을 위주로 조사했을 때 나타났을 가능성이 높다.[228] 또 알코올뿐만 아니라 다른 약물에 대한 복용 비율도 높은 편이다. 그렇다면 최근의 연구결과를 소개하고, 왜 이성애자들에 비하여 게이들이 알코올과 같은 화학 물질에 대한 노출이 심한가를 생각해 보자.[172]

1980년대 중반 약 2천여 명의 레즈비언들의 조사에서 한달에 1회 이상 음주자는 83%, 일주일에 1회 이상 음주자는 25%, 매일 음주자는 6%였다. 소득수준이 높은 레즈비언일수록 매일 음주를 하는 비율이 더 높게 나타났다. 또 응답자들의 47%가 가끔 마리화나를 이용했다고 답했는데, 이는 특히 젊거나 흑인 레즈비언들에게서 더 보편화되어 있었다. 코카인의 경우는 전체의 20%가 이용한 경험이 있으며, 1%는 규칙적으로 이용하고 있었다.[185]

보다 최근에도 2천여 명의 레즈비언들을 상대로 가장 걱정하는 문제가 무엇인가를 조사하였다.[40] 그들은 금전 문제를 가장 심각한 문제로 꼽았으며, 그 다음 학교나 직장, 연인과의 관계 그리고 자신의 레즈비언 정체성의 문제 등을 거론하였다. 이러한 문제들로 현재 우울증을 치료받고 있다는 여성들이 거의 11% 정도였으며, 그러한 걱정들 때문에 알코올과 같은 약물에 대한 노출이 용이하다고 볼 수 있다.[40]

연령별로는 특히 30세 이상의 남녀 게이들에게서 음주문제가 가장 높게 나타났다. 그 이유는 사회에서 이성애자 성인에게 기대하고 있는 역할을 따르지 못하고 있는 것과 관계가 깊었다. 이성애자들의 경우 성인이 되면 결혼하고, 아이를 낳고 기르는 등의 역할 때문에 게이들과는 달리 과도한 알코올 섭취를 제한시키고 있는지도 모른다.[36]

게이들과 이성애자들의 알코올과 같은 약물남용에 관한 조사를 한 결과, 이성애자들보다 게이들의 표집에서 알코올이나 마리화나, 코카인 등의 복용 비율이 더 높게 나타났다. 그렇지만 알코올중독의 비율은 게이 집단과 이성애자 집단 간에 차이가 없었다. 단지 게이들이 적절한 양의 알코올을 더 섭취하고 있었을 뿐이다. 또 게이들의 경우 성별이나 연령에 따라서는 약물의 사용비율에서 큰 차이가 없었다.[36]

게이와 알코올 간의 관계가 높더라도 모든 게이들이 게이바를 찾아다니면서 빈번하게 음주를 하는 것이 아니다. 사실상 게이바를 주기적으로 찾는 게이들은 전체 게이들 중에서 10% 내지 25%에 불과하다.[80] 알코올과 관련된 또 다른 건강상의 문제로 레즈비언의 경우 3명 중 1명 정도는 30세가 될 때까지 어린이를 낳은 경험도 없는 데다가 체중이나 알코올 섭취 등의 문제로 인하여 유방암에 걸릴 위험이 매우 높다고 추론되고 있다.[81]

  조사에 따라서 결과가 약간씩 다를지라도 게이들을 이성애자와 비교할 때 약물에 대한 노출수준이 다소 높은 편이다. 그 이유를 추론하는 것은 어렵지 않다. 자신들의 사회생활을 위해서 게이바를 찾아다니는 게이들이 알코올중독자가 될 수도 있겠지만, 그러한 이유보다도 사회에서 동성애 혐오증이 만연되어 있는 것, 자신을 스스로 용납하지 못하는 것, 드러내기를 두려워하는 것 등이 알코올 섭취의 주요한 요인이다. 곧 게이들이 직면하는 여러 가지 스트레스는 알코올과 같은 물질의 남용에 쉽게 노출시킨다.[172]

  또 다른 이유로는 이중생활을 하고 있는 자체에 대한 불만, 직장이나 일반사회에서의 차별 때문에 생긴 자존심의 저하, 가족들의 거부나 이해부족, 사회적 지원의 부족(특히 고령자의 경우), 드러내기 과정을 전후하여 받는 스트레스, 에이즈의 공포 등이 있다. 그러므로 게이이면서 알코올중독자들을 성공적으로 치료하려면 동성애 혐오증, 드러내기의 경험, 사회적 지원망, 종교적 신념도, 가족과의 관계, 성행동이나 관계의 경력 등 여러 가지 요인을 살펴보아야 한다.[172]

제9장
이성애적 차별주의와 사회문화적 편견

이성애적 차별주의와 동성애 공포증

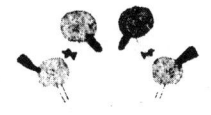

 우리 사회에는 이성애가 동성애보다 더 자연스럽고 우월하다고 믿는 가치체계가 존재한다. 특히 가부장제 특성이 강하게 반영된 문화권일수록 인간관계의 틀이 대부분 이성애적 관점에서 형성되었다. 이러한 틀에 따라서 사람들은 누구나 이성과 결혼하여 전통적 가정생활을 유지해야 한다고 믿는다. 가계 계승을 위하여 결혼을 하는 셈이다. 또 진정한 사랑은 오직 남성과 여성 사이에서만 존재한다고도 믿는다. 이러한 믿음은 이성애적 틀에 입각한 차별이나 편견이라는 의미에서 헤테로섹시즘(heterosexism: 이성애적 차별주의)이라고 불리운다.[99, '88]

 이성애적 틀에서 성장한 사람은 동성간의 사랑을 가능하면 생각하지 않으려고 노력하거나, 이성하고의 사랑만이 정상적이고 자연스러운 것이라고 믿는다. 그러한 믿음은 의식적으로나 무의식적으로 뇌리에 박혀 있다. 그러므로 이성과 결혼하지 않는 게이들의 행위는 종족보존이라는 일반인의 가치체계에서 벗어난 부도덕한 처사로 평가된다. 그래서 게이들을 못마땅하게 여기는 사람들은 게이가 고의적으로 이성애적 가정의 가치를 저하시키는 사회적 반항행위를 한다고 본다. 이러한 견해 때문에 직업을 선택하거나, 군대나 정치에 참여하거나, 아동을 양육하거나 입양하는 상황, 이혼 후 아이를 방문하는 상황 등에서 게이보다 이성애자의 가치를 더 높게 평가하고 있다.[156]

게이들의 생활이나 사고구조에 대하여 매우 부정적으로 반응하는 현상을 동성애 공포증 또는 혐오증(homophobia)이라고 하는데, 이는 이성애적 틀이 내면화된 결과이다.[99, 188] 동성애 공포증은 심리치료가이며 작가였던 와인버그(George Weinberg)가 1967년 처음 사용한 용어이다. 그는 동성애 공포증도 다른 공포증처럼 강박적이고 비합리적인 특성을 보인다고 기술했다.[215] 고소공포증 환자가 높은 곳을 바라보거나 올라가는 것을 상상하기만 해도 두려워지듯이, 동성애 공포증의 소유자는 누가 게이라는 사실을 알게 되거나, 게이가 눈에 보이거나 회상되기만 해도 두려움이나 혐오를 느낀다. 바로 그 동성애 공포증 때문에 게이들에 대한 고정관념이 존재한다. 예를 들면, 게이들을 미숙한, 피상적이고 천박한, 의리없는, 엉뚱한, 자기도취적인, 부도덕한, 비자연적인, 불법인, 정신병적인, 섹스만 생각하는, 분노에 찬, 과잉공격적인 그리고 장기적 관계를 유지하지 못한 사람 등으로 보는 것이다.[30]

게이를 혐오하거나 두려워하는 태도는 여러 가지 요인들의 영향을 받는다. 우선 성격적으로 무뚝뚝하거나, 독선적이거나, 타인과 사귀기 힘들거나, 권위주의적이거나, 모호성을 싫어하여 분명하거나, 엄격하거나, 사회적 지위를 의식하거나, 자기의 성적 표현에 대한 죄의식을 느끼거나, 또 타인에게 관용이 부족한 사람들에게서 강하게 나타나는 편이다.[17, 215] 또 부모와의 관계가 좋은 사람 중에서 부모의 태도가 부정적이었다면 자녀의 혐오증도 심한 편이다. 역시 도덕과 종교의 영향이 강한 가정환경의 출신이거나, 지적 및 문화적인 면에서 고립된 가정환경의 출신은 동성애에 대한 혐오나 공포가 더 심한 편이다.[17]

동성애에 대한 공포나 혐오증을 보이더라도 그 정도에 있어서는 개인간의 차이가 있다.[215] 경미한 상태의 공포나 혐오를 보이는 사람은 게이가 눈에 띄지 않는다든지 누가 게이인지를 모른다면 별다른 거부감 없이 살아갈 수 있다. 그들은 게이들이 익명으로 살아가면서 사회생활을 추구하는 상황이라면 전혀 두려워하지 않는다. 우리 나라에서는 적어도 1980년대까지만 하더라도 게이가 공개적인 장소에 등장하지 않았기 때문에 동성애 공포증을 보이는 사람이 드문 편이었다.

반면에 공포나 두려움이 어느 정도 심한 사람들은 게이들이 사회생활을 하는 자체에서 거부감이 생긴다. 그렇기 때문인지 그들은 모든 게이가 사회에서 사라지기를 병적으로 바라고 있다. 자신이 그렇게 할 힘이 있다면, 게이를 지구상에서 모두 몰아내겠다는 태도를 지니고 있다. 그렇지만 실제 행동상으로는 그렇게까지 표현하지는 않는다. 프로이트(Freud)에 의하면, 게이에 대한 강한 분노와 같은 부정적 태도는 자신이 지닌 동성애 충동에 대한 방어라고 한다. 곧 동성애적 충동을 심하게 억압시켜 버릴수록 병적으로 피해망상을 보이게 되어 동성애 공포증이 나타난다는 설명이다.[215]

동성애 공포나 혐오증이 매우 심한 사람들은 게이들의 인간적 가치를 인정하지 않으므로 게이를 인간이 아니라 물체로 여기는 경향이 있다. 그러므로 그들은 게이들을 적극적으로 찾아다니면서까지 모두 없애 버리겠다는 행동을 보이고 있다. 이 경우는 게이를 표적으로 하는 증오범죄(hate crime) 편에서 상세하게 설명한다.

여론조사에 의하면, 동성애 공포증은 전형적으로 남녀간의 차이가 없다. 그렇지만 실험실 연구나 제한된 표집으로만 조사하면, 게이 남성에 대한 혐오감은 여성들보다도 남성들에게서 더 심하게 나타난다. 또 남녀 응답자들 모두 동성애에 관한 도덕성이나 인권을 묻는 질문보다도 게이들의 정서 관계에 관하여 묻는 질문에서 더 부정적으로 반응한다. 일반적으로 이성애자들이 지니는 게이들에 대한 부정적 태도는 전통적인 성역할 및 가족의 역할을 이해하는 각도에서 출발한다.[99]

한 사회심리학자의 설명에 따르면, 일반인들은 태어나서 남녀의 전통적인 성역할을 학습하고 결혼하여 자손을 번식해야 된다고 믿는다. 그렇지만 일반인들은 게이가 전통적인 성역할을 제대로 학습하지 못했다고 보며, 또 성역할 기대에 맞지 않는 행동을 보이면 감정이 상하는 경향이 있다. 즉 일반인들은 남성끼리 함께 침대로 가는 행동을 비롯하여 남자답지 못한 남성과 여자답지 못한 여성에 대하여 거부감을 지닌다. 이러한 경향은 자기들이 학습한 남녀간의 이중기준에 너무 집착하기 때문이라고 해석된다.[35]

이성애적 차별주의 때문에 1970년대 초까지만 하더라도 게이 남성들은 매춘부보다도 더 바람직하지 못한 존재로 이해되었다. 당시에는 매춘에 뛰어든 남성 창부들까지도 고객이 게이 남성일 때에는 거부하는 등 차별하였다.[76] 이성애적 차별주의에 의한 동성애 혐오증은 게이 자신에게는 물론 게이의 가족이나 친구, 교회나 직장과 같은 소단위의 사회 내 그리고 사회제도 내에서까지 공공연하게 작용한다.

후자는 정부, 사업체, 종교, 교육, 군대 등의 사회제도에서 게이를 차별화하는 법이나 정책 등을 만들어 놓은 것을 의미한다.

그러나 우리나라의 경우 법이나 정책으로 게이들에 대한 차별을 명시하지는 않았지만, 사회적 규준에서 억압을 정당화하는 집단적 또는 사회문화적 혐오증이 존재한다.[20, 188] 동성애 혐오증은 이성애적 차별주의와 그 의미가 중복되지만, 전자는 게이를 조롱의 대상으로 정하고 대인관계상 오명을 씌우는 것이고, 후자는 이성애를 기초로 모든 관심이나 특권을 부여하는 사회적 역동성을 뜻한다. 곧 후자는 편견이나 차별, 학대, 폭력행위 등을 조장하므로 게이들은 증오나 폭력의 합법적인 표적으로 부각된다.[20]

내재화된 동성애 공포증

　동성애 혐오나 공포증은 게이가 아닌 사람들에게서만 나타나는 현상이 아니라 실제 게이들에게서도 보인다. 게이가 동성애적 성적 지향을 지닌 자신의 모습에 거부감을 보인다면, 이를 내재화된 동성애 혐오증 또는 공포증(internalized homophobia)이라고 부른다.[84] 예를 들면, 게이 자신이 후천적인 환경 때문에 게이가 되었다고 믿고서 이성애자로 치료될 수 있기를 바란다면, 그는 내재화된 동성애 공포증의 소유자이다. 일반인들이 지니는 이성애적 차별주의를 받아들여 게이 스스로가 자신이 증오받을 가치가 있다고 생각하는 경우이다.
　이는 남존여비의 문화적 환경에서 자란 여성들이 여자가 남자보다 못 하다는 편견을 지니는 원리와 유사하다. 동성애에 대한 편견이 가득찬 문화적 환경에서 자라난 까닭으로 게이 스스로 자신의 동성애적 성향에 두려움이나 혐오감이 생기는 것이다. 어릴 때에는 자신의 성적 감정을 제대로 이해하지 못하기 때문에 동성애에 대한 편견은 자신의 것이 되지 않을 수 있었다. 그렇지만 자라면서 자신이 또래들과 다르다는 것을 알면서 동성애에 대한 부정적 감정이 실제로 자신의 이미지로 구체화된다. 결국 게이는 자신이 성장하는 사회문화적 배경에 의하여 내재화된 동성애 혐오증을 얻게 된다.[84]

동성애 혐오증은 종교적 이유로 성 자체를 두려워하고 혐오하는 성향과 관련이 깊다. 이러한 성향은 남성들보다 특히 여성들에게서 더 두드러진다. 예를 들면, 어떤 여성은 젊은 시절부터 다른 여성과 정서적으로 깊은 관계를 유지하고 있음에도 불구하고 성기의 접촉을 피한다. 또 그런 여성들은 스스로 레즈비언이라는 정체성의 용납을 두려워한다. 이런 부류의 여성들은 다른 여성과 가까워지는 것은 쉬워도 성기의 접촉은 매우 어렵다. 종교적으로 동성애를 금기하는 이유에서 그러한 상태로 발전한 어느 여성은 자신이 레즈비언 관계를 유지하더라도 성적 쾌락을 바라지 않는다면 신이 그녀의 동성애를 용서해 줄 것이라고 믿고 있었다.[161]

자기 자신의 부분적인 모습에 대하여 부정적 감정을 지니는 것이 자신의 전체적 모습에까지 일반화되는 경우도 있다. 내재화된 동성애 혐오증이 심한 게이들의 경우, 자신이 지니고 있는 혐오증상이 편견이라는 것을 알고 있음에도 불구하고 자기 스스로를 의심하는 등 이해할 수 없을 정도로 자신을 학대한다. 간혹 어떤 게이는 스스로를 열등한 존재나 이류 인간이라고 비하시키는가 하면, 어떤 게이는 약물을 남용하거나 자기파괴적인 행동을 취하기도 한다. 또 교육을 받을 기회나 직장생활을 할 기회까지도 포기해 버리는 사람도 있으며, 또한 타인으로부터 차별이나 학대받는 것을 당연하게 받아들이는 사람도 있다.[84]

남녀 대학생들을 상대로 성전환 수술을 받은 자와 게이 중에서 어느 쪽이 더 바람직하지 못 한가라고 물어본 조사가 있었다. 반응자들은 남녀 모두 게이가 성전환 수술자보다 더 잘못되었다고 답하였다. 지금보다도 동성애를 제대로 이해하지 못하던 1970년대 후반까지만 하더라도 성전환 수술을 원하는 남성들의 거의 30% 정도는 그 수술의 동기가 사회적으로 만연된 동성애 혐오증에 대한 불안이었다. 연구자들은 왜 성전환이 동성애보다 덜 비난받고 있는가를 세 가지로 설명하였다. 하나는 성전환이 성행동 그 자체와 직접적인 연관이 없다는 점이고, 다른 하나는 성전환이 동성애처럼 세속적이거나 종교적 박해를 받았던 유례가 없었다는 점, 그리고 또 다른 하나는 성전환이 동성애보다 생물학적으로 더 절박한 상황이라고 받아들인다는 점이다.[128]

　또 대학생들에게 게이와 성전환 수술을 받은 사람이 직업을 선택하는 데 어느 정도 용납될 수 있는가를 물었다. 여대생들은 게이와 성전환자를 모두 차별없이 받아들여야 한다고 답했다. 반면에 남학생들은 게이들의 직업선택을 성전환자들의 경우보다 더 긍정적으로 평가했다. 남학생들의 반응에서 앞의 질문과 다르게 응답을 한 이유는 여러 가지 직업에서 게이인 친구나 친지가 더 많았기 때문으로 그리고 게이해방운동이라는 정치적인 노력의 결과 때문으로 해석되었다.[129]

편견의 연결고리 및 소수인의 생존전략

　제도권내의 법규들이 이성애적 가치를 기준으로 만들어진 가부장적 문화권에서는 여성보다도 남성 그리고 게이보다도 이성애자의 가치가 더 높다고 여긴다. 곧 여성에 대한 차별이나 게이에 대한 차별은 가부장제의 의미부여와 관계가 높다.[20], [188] 또 여성에 대한 전통적 역할을 강조하거나 자신의 인종에 대한 우월성이 심한 사람은 동성애 혐오증이 심한 것으로 나타나듯이 모든 차별은 연관되어 있다.[17] 그렇다면 게이 남성보다도 레즈비언이 사회로부터 차별을 더 심하게 받고 있다고 짐작할 수 있다. 흑인이면서 가난하고 연로한 레즈비언이라면 인종, 사회경제적 계층, 연령, 성별 등의 요인들이 복합된 차별의 대상이다.[79]

　사실상 서구 문화권에서 이중, 삼중으로 소수인 신분에 해당하는 자들은 각각의 공동체에서 이방인으로 편견과 차별의 대상이 된다.

그 예로 백인 중심 사회인 미국에서는 흑인, 멕시칸, 동남아시아인, 유대인, 게이들에 대한 편견과 그들을 상대로 발생하는 범죄가 난무하고 있다.[00],[196] 또 미국 내의 흑인 게이들의 연구에 따르면, 게이 정체성이 긍정적으로 발달하는 것은 흑인이라는 정체성이 발달하는 단계와 상호 관련이 높았다. 그러므로 흑인이면서 레즈비언의 정체성을 발달시키는 것은 여성이라는 또 다른 도전을 받고 있는 것으로 이해된다. 즉 흑인 게이들은 백인 게이들의 공동체 내에서 인종과 관련된 편견에 직면하고 있다.[33]

일반적으로 서구 문화권에서는 성별보다도 피부색이나 인종에 대한 학대나 차별이 더 심한 편이었다. 그러나 아시안계 미국인 게이 남성 16명과 레즈비언 19명을 연구한 결과 남녀간의 차이가 있었다. 미국 내의 소수인이면서 레즈비언의 표집에서 차별의 근원이 가장 큰 요인은 인종이었고, 다음이 성별 그리고 게이라는 이유였다. 반면에 아시안계 미국인 게이 남성들은 게이라는 신분 때문에 가장 빈번하게 차별을 받았다고 답했다. 그러나 게이 남성 및 레즈비언 공동체 내에서도 인종이나 민족성의 차별은 존재한다. 결국 여러 가지 차별 때문에 그들은 찾아가고 싶은 곳을 찾지 못한다.[47]

게이들에 대한 희롱이나 폭력 등 각종 위협도 역시 백인 게이들보다도 유색인종이면서 게이인 자들에게 더 높게 나타난다.[01] 인종이나 언어와 같은 문화적 차이에 따른 편견이나 차별 때문에 미국사회 내에서도 레즈비언 공동체의 구성원은 백인이 주를 이룬다. 곧 흑인들은 흑인들끼리, 멕시칸은 멕시칸끼리 자신들의 사회적 지원망을 형성하면서 상호작용을 하고 있다.[32]

이중기준(double standard)이란 남성들이 자기들의 도덕기준보다 여성들의 기준을 더 엄하게 적용하는 것이라면, 이기적 기준(selfish standard)은 자기의 성행동 경험에 대한 기준보다도 타인의 경험에 대한 기준을 더 엄하게 적용하는 것을 말한다. 데이트나 결혼상대자를 선택할 때 남녀 모두 성경험이 제한된 자를 자신의 파트너로 더 선호하는 경향이 있다. 남녀 대학생들을 상대로 조사했을 때 그 이중적이고 이기적 기준이 나타났다. 과거에 동성애적 접촉이 없었던 여성은 동성애적 접촉이 있는 남성을 거부하는 반면에, 동성애적 접촉이 있었던 여성은 동성애적 접촉이 있었던 남성을 거부하지 않았다. 한편 남학생들은 자신의 과거 동성애적 경험의 유무에 상관없이 동성애 경험이 있는 여성이 파트너가 되는 것을 강하게 거부하고 있었다.[219]

게이에 대한 편견이나 성차별 의식은 생의 초기부터 환경의 영향을 받으면서 형성된다. 부모나 또래들로부터 무엇이 정상이고, 좋은 것인가를 이해하면서 동성애와 이성애에 관한 것들을 배운다. 어린이들은 도덕적 가치, 신체와 성에 관한 태도, 사적인 것과 공적인 것 간의 관계를 배운다. 역시 성장과정에서 인종이나 연령, 성별 등에 관련된 태도를 배운다.[20] 동성애에 대한 문제는 앞에서 인종이나 민족적 배경 등에 비유하였으나, 동성애의 상태는 피부색과 달리 숨겨질 수 있다. 그러므로 게이들은 자신의 정체성을 드러내느냐 은폐하느냐의 선택의 권리를 지니고 있다. 그렇지만 차별받는 소수인들은 다수인들의 논리 속에서 대응해 나가는 전략을 갖고 있다. 그 전략들은 다음과 같이 4가지로 분류될 수 있다.[30]

첫째, 동화(assimilation)하는 전략이다. 이는 생존을 위해 다수인들이 사용하는 언어를 배우는 것처럼 소수인들은 자기의 문화적 가치와 단절해 버리는 것이다. 그렇지만 소수인들은 동화와 같은 대응방법을 사용하면서 다수인 집단의 소속원인 것처럼 보이려고 노력하더라도, 이로 인하여 자기 배신감을 경험하게 된다.

둘째, 대결(confrontation)하는 전략이다. 이는 한 사회내에서 거부된 집단의 소속원들이 다수인들의 가치구조에 대결하면서 자신의 정체성을 드러내는 것이다.

셋째, 거주지구화(gettoization)의 전략이다. 이는 서로 유사한 자들끼리 지리적으로나 심리적으로 하위문화를 형성하며 살아가는 것이다.[58] 서구의 차이나타운이나 코리아타운처럼 게이들도 집단으로 촌락을 이루어 살아간다. 또 어떤 레즈비언들은 이를 위하여 아예 시골 지역의 땅을 사거나 임대하여 사적인 또는 집단 주택단지를 조성하여 생활하기도 한다. 그 예로 미국 오레건주 등지에 레즈비언들이 관리하는 OWL(Only Women's Land)는 여성 여행객들의 숙박만 허용되고 있다.[69]

넷째, 전문화(specialization)하는 전략이다. 이는 자신의 독특하고 우세한 자질을 개발하는 것이다. 게이라고 하더라도 사회적으로 명망이 높은 전문적인 지위에 오르면 차별이 상당히 줄어든 상태로 살아갈 수 있다.[59]

동성애 공포증과 증오범죄

혹자는 자신과 생각이 다르거나 다른 행동을 보이는 사람들에 대해서 매우 부정적이다. 단순히 부정적 태도만을 보이는 사람도 있지만, 어떤 사람들은 간혹 행동으로 자신의 부정적 감정을 표출한다. 일반적으로 자기가 싫어하는 유형의 상대에게 사회 법규에 어긋난 차원에서 폭력이나 학대 행위를 가하는 것을 증오범죄(hate crime)라고 한다. 그 대표적 예는 유색인을 혐오하는 미국의 일부 백인들의 결사조직인 3K(Ku Klux Klan)단이 흑인이나 유대인 등을 상대로 저지르는 범죄이다.

사회규범을 깨뜨리는 증오범죄는 보통 순간적이라기 보다도 어느 정도 계획된 상태에서 표적을 두고서 이루어진다. 게이를 상대로 하는 범죄의 경우도 대부분 게이 남성을 표적으로 해서 발생한다. 곧 이러한 범죄가 자주 발생하는 서구사회에서는 게이 남성을 상대하는 범죄를 속어로 게이 베이팅(gay-baiting), 또는 페그 배슁(fag-bashing), 쿼어 비팅(queer-beating) 등으로 표현하지만, 레즈비언 상대의 속어는 별로 없다. 게이를 표적으로 삼는 범죄행위는 살인과 같은 극단적인 상황도 발생하는데, 그러한 범죄의 발생은 게이들의 삶이나 가치를 위협하고 있다.[86]

 게이들을 상대로 하는 증오범죄의 발생이 사회적인 문제로 대두된 근본 원인은 동성애 자체라기 보다도 게이들에 대한 비합리적인 공포나 혐오감이다.[57] 우리 사회에서는 모든 사회 구성원이 이성애자가 되기를 원한다. 그러므로 동성을 상대로 한 성적 환상이나 감정을 억압시키도록 한다. 이러한 억압 때문에 일반인들은 동성간의 관계에서 만족을 찾는 사람들에게 적개심이나 증오심을 보인다. 증오범죄의 대상은 다양하지만, 전통적 성역할을 강조하는 사회문화권에서는 게이들에 대한 적개심의 표출이 인종이나 성별, 연령 등을 토대로 하는 표출보다 더 일반화되어 있다.[78],[99]

 또 전통을 중요시하는 사회에서는 여성보다 남성이 더 우월하다고 여기므로 여자 아이가 남성적 행동을 보이는 것보다도 남자 아이가 여성적 행동을 보이는 것을 더 못마땅하게 생각한다. 그러므로 레즈비언들보다도 게이 남성들에게 더 혐오적인 태도를 보인다. 또 이성애자로 구성된 표집에서도 남성들이 여성들보다 혐오감이 더 심하게 표현되고 있다.[79]

 나치(Nazi)정권하의 포로수용소에는 유대인이나 정치범 이외에 게이라는 증오의 대상자들이 함께 수용되어 있었다. 전쟁의 종식과 함께 생존한 수감자들은 석방 후 보상을 받았지만, 게이로 수감되었던 자들은 아무런 보상을 받지 못했다. 공식 기록에 의하면, 독일에서는 1933년부터 1944년 사이 동성애로 유죄선고를 받은 남성은 미성년자

4천여 명을 포함하여 5~6만 명 정도였다. 또 그 기간 동안 유럽의 전 지역에서 사망한 게이 남성들의 수는 22만 명 정도라고 추산한다.[188] 게이들의 인권을 전혀 고려하지 않았던 사회라고 규정한 나치시대와 20세기 후반과 비교했을 때 별로 차이가 없다고 보는 사람도 있다. 즉 게이들을 표적으로 하는 범죄행위는 게이들의 권리를 법적으로 보장하는 시대임에도 불구하고 증가하는 추세라고 보고 있다.[126]

아메리카 지역에서 보고된 자료에 의하면, 멕시코에서는 1992년 한 해 동안 게이인권운동가를 표적으로 한 살인사건이 10건이나 발생했으며, 브라질의 바히아(Bahia)주는 게이들의 인권을 인정하는 분위기가 아닌 탓인지 1990년대 초까지 320명의 게이가 살해되기도 했다.[97], [196] 게이들을 대상으로 하는 범죄가 가장 빈번하게 보고되는 나라는 아마도 미국을 꼽을 수 있는데, 대부분 대도시에서 이러한 범죄가 발생하고 있다.

미국의 도시들 중에서도 범죄 건수는 뉴욕 시가 으뜸이고, 그 다음이 샌프란시스코이다. 미국의 5대 도시에서 발생한 게이들에 대한 폭력범죄는 1988년 700여 건에서 1992년 1,900여 건으로 증가하였다. 또 1993년도에는 다른 도시들에서는 약간 감소했으나 덴버(Denver)에서는 12% 증가하였다. 이는 콜로라도주에서 1992년 말 게이가 차별받는 것을 보호하려는 법안의 제정이 금지되었기 때문인 것 같다.[196], [204]

게이들을 상대로 나타난 증오범죄는 대부분 청소년들에게서 자행되고 있다. 왜 청소년들에게 게이를 공격하고 싶은 동기가 강하게 나타나는가의 이유는 사법부의 결정내용이나 인쇄 및 영상매체가 큰 몫을 차지하기 때문이다. 예를 들면, 1976년 미국 아리조나주 투산(Tucson)의 한 술집 앞에서 게이였던 대학생이 십대들의 구타로 인하여 사망했어도 판사는 가해자들에게 무거운 형량을 내리지 않았으며, 1988년 텍사스주의 한 판사는 두 명의 게이를 살해한 남성에게도 매우 낮은 형량을 선고했다. 그 텍사스의 판사가 언급한 '게이와 매춘부는 동일한 위치에 있다. 매춘부를 죽인 자에게 종신형을 내릴 수 없다'는 내용이 매체를 통하여 일반인들의 인식을 부정적으로 조작한 것이다.[96]

이처럼 부정적인 태도가 만연하다 보니 게이라고 드러낸 사람들의 절반 이상이 일종의 폭력을 당한 적이 있었다고 보고할 정도가 되었다. 그러한 사건들은 술집이나 게이들의 생활공간에서도 공공연하게 발생하고 있다. 폭력사건의 가해자 중 50%가 20대 초반 이하이었고, 또 가해자의 90%는 남성이었다. 역시 가해자는 피해자인 게이와 안면이 없는 경우가 2/3를 차지했으며, 친분이 있는 경우가 다음이며, 그리고 세번째 가해자는 경찰관이었다. 또 피해를 당한 게이들의 3/4 정도가 피해 사실을 경찰에 신고하지 않았는데, 그 이유는 경찰이 게이들에 대한 편견을 가지고 있기 때문이라고 답했다.[51]

레즈비언들은 동성애를 반대하는 공격자들로부터 강간의 표적이 되기도 하고, 남성들의 기회적 강간의 희생자가 되기도 한다. 강간범들은 레즈비언을 공개된 목표물(open targets)로 여기며, 남성의 보호를 받지 않기 때문에 강간과 같은 처벌을 받을 가치가 있다고 믿는다.[78] 폭력의 희생자들은 외상 후 스트레스 장애(posttraumatic stress disorder)를 보이는데, 언어 학대에 의한 심리적 상처를 받은 자나 신체적 공격을 받은 자나 마찬가지이다.[78]

게이 및 동성애에 대한 태도

 게이 및 동성애를 이해하는 태도는 문화권마다 조금씩 다르다. 또 동일한 문화권이라도 시대에 따라서 태도가 변해가고 있다. 예를 들면, 네덜란드는 근래 인구의 약 9할 이상이 게이들의 인권을 지지하고 있는데, 그 지지율은 1968년 68%에서 1975년 83%로 증가했고, 그리고 1980년에는 93%까지 증가하였다.[57, 97]
 미국의 경우 1965년의 조사에서는 남성의 82%와 여성의 58%가 게이들의 생활양식에 불만을 표시했지만, 1977년에는 응답자의 47%만이 동성간의 성행위를 동의한 상태라고 하더라도 불법이라고 표현했다.[84] 그렇지만 게이들에 대한 시각이 긍정적으로 바뀌고 있더라도 이에 대한 반동도 거센 편이다. LA(Los Angeles)타임즈사가 1985년에 조사한 바에 의하면, 응답자의 35%가 게이들이 옆에 있으면 불편하다고 답한 반응이 그 예이다.[85] 또 타임(Time)지와 CNN방송이 공동으

로 1994년 6월에 조사하여 발표한 내용을 보면, 근래 게이들의 권리 운동에 너무 사회적인 관심이 쏠려 있다고 못마땅하게 반응한 응답자가 65%나 되었다.[204] 후자의 조사에서 응답자의 53%가 동성애를 도덕적으로 옳지 못한 행위라고 응답했는데, 그 비율은 1978년도에 조사한 비율과 유사했다. 십년 이상의 간격에서도 비율이 유사한 상황을 관용의 한계라고 보는 사람도 있고, 또 변화가 그렇게 빠르게 나타나지 않을 뿐이라고 해석하는 사람도 있다. 하여간 어느 사회이든지 구성원 모두가 일치된 견해를 보이지 않으며, 또 시간이 지나면서 그 견해가 조금씩 달라지는 것이다.

한 연구에서는 영상매체를 이용하여 동성애 혐오증을 줄이는 방법을 소개하였다. 영화 속에 게이 남성이나 레즈비언, 양성애자의 역할을 하는 인물들이 자살하거나, 병리학적으로 묘사되었거나, 또는 고정관념에 의하여 차별받는 존재로 묘사된 슬라이드와 비디오를 대학생들을 대상으로 보여주었다. 이를 보고난 대학생들은 보지 않았던 상황과 비교하여 동성애 혐오증이 의미있게 줄어 들었으며, 또 게이들에 대한 이해심이 증가하였다.[213]

우리 나라의 경우 이러한 주제에 대한 조사결과가 별로 없는 편이지만, 10대 후반에서 50대 후반의 응답자의 절반 정도가 동성애를 정신질환으로 여기고 있었다.[225] 대상자를 사회사업가로 국한시켰을 때도 이와 유사한 결과가 나타났다.[6] 반면에 게이들의 정신능력을 묻는 질문에서는 우리 나라 응답자들의 절반 이상이 이성애자와 차이가 없다고 응답했으며, 게이들이 이성애자보다 정신능력이 더 뛰어나다고 응답한 사람도 12% 정도에 해당되었다.[225] 또 여러 연구결과들은 실제로 게이를 많이 알고 있는 사람이나 동성애 문제에 대한 강의를 들어보았거나 토론, 영화감상에 노출된 사람들일수록 동성애에 대한 혐오감이 낮게 나타났다고 보고하였다.[17, 225] 동성애에 대한 태도가 사람마다 다르듯이, 정치적 정당들의 입장도 동일하지 않다. 곧 보수나 진보를 표방하는 정치 정당들은 동성애를 이해하려는 입장도 약간 달리한다. 보수를 지향하는 공화당보다도 진보를 지향하는 민주당이 게이들을 보다 긍정적으로 받아들이고 있다. 그러나 전쟁 도중에는 그러한 입장도 잘 고수되지 않는 것 같다. 예를 들면, 부시(Bush)가 미국의 대통령이던 시절 1991년 걸프전이 발발했을 때 스스로 게이 정체성을 밝힌 게이 남성 및 레즈비언 14명이 참전하였다. 또 제2차 세계대전 동안에도 거의 1,800만 명의 남성들이 입대 자격검사를 받았는데, 단지 4천에서 5천 명 정도만이 게이라는 이유로 거절당했다.[196]

게이들을 이해하는 입장차이가 1992년 미국의 대통령 선거 결과에 커다란 영향을 미치기도 했다. 당시 민주당은 게이들을 지지한다는 입장이었고, 공화당은 민주당의 입장을 반대한다는 견해를 표명하였다.[196] 미국 대통령 선거 당시 로버트슨(Pat Robertson)은 공화당원으로 구성된 한 기독교 단체의 대표자였으며, 그 단체의 목표는 동성애를 반대하고 게이들의 권리를 제한하는 것이었다.[196]

반면 미국의 민주당은 처음으로 게이들의 권리를 인정하는 정강의 조목을 채택했으며, 1992년도 뉴욕에서 개최된 민주당 전당대회에서는 게이의 입장을 지지하는 연설자가 13명이나 되었으며, 게이 인권운동 대표자 108명을 그 대회에 참석시키도록 했다.[196] 클린턴 대통령은 1992년 대통령 선거운동 당시 군대 내에서 게이들에 대한 금지조치를 해제할 것이라고 약속했다.[197] 결국 여러 조사결과들은 1992년도 대통령 선거에서 게이들의 9할 정도가 민주당을 지지하였다고 밝힌다.[196]

그러나 클린턴 대통령이 약속을 실천하는 과정에서 파문이 적지 않았다. 그가 취임한 후 11일 동안 즉 1993년 1월 21일부터 31일까지, 뉴욕타임즈의 1면 기사에 군대 내에서의 동성애 문제가 9차례나 등장하였다. 클린턴이 취임한 몇 달 동안 1천 명의 연방정부 판사 중 게이는 1명도 임명되지는 못했지만, 25명의 게이들을 공식적인 절차를 거쳐서 행정부 직원으로 임명했다.[96] 역시 1996년도 미국 대통령 선거에서도 두 정당간의 입장 차이가 분명하게 드러났다. 공화당의 전당대회에서 대통령 후보 밥 돌(Bob Dole)은 동성애를 반대한다는 입장을 밝혔던 반면, 클린턴은 게이들의 관심을 잃지 않으려고 노력하는 등 진보적인 입장을 밝힌 결과 재선되었다.

게이들의 직장생활

이성애자들에게는 자신의 성적 정체성이 직장이나 집을 구하는 데 전혀 문제가 되지 않는다. 그러나 게이들은 그 경우 자신의 정체성 때문에 어려움에 직면하기도 한다. 아직 우리 나라는 드러낸 게이들이 많지 않기 때문에 이러한 문제가 심각하지 않지만, 외국의 경우는 직장하고 관련된 게이들의 문제가 매우 심각하다.

미국의 아이젠하워 대통령은 1953년 공무원이 성 도착자일 경우 해고시킨다는 행정명령에 서명하였다. 그 결과 1953년 4월부터 1954년 7월 사이에 당시 성 도착으로 여겨졌던 동성애 때문에 정부의 주요 직책에서 해임된 공무원은 월평균 40명 정도였다. 그 숫자는 극단적 반공운동이 전개된 1950년대에 공산주의자라고 해고된 사람들보다 더 높은 수치였다.[96]

게이들에게는 다행스럽게도 1976년 미국 카터 행정부는 게이라는

개인의 사적인 신분 때문에 공무원이 될 수 없다는 것은 부적절하다면서 새로운 기준을 채택하였다.[85]

곧바로 실시된 1977년의 조사에서 56%의 미국인들은 게이들도 직장생활에서 동등한 권리를 가져야 한다고 답하였다.[184] 반면 1977년 미 연방법원에서는 동성애적 생활양식을 공공연하게 취하고 있는 자는 그 행위로 인하여 직장에서 해고될 수 있으며, 해고된 자는 법적으로 불평할 수 없다고 판결하기도 했다. 그 이후로부터 근래에 이르기까지 20여 년 동안 고용차별을 금지하는 법에 성적 지향에 관련된 내용을 포함시키고 있다. 곧 성적 지향에 의한 고용차별의 금지법을 통과시킨 지방자치단체들의 수가 늘어나는 추세이다.

게이들의 입장에서 보면, 상당한 부분이 변화되어 예전보다 비합리적인 차별로부터 보호되었다고 하더라도 그대로 남아 있는 부분도 적지 않다. 여러 상황에서 이러한 면을 엿볼 수 있다. 예를 들면, 1987년 월 스트리트 저널의 조사에서 회사 중역들의 2/3는 게이들이 회사의 간부가 되는 것을 싫어한다고 했듯이 게이에 대한 차별적인 태도는 여전하다.[70]

또 미국 알래스카주 앵커리지시에 거주하는 191명의 고용주를 1987년도에 조사한 바에 의하면, 18%는 게이라고 알려진 자를 해고시킨다, 27%는 아예 고용하지 않는다, 26%는 승진에서 그들을 제외시킨다고 응답할 정도였다.[223]

보다 최근인 1992년도의 조사에서는 미국인의 11%가 게이가 항공기 조종사라는 것을, 55%는 초등학교 교사인 것을, 49%가 의사인 것을 싫어한다고 답했으며,[190] 오클라호마주 출신의 하원의원 3명은 1993년 10월 게이를 자기들의 직원으로 채용할 수 없다고 공표하기도 했다.[149]

또 1994년 6월 중순 타임지의 여론조사의 결과에서 응답자의 21%는 영업사원이 게이라면 물건을 구입하지 않겠다고 했다.[204] 결국 직업전선에서 게이들의 수가 증가했을지라도 자신의 동성애 성적 지향 때문에, 특히 고용주의 동성애 혐오증 때문에, 자신이 차별의 희생자가 되지 않을까 하는 두려움을 벗어버리지 못한 게이들이 많은 실정이다.[131]

선거에 의하여 게이가 관리로 선출된 수를 보아도 게이에 대한 차별을 짐작할 수 있다. 미국 전역에서 지방자치단체의 여러 가지 관직에 출마하여 당선된 게이는 1980년 5명이었다. 또 1994년 1월의 선거에서는 133명의 게이가 당선되었는데, 그 중 2명은 메사츠세츠주에서 당선된 두 명의 하원의원이다. 그러나 1994년도 전체 45만 명의 당선자 중에서 133명은 0.03%에도 미치지 못하는 수치이다.[196] 곧 미국인들은 게이들이 법적으로 평등한 권리를 가지고 있다는 추상적인 개념만을 인정하는 것 같다.

이러한 생활환경에서도 게이 남성들이나 레즈비언들은 직장생활을 해야 한다. 물론 그들은 직장에서 어떻게 처신해야 하는가를 알고 있다. 일반적으로 남성들 중에서 사회적인 지위나 신분이 높은 사람들이 낮은 사람들보다 정체성을 드러내지 못한다.[79] 이들은 그 동안 공들여 쌓은 사회적 업적이 게이라는 사실 때문에 물거품이 될지 모른다고 생각하는 것 같다.

게이들은 주로 패션업이나 예술계에 종사할 것이라는 직업선택에 관한 고정관념이 있다. 여성적인 특질을 보이는 게이 남성들이 눈에 띄기 때문에 그렇게 생각할 수 있다. 그러나 패션계에서 종사하는 게이들의 수보다 컴퓨터를 이용하는 업무에 종사하는 게이들이 그 10배에 달한다. 또 예술계보다도 금융계나 보험업계에 종사하는 게이들의 수가 더 많다.[70] 사실상 남녀 게이들이 택하는 직업은 특정한 것이 아니라 의사, 간호사, 변호사, 정신의학자, 심리학자, 사회사업가, 공중보건 사업가, 노년학자, 인류학자, 신학자, 교사, 지리학자, 자연과학자, 도서관 관계자, 역사학자, 정치학자, 출판업자 등 거의 대부분의 업종에서 게이들의 단체가 있을 정도이다.[30]

한때 게이 남성들은 그들이 아동을 학대한다고 오해받는 것이 싫어서 교사가 되기를 꺼리었다. 그렇지만 연구결과 아동 학대의 95% 이상이 이성애자인 남성이 여자 아이들에게 행해진 것들로 밝혀졌다.[30] 그럼에도 불구하고 게이 남성들이 택하는 가장 주요한 직업들의 범주는 경영, 건강보호, 및 교육 분야이다.[196] 또 미국의 모든 대규모 회사들은 게이 근로자들의 조직이 존재할 정도로 다양한 분야에 종사하고 있다.[70]

게이들은 현재 백악관이나 국회의사당에서도 공식적인 직장을 얻어 일하고 있다. 앞에서 언급했듯이 적어도 두 명은 국회의원이 되었고, 미네소타주에서는 상원의회의 의장도 게이였다.[204] 경찰관이나 법조인들 중에서도 게이임을 드러낸 수가 증가했는데, 적어도 미국에서는 1990년대 초반까지 동성간의 성행위를 불법으로 여기고 있었기 때문에 게이를 경찰관으로 임용하지 않았다.

그러나 1992년 미국 10대 도시의 경찰청은 게이를 고용하기 시작하였지만, 자신을 게이라고 밝힌 자들은 그리 많지 않았다. 그 결과 뉴욕시 경찰관 중에서 게이가 차지하는 비율은 10%-30% 정도라고 추산되고 있다.[127]

게이해방운동이 본격적으로 전개되기 이전에 자신의 신분을 숨겨서 살아온 것에 익숙했던 레즈비언들은 직장에서 자신의 정체성이 드러나지 않을까 매우 걱정하고 살아간다. 자신의 레즈비언 정체성을 너무 일찍 드러낸 여성들이 늦게 드러낸 여성들보다 직업 선택에서 더 많은 어려움을 겪는다.[154] 그래서 상당수의 여성들은 고의적으로 가부장제나 이성애적 경향이 보이는 직업을 피하여 비교적 낮은 임금의 직업을 택하기도 한다.[132] 그렇지만 상당수의 레즈비언들은 전통적 성역할을 도전하면서 생활하는 경향이 있다. 그래서인지 그들은 이성애자인 여성들이 남성적 직업이라고 회피하는 업종들도 선택하기도 한다.[154]

게이들의 군대생활

 게이라는 이유로 직업의 선택에서 차별이 없어야 한다고 하더라도 예외가 있을 수 있다. 그 특수한 상황 중의 하나가 군대이다. 남성과 여성이 동일한 막사를 이용하기가 어렵듯이 남성들이라도 게이들과 이성애자가 함께 막사를 이용한다는 것은 쉽지 않다.[170] 이러한 이유로 자원병을 모집하는 여러 나라에서는 게이가 군대에서 복무할 수 없도록 금지하고 있으며, 또 군생활에서도 동성애 관계가 발각되면 처벌하도록 되어 있었다.
 군대 내에서 게이들을 차별적으로 대우하던 모델은 인종 차별에서 찾아볼 수 있다. 미군에서 인종에 대한 편견이 심했던 역사가 바로 이를 증명한다. 즉 링컨 대통령은 원래 남북전쟁 당시 흑인이 군대에 지원하는 것을 달갑게 여기지 않았었다. 그렇지만 백인으로만 구성된 북군들의 사상자의 수가 심각해지자 흑인들의 입대를 받아들이기

시작했던 것이다. 또 1948년 미국의 트루만 대통령은 군대 내에서 인종차별을 해서는 안 된다는 명령을 내렸다. 이러한 명령도 역시 최소한 베트남 전쟁 당시까지 별다른 효과가 없었다.

미국은 제1차 세계대전 동안 동성애 관계가 발각되면 처벌한다는 처벌조항을 군법에 성문화시켰다. 그래서 군대 내에서 게이들을 숙청하려는 시도가 미국 로드 아일랜드주 뉴포트시 해군훈련소에서 발생하기도 했다.[194] 그러나 사실상 미국에서 동성애 관계로 해고당한 최초의 군인은 1778년 3월 11일 해임된 엔스린(Goothold F. Enslin) 중위라고 하듯이 역사가 깊다.[194]

게이에 대한 차별이 심했던 시절인 1957년 미군 내에서 게이들의 능력을 조사했던 크리텐든(Crittenden)위원회의 보고서가 있었다. 이 보고서에서는 게이들을 군대조직에서 위험한 존재라고 가정할 수 있는 확실한 근거가 없으며, 게이임에도 불구하고 훌륭한 일을 하는 사람들을 소개하였다.

그렇지만 미 국방성은 그러한 보고서가 있다는 사실을 20년 동안이나 부정하였다.[194] 미 국방성 보고서에 의하면, 1940년부터 1990년대 초까지 거의 10만 명 정도의 남녀가 군에서 동성애 문제로 해고되었는데, 1980년부터 1990년까지도 매년 평균 1,500명 이상의 군인이 동성애 때문에 해고되었다. 물론 그들의 95%는 일반 전역이거나 명예제대 형식을 취하였다. 또 해고된 자들의 77%는 남성이었고, 백인이 83%였다.[196]

군에서 부당하게 해고당했다고 주장하는 게이들이 늘어나면서 군생활에서 게이의 적법성에 대한 논란이 제기되었다. 법원에서는 게이가 군에서 근무하는 것이 적격한가의 여부를 판사가 아니라 군대의 관리자가 판단하는 것이 더 타당하다고 천명하였다. 미 국방부에서는 게이들이 이성애자들의 사생활을 침해한다고 주장했었지만, 연구자들은 게이들이 공중 목욕탕이나 화장실, 탈의실 등에서 이성애자들처럼 동성의 알몸에 대한 관심이 별로 없다고 말한다.

  1992년도까지 나토(NATO: 북대서양 조약기구) 회원국 16개국 중에서 영국과 미국만이 게이가 군인이 될 수 없다고 금지하고 있었다.[195] 캐나다에서는 1992년 게이들의 군복무 금지를 파기시켰지만, 군대내에서 부대원들간의 응집력에 별다른 문제가 생기지 않았다.[196] 군대사회에서 게이들이 생활할 수 없다고 규제하는 일은 게이들이 자신들의 성적 지향을 숨기고 살아가야 하므로 그들의 정신건강에 유해할 것이다. 군대조직에서 인력의 관리는 조직원의 성적 지향보다도 개인적인 능력에 따라서 결정되어야 더 현명하다. 그러기 위해서는 이성애자인 조직원들은 게이들에 대한 편견을 버려야 할 것이다.

제10장
게이 정체성의 드러내기

게이 정체성 드러내기 및 사회적 지원체제

게이 정체성을 드러내는 첫단계는 자신의 내부에서 스스로 게이임을 인정하는 일이다. 그리고 전술했던 커밍아웃(coming out: 드러내기)이라는 용어는 자신이 게이라는 것을 확인하는 최초의 단일한 사건이다.[183] 이는 현시대의 사회적 맥락에서 게이들에게 자아를 형성시키는 동안 표출되는 하나의 통과의례에 해당된다.[79] 그렇지만 근대 게이해방운동이 전개되었던 1960년대 말까지만 하더라도 드러내기의 어원이었던 '숨겨진 곳으로부터 나온다'는 'coming out of the closet'라는 구절이 통용되지 않았다. 그래서 1970년대 이전에 게이 생활을 했던 사람들은 자신들의 청소년기를 고립의 시기였다고 기억한다.

수많은 게이들은 게이 정체성을 드러내기 전 자신을 이성애자라고 여기고 살았다. 그렇지만 그런 식으로 살아 왔어도 동성애적 감정이나 생각이 줄어들지 않았다. 오히려 자신의 정체성을 확인하는 데 혼동을 경험했으며, 실제 자신의 성적인 본질과 허구 사이에 시간적으로 낭비를 한 셈이었다. 대다수 게이들은 자신을 게이라고 명명하는데 과묵한 편인데, 그 이유는 자신의 정체성을 통합시킬 준비가 덜 되어 있기 때문이다. 개인적인 차원에서 스스로 그런 준비가 되어 있더라도 대인관계의 차원에서는 그렇게 적용하는 것을 거부한다. 왜 자신이 다른 사람들에게 게이임을 밝혀야만 하는가, 또 게이임을 밝혔을 경우 사업이나 업무에서 어떠한 손익이 있는가를 고려하기 때문이다.[30]

게이가 자신의 정체성을 타인에게 드러내는 동기는 다양하다. 우선 타인이 누구인가에 따라서 다르다. 상대방이 게이라면 성욕을 만족시킬 수 있는 파트너가 될지도 모른다고 생각하므로 게이가 아닌 상대에게보다도 더 쉽게 드러낸다. 또 그러한 동기는 게이 자신의 특성에 따라서도 달라진다. 그 예로 시카고 지역에 거주하는 1,500여 명의 게이 남성들을 상대로 한 조사에 의하면, 거주지역, 소득, 직업 등이 그들의 정체성 드러내기에 영향을 주었다. 즉 게이들의 거주지역에서 살고 있는 게이들이 이성애자들이 밀집한 곳에 사는 게이들보다 이성애자에게 자신이 게이임을 쉽게 드러내고 있었다. 또 변호사나 의사, 성직자 등 전문적인 성향이 강한 직종에 종사하는 게이들이 초·중등학교의 교사들보다 더 쉽게 드러냈다. 그러나 전반적으로는 소득수준이 낮은 사람이 높은 사람들보다 더 쉽게 드러내었다.[36] 게이 정체성을 드러내고 나서 자신의 힘이나 영향력을 잃게 될 수 있는 위치에 있는 사람은 노출하기가 매우 어렵다.[79]

게이들은 과거 자신들의 정체성을 드러내기 전 사회로부터 동성애에 대한 부정적인 태도를 학습하였다. 당시 그 부정적인 태도가 본인에게 적용되리라고 생각하지도 않았지만, 나중에 본인에게도 적용되고 있다는 것을 인식하게 된다. 그럼에도 불구하고 자신의 정체성을 드러낸 게이 남성들이나 레즈비언들은 자신이 항상 예외라고 생각하는 경향이 있다. 그러므로 그들 스스로도 동성애에 관한 고정관념을 없애려고 노력하지 않기도 한다.[79]

자신의 정체성을 드러내는 행위는 그 개인의 인생에 심리적으로나 정치적으로 중요한 영향을 미친다. 자신을 게이라고 명명하고, 그 명칭을 받아들이고, 자신의 성적 지향을 노출시키고, 그리고 타인들로부터 받아들이는 감정은 심리적 적응 상태와 관계가 매우 깊다. 게이 남성이나 레즈비언으로서 아주 긍정적인 정체성을 지닌다는 것은 신경증 및 사회적 불안증상이 나타나지 않거나, 자아존중감이 높거나, 우울증상이 낮은 것 등과 의미있게 높은 상관을 보인다.[79], [178] 드러내기 상황에서 남녀간의 차이도 있다. 우선 남성들이 여성들보다 더 갑작스럽게 드러내기를 시도하며, 또 그로 인하여 정신과적인 증상을 수반할 가능성도 더 크다. 여성들의 드러내는 과정은 남성들의 것보다 더 유동적이고 더 모호한 편이다.[84]

자신의 정체성을 드러내면서 게이 공동체에 참여한 게이들은 정체성을 드러내기 전보다 공동체 내에서 훨씬 다양한 계층의 구성원들과 인간관계를 가질 수 있다.[79] 자신이 게이라고 인정하고 긍지를 느끼는 상태에서 가장 필요한 것은 그 동안 저하되었던 자존심을 복원시키는 일이다. 또 게이 공동체를 찾아가 자신을 지지해주는 안전한 환경 속에서 과거의 상처를 치유하는 것도 의미가 있다.[30] 곧 게이들이 자신의 정체성을 드러내는 시기를 전후하여 자신의 주변에 존재하는 사회적 지지체제가 매우 중요하다.

특히 게이들이 직장생활을 할 경우 그들의 주변에 지지체제가 매우 중요한 역할을 한다. 사회적 지지체계가 존재하지 않는 상태에서 그들이 가장 두려워하는 것은 직장에서 차별받아야 하거나 또는 자신의 성적 지향을 숨기고 살아가야 하는 것이다.[196] 직장생활을 하는 게이 중 거의 62%가 직장에서 이성애자로 가장하면서 살아가는 어려움이 직장생활 중 가장 힘든 스트레스라고 답했으며, 그러한 스트레스 때문에 그들은 직장에서 자신의 정체성을 드러냈다고 말하였다.[223]

게이나 레즈비언의 연구에 따르면, 그들 대부분은 가족이나 동업자, 고용주에게 노출하기 전에 이성애자인 친구, 형제나 자매들에게 먼저 드러내는 경향이 있었다.[40], [209] 오늘날 자신의 정체성을 드러낸 게이 남성들은 과거에 비하여 가족이나 친구들, 직장 동료들로부터 차별을 덜 받고 있을 것으로 기대된다.[39] 그렇지만 정체성의 노출과정에서 심한 스트레스를 경험할 수 있기 때문에 자신의 정체성을 드러내지 않고 살아가는 게이들이 아직도 많다.

만약 자신이 정체성을 드러내는 상황에 지지체제가 존재한다면 누구나 자신의 정체성 노출과정을 쉽게 대응할 수 있을 것이다. 보통 공동체에 참여하여 게이 및 레즈비언 집단의 일원이 되는 것을 커밍인(coming in)이라고 표현하기도 하는데, 커밍인의 결과 스트레스를 지각하는 정도가 달라진다. 그렇다면 게이 공동체와 같은 지지체제의 존재는 게이 개인의 긍정적인 정체성 형성과정에서 스트레스의 대응 전략, 긍정적 안정감, 심리적 적응 등과 관련된다는 것을 알 수 있다.[79]

이성애자 생활양식을 취하고 살아가다가 나중에 자신을 드러내는 남녀 게이들에게는 사회적 지지체제의 존재 여부가 매우 중요하다. 주변에 가시적인 게이 공동체가 생기면 그들도 자신의 게이 상태에 대해 보다 더 긍정적인 태도를 지니게 된다.[42] 사실상 우리 문화권에서는 게이나 레즈비언의 공동체에 대한 인식이 커지고 있지만, 동성애를 혐오하는 환경에서는 그들이 사회적으로 지지받지 못하므로 고립되었다고 볼 수 있다. 그러한 사회에서의 게이들은 사회적인 소외와 거부, 오명 등으로부터 받는 스트레스가 매우 큰 편이다. 이들에게는 가족이나 친구, 파트너가 가장 중요한 사회적 지지의 근원이 된다.

미혼자가 가족에게 드러내기

"어느 남자 대학생이 용기를 가지고 자신이 게이임을 가족에게 밝혔다. 어머니와 형, 남동생은 별다른 거부감없이 이 소식을 즉각 받아들였지만, 아버지의 입장은 매우 거부적이었다. 아버지는 아들이 집에 찾아오거나 전화를 하거나, 또 용돈을 주는 것도 거부해 버렸다. 아들문제에 대한 견해차로 부모간에는 다툼이 시작되었고, 결국 부모가 별거하게 되는 상황에 이르렀다."

동성애에 대한 편견이 심한 시대나 사회에서는 어떠한 부모이든지 아이가 태어나면 그 자녀가 나중에 게이가 되지 않기를 바라게 된다. 그러므로 게이들이 자신의 정체성을 가족에게 드러내면 일정한 기간 동안 가족들간의 갈등으로부터 가정의 붕괴로까지 이어지는 게 보통이다. 그렇지만 상기의 이야기는 가족들이 그를 어떻게 대하느냐에 따라서 갈등이 존재할 수도 또는 그렇지 않을 수도 있음을 암시한다.

하여간 갈등이 생기는 이유는 동성애를 기존의 부모와 자녀 간의 관계로 설명하는 이론에 집착하기 때문이다.

자녀가 게이임을 드러내는 상황에서는 부모들은 보통 다음의 3가지 반응단계를 보인다.[79] 첫째, 부모들은 자녀의 동성애에 대한 개인적 책임과 죄의식, 또 부모로서의 실패감을 경험한다. 둘째, 부모는 자녀의 개별성이나 경험을 무시하고서 게이에 대한 부정적 가치를 적용시키면서도 타인이 그런 식으로 자신의 자녀를 대할까를 두려워한다. 셋째, 결국 자녀의 새로운 정체성은 소외감을 조장시켜 가족의 역할이나 관계를 파괴시킨다.[79]

결국 가족의 관계가 파괴될 가능성이 높기 때문에 여러 조사에서 자신의 정체성을 부모에게 노출한 게이들은 아직 응답자의 절반 이하 정도였다.[79] 또 게이가 노출할 때 형제나 자매들도 부모와 유사한 반응을 보이는데, 동성애에 대한 부정적인 사회적 가치 때문에 노출한 형제나 자매를 가족의 구성원으로 보려고 하지 않는다. 그렇지만 형제나 자매들은 부모들처럼 죄의식이나 자책감은 없다.[201]

자녀가 노출할 때 부모들은 다양하게 반응한다. 어떤 부모는 자녀들이 게이라고 드러낸 사실을 전혀 용납하려고 들지 않는다. 자녀를 사랑하고 있는 부모들은 적응의 시간이 지나면 보통 자녀를 이해하게 되지만, 원래부터 엄하고, 강요적이고, 처벌적이었던 부모는 자녀가 어떠한 안건을 얘기하더라도 막무가내일 수 있다.[30] 가족들 중에서도 자녀는 아버지에게서의 보복을 더 두려워하므로 어머니와의 관계가 더 좋은 편이다.[199] 아버지를 더 두려워하는 것은 제도적으로 이성애적 가치기준에 의한 가부장제의 영향인 것 같다.

게이나 양성애자인 청소년들은 남에게 노출되어서는 안 된다고 믿고 있으므로 생활이 사적 및 공적인 면으로 구분되어 있다. 그들이 두려워하는 것 중의 하나는 가족이나 친구들이 자신들의 일탈된 성을 발견하게 될지도 모른다는 두려움이다. 하여간 미혼자가 가족에게 자신의 게이 정체성을 노출할 때 다음의 몇 가지 사항을 고려하는 것이 바람직하다.

첫째, 자신이 게이인 점을 스스로 어떻게 생각하고 있는가를 살펴보아야 한다. 만약 복잡한 감정에 사로잡혀 있다면, 노출 자체가 오히려 더 부정적인 상황으로 유도될 가능성이 높다. 이 경우 게이를 긍정적으로 평가하는 책들을 읽어볼 필요가 있다.

둘째, 가족에게 언제 노출할 것인가 그 시기를 생각하고 있어야 한다. 시기는 준비가 되는 대로 빠를수록 좋지만, 가정에 대소사가 있는 시기를 피하는 것이 바람직하다. 또 왜 이 특정한 시기를 택하여 노출하는가를 분명히 인지하고 있어야 한다. 예를 들면, 부모에게 반감을 가지고 있다면, 그들에게 이야기하기 전에 그런 감정을 먼저 정리해야 한다.[32]

셋째, 어디서 그리고 어떻게 노출할 것인가를 생각해야 한다. 자신이 편하다고 느끼는 조용하고 사적인 장소를 택하는 것이 좋다. 여러 가지 질문이나 토의 반응 등을 적절히 대응할 수 있는 충분한 시간을 가질 수 있는 장소가 바람직하다. 이야기를 전개할 때 본인뿐만 아니라 듣는 사람에게도 매우 중요한 내용을 이야기하고 싶다고 말하고서, 가능하면 본인의 입장을 긍정적인 면에서 전개한다. 예를 들면, '고민거리가 하나 있는데' 또는 '다른 사람은 이렇게 되어서는 안 되겠지만' 등은 본인의 상태를 긍정적으로 바라보지 못하고 있는 것이다.[33]

넷째, 부모 두 분이 모두 생존하신 경우 한 분씩 따로 얘기하는 것이 좋은가 혹은 두 분에게 동시에 얘기하는 것이 좋은가를 파악해야 한다. 상황에 따라서 다르지만, 두 분이 대립적이라면 동시적이 아니라 한 분씩 따로 얘기하는 편이 더 낫다.

다섯째, 부모에게 드러낼 때 가족이 아닌 다른 사람(예, 연인)을 동반하는 것은 자유로운 질문이나 설명에 방해가 될 수 있다. 가끔 부모들은 자녀가 게이임을 못마땅하게 여기면서 자녀의 연인이나 친구를 비난하기도 한다. '그 친구만 만나지 않았더라도 너는 괜찮았을 거야' 등으로 해석한다. 이 경우 그 친구와의 관계가 이루어지지 않았더라도 본인이 원래 게이였다는 점을 설명함이 바람직하다.

여섯째, 부모들은 자녀가 게이라는 소식을 듣고 왜 우리 가정에 이런 일이 생겼을까 하면서 자신들을 비난하기도 한다. 즉 부모는 직접 또는 간접적으로 부모들이 그렇게 자라나도록 환경을 만들어주지 않았을까 생각한다. 부모가 이러한 죄의식에 사로잡힐 경우, 자녀는 그들이 전혀 잘못된 점이 없다는 것을 확신시켜 주어야 한다.[30]

일곱째, 가족에게 드러내기 전에 친구들과 역할놀이(role play)를 통하여 여러 가지 접근 방법을 시도하여 경험을 쌓으면 나중에 생기는 문제를 극복할 수 있을 것이다.[30] 게이는 부모에게 드러내기 전에 여러 가지 질문에 대하여 대비하고 있어야 한다. 부모들은 자녀가 게이라고 밝히면,

'얼마나 오래 전부터 게이임을 알았는가?'
'게이라고 확신하는가?'
'언제 처음으로 게이라고 생각했는가?'
'행복한가?'
'변화해 보려고 노력했는가?'
'그렇다면 어떠했는가?'
'이성을 두려워하거나 혐오한다는 말인가?'

'자녀를 원하지 않는가?'
'영원히 게이일 것이라고 생각하는가?'
'게이들의 생활은 어떤 것인가?'
'다른 사람에게 이야기한 적이 있는가?'
'누구에게 또 이야기할 생각인가?' 등을 묻는다.[30] 또는 가족들에게 드러내면 어떤 부모들은 간혹 자녀에게 전문가의 도움을 받아보도록 권유할 수 있다. 물론 자녀는 그러한 상황에서 도움이 필요로 하지 않다고 부모를 점잖게 인식시킬 준비가 되어 있어야 한다.

게이 기혼자가 가족에게 드러내기

한 여성이 상담가를 찾았다. 그녀는 10대 청소년시절 레즈비언 성향이 있었고 여자 친구와 깊이 사귀었다. 나중에 그녀와 헤어지고 나서 슬픔을 벗어나고자 어떤 남자와 결혼하였다. 결혼생활에서 아이를 둘 낳고 어머니와 아내로서의 역할을 10여 년 이상 하였다. 아이들이 어느 정도 성장하자 그녀는 34세경 대학원에 진학하였다. 그런데 공부를 하면서 한 여성과 깊은 사랑에 빠져 버렸다. 그녀는 우선 남편이 이를 알면 어떻게 될까, 자녀들이 알면 나를 엄마로서 존경해 줄까를 고민하고 살아갔다.

결국 그녀는 상담가를 찾을 수밖에 없었다. 그녀가 가장 두려워하는 것은 자신의 정체성을 알리는 일이었지만, 가족이나 직장에서 어떤 반응이 나올까 두려웠다. 여러 가지 연구결과들을 종합하면, 레즈비언의 약 1/3은 상기의 여성처럼 남성과 결혼생활을 하고 있으며,

또 그들의 절반 정도는 아이를 낳아 기르고 있다. 레즈비언들이 게이 남성들보다 더 늦게 노출하는 경향이 있으므로 결혼생활을 하는 레즈비언의 비율이 결혼생활을 하는 게이 남성들의 비율보다 더 높은 편이다.

레즈비언들이 남성과 결혼을 하게 된 동기들은 사회적 동조, 가족의 압력, 안정된 가정생활의 욕구, 배우자에 대한 사랑 등이다. 남편은 부인이 노출하면 그녀를 부덕한 사람으로 여기므로 이혼할 가능성이 높다. 몇몇 연구에 의하면, 레즈비언의 자녀들이 어머니가 노출하면 어머니와 더 정서적으로 가까워지게 되며, 레즈비언들도 남편이나 자녀, 고용주들에게 노출하는 것이 그녀의 심리적 안정과 정적인 상관을 보인다.[201]

게이 남성들이 결혼하는 동기도 다양하다. 자신의 게이 정체성을 결혼할 무렵까지 지각하지 못했던 경우를 비롯하여 결혼 당시 자신의 게이 정체성을 우연이라고 믿었거나, 가족들이 결혼을 강요했거나, 게이 정체성과 상관없이 성인기에서의 행복한 생활이란 결혼이라고 생각했거나, 결혼을 하고 나면 동성애적 지향을 이겨낼 수 있다고 믿었거나, 어린이를 갖고 싶었거나 또는 배우자를 진실로 사랑했을 수도 있었다.

결혼을 한 게이 남성들의 상당수가 자신이나 다른 게이들에게는 노출했음에도 불구하고 가족에게는 드러내지 않고 살아간다. 그들은 다른 남성들과 장기적인 관계를 유지하고 살고 있거나 그렇지 않으면 익명의 상대와 기회가 생기면 성적으로 접촉한다. 그들이 고의적으로 가족에게 노출하지 않는 이유는 아내와 아이들의 반응을 걱정하기 때문이며, 또 안정된 직장이나 사회적 지위를 잃어버릴지도 모른다는 두려움 때문이다. 곧 그러한 남성들의 상당수가 자신의 게이

정체성과 모순되지만 가족에게는 아버지나 남편으로서 역할을 해내고 있다.[201]

그러나 게이 기혼자도 상황에 따라서 가족에게 자신의 정체성을 노출한다. 사실 기혼자가 배우자 또는 자녀에게 자신의 게이 정체성을 노출할 때는 미혼자가 가족에게 노출할 때보다 더 복잡한 문제를 야기시킨다. 기혼자인 게이는 두 가지 방안으로 배우자와의 관계를 유지하려고 노력한다. 그 중 하나는 자신의 동성애 감정이나 행동을 비밀로 덮어두고서 자신의 생활을 배우자 및 동성의 파트너와의 것으로 구분하여 살아가는 방법이다. 다른 하나는 배우자에게 드러내지만, 그 노출과정에서부터 재협상을 통하여 부부관계의 안정을 도모하려는 방법이다.[146]

배우자에게 자신이 게이 또는 양성애자라고 털어놓는 상황은 우선 배우자의 성적 지향과 상관없이 혼외성관계를 고백하는 행위이다. 기혼자인 게이 또는 양성애자가 이성애자인 배우자에게 노출하는 경우에서도 부인의 노출은 거의 항상 이혼으로 이어진다. 한 연구에 의하면, 게이라고 노출한 남성의 78%가 이혼을 하는 반면에, 여성의 경우는 97%가 이혼을 하였다.[204] 레즈비언이나 양성애자인 여성이 노출과 동시에 이혼하게 되는 경우는 그들의 은밀한 혼외관계를 용서받지 못하거나 이해되지 못하기 때문이다.

그래서 대부분의 연구들에서는 결혼생활을 유지하는 게이나 양성애자 남성에게 초점을 맞춘다. 남편의 노출도 흔히 별거나 이혼으로 이어지는데, 가끔 이러한 노출로 친교적인 결혼을 종식시키면서 자신의 게이생활을 재구조화시키는 사람도 있다. 일반적으로 게이라고 알려진 사람보다도 양성애자라고 알려진 남성들이 결혼생활에서 만족감이 더 크고, 부인과의 성행위도 더 빈번하며, 또 결혼관계의 지

속기간도 긴 편이다.[79]

　남편이 노출할 때 아내들의 첫 반응은 부모들의 것과 유사하게 충격, 좌절, 죄의식, 자기비하감 등이다. 그들은 아내로서 실패했으며, 자신과의 불만족스러운 관계 때문에 남편이 게이가 되지 않았는가 하고 생각하기도 한다. 아내들을 상대로 한 연구들은 많지 않지만, 그들의 반응은 남편과의 관계의 질이나 아내 자신이 가진 동성애에 대한 태도 등에 달려 있다. 결혼하여 살고 있는 동성애자들의 적응양식은 여러 가지이지만, 이혼이 가장 빈번하게 기대된 결과이다.[20] 아내들은 남편의 노출에 매우 낙담하는 편이지만, 자신을 노출한 남성은 자녀들과 부모들로부터 긍정적인 반응을 얻고서 놀래는 것이 전형적이다.[30]

　수많은 게이 남성 및 레즈비언들은 자신들이 선택한 가정내에서 자기들의 정체성을 가족이나 지역사회로부터 비밀로 지키고 싶어한다. 또 그들은 비밀의 유지가 아이들, 가족, 사회 모두에게 가치를 떨어뜨린다고 고민하는 것이다.[86] 간혹 게이 부모들은 자녀들의 성적 지향에 영향을 미치고 싶지 않아서 아이들과 동성애에 대한 논의를 일체 삼가하기도 한다.

　그러나 아이들과 진실된 인간관계를 원한다면 아이들에게도 자신이 게이임을 드러내야 한다. 물론 자녀들의 나이를 고려하여 얘기하는 것이 중요하다. 아주 어린 아이에게 성행동까지 이야기할 필요는 없지만, 성에 눈을 뜨기 시작한 십대들에게는 충분히 납득시켜 주어야 한다. 그들에게 동성끼리의 관계도 남녀간의 사랑이나 결혼 못지 않게 중요한 관계임을 인식시킨다.[30]

　놀랍게도 레즈비언들끼리 이루어진 상당수 커플들도 아이들에게 자신들의 정체성에 대하여 얘기하지 않는다. 왜 두 여성이 함께 살고 함께 자는가, 그리고 그것이 무엇을 의미하는지를 얘기하지 않는다. 페미니스트 레즈비언 어머니들조차도 사랑의 관계에 대한 언급을 회피하기도 한다. 이러한 침묵은 바로 내재화된 동성애 혐오증에서 비롯된 것이다.[208] 대부분의 아이들은 아버지가 솔직하게 자신을 드러내게 되면 그와 더욱 가까워지는데, 아이들 중에서도 딸들이 아들들보다 아버지의 노출을 더 받아들여주는 편이다.[39]

부모가 게이 자녀를 대하기

1992년 2월 『뉴스위크(Newsweek)』지와의 인터뷰에서 한 어머니는 "내 아들이 게이가 되리라는 것을 미리 알았더라면, 그를 임신하지도 않았을 것이다"고 개탄하였다.[60] 자녀가 부모에게 게이라고 노출할 경우 부모들의 반응에 대한 연구는 많지 않다. 부모들의 반응은 상기의 여성처럼 거의 항상 부정적이기 때문에 상담의 관점에서 연구되는 정도이다. 부모들은 죄의식과 자책감, 또는 부모로서의 실패감을 맛보는데, 그 이유는 대부분의 상황에서 자녀의 성격 등에 영향을 미친다고 믿었기에 그러한 실패감이 든다.[20]

그 동안 자녀의 노출에 대해서 부모들은 화를 내거나, 협박, 대화와 설득을 통해서 동성애가 잘못된 것임을 인식시키거나, 또 옳지 않다고 설명해 주고 고쳐지지 않으면 가족으로 인정하지 않으려는 것이 전형적이었다. 사실 예전 부모들은 자녀가 게이라는 것을 발견하면 정신과에 입원시키기도 했으며, 경찰들은 그런 사람들을 비정상으로 취급하여 자주 단속하기도 했다. 그러나 1970년대에 들어와 수많은 게이나 레즈비언들이 드러내면서, 그들은 수치심 대신에 자긍심을 얻으려고 노력하는 상황으로 바뀌었다.[201]

이에 곧 미국에서는 게이인 자녀를 둔 몇몇 부모들로서 그 자녀들의 문제를 이해하려는 움직임이 1972년에 싹트기 시작하여 1973년 게이들의 부모 및 친구들의 연합체가 형성되었고, 1979년에는 게이들의 부모, 가족, 및 친구들의 연합체(the Federation of Parents and Friends of Lesbians and Gays: F-PFLG)로 개칭되었다. 그 조직은 게이 자녀와의 관계에서 부모들이 겪었던 고통과 슬픔, 분노, 적개심, 고립감의 제거에 매우 성공적이었다. 1990년에는 여러 나라에 지부가 생길 정도로 확산되었으며, 부모뿐만 아니라 친구, 전문가들도 지원하고 있다.[67, 192]

부모들은 자기 자녀들의 행동의 의미를 간혹 잘못 해석하여 실제로 게이가 아닌 자녀를 게이가 되었거나 게이가 되어 가고 있다고 결론짓기도 한다. 그렇지만 부모에게는 우선 어린이들이 어떠한 성적 지향을 보이든지 그게 잘못이 아니라고 가르치는 것이 중요하다. 사춘기 자녀가 부모에게 자신이 게이라고 말할 때 부모의 반응은 다양하다. '농담하는 거지', '일시적인 거니까 곧 괜찮아질 것이다', '엄마에게 솔직히 이야기해 주어서 고맙다. 언제부터 그런 느낌이 들었느냐' 등이다. 수많은 청소년들은 부모에게 알리면서 거부당했는데, 그 거부 행위가 수많은 문제의 원인이 되고 있다.[87]

게이 청소년들은 동성애에 대한 전반적인 문제에 익숙하지 못하고 단지 자신이 어떻게 느끼는가만 알고 있다. 부모는 거절이나 실망, 위협보다도 책임감있게 자녀를 대해주면서 그게 너의 잘못도 아니고 네가 선택한 것도 아니라고 자녀를 안심시켜야 한다. 걱정이 많은 부모들은 게이인 아들이 에이즈로 죽을 것이라고 생각하지만 게이 남성들 모두가 에이즈에 걸리거나 HIV 양성 반응이 나타나서 동일한 운명에 처하는 것이 아니다.[57]

드러내기 과정을 전후한 치료가의 역할

이미 자신을 게이라고 드러낸 자들은 아직 드러내지 않은 친구들에게 게이 공동체를 강화시키고, 그들에게 긍정적인 자아상을 확립시키고, 또 대중을 교육시킬 목적으로 게이임을 드러내기를 원하고 있다. 그렇지만 어떤 사람들은 자신이 게이임을 인정하고 드러내는 길이 과연 올바른 일인가 하고 의심하기도 한다.[58] 그래서 자신이 게이임을 받아들이기에 어려움이 있다면, 전문가의 도움을 권유할 필요가 있다. 그러나 전문가를 찾을 때에는 게이들의 입장을 이해해 주는 사람을 찾아가는 것이 매우 중요하다.[33]

게이 고객을 상대하는 상담 및 치료 전문가들은 게이들이 이성애자들과 여러 가지 면에서 다르다는 것을 이해해야 한다. 우선 가장 기본적으로 성적 정체성이 다르다는 점을 이해해야 한다. 게이 고객이 전문가를 찾는 이유는 성기능에 대한 문제보다도 주로 자신의 정체성에 관한 문제 때문이다. 대부분의 고객들은 동성에게 매력을 느끼면서 스스로 이를 용납하기 힘들기 때문에 전문가를 찾는다. 그래서 이러한 고객들은 게이가 아닌 치료가를 찾아가게 된다. 그 이유는 게이인 치료가를 만나면 너무 위협적일 것이라고 믿고 있기 때문이다.[16]

보통 자신의 정체성에 대한 혼동을 호소하는 고객들의 특징은 동성애적 지향이 분명히 나타나고 있지만, 본인 스스로가 그러한 지향을 받아들이는 것을 어려워한다. 이 경우 치료가들의 기본적인 역할은 개인의 신분 상태를 정확히 해석하여 주는 것이다. 그리고 그들이 직면하고 있거나 직면하게 될 갈등들을 언급해 주어야 하는데, 그 내용들은 공동체 내에서 소외되는가 아니면 인정받는가의 문제, 자신의 이상들과 자아개념들의 상실문제, 동성애에 대한 오명찍힌 사회적 지위를 벗어던져야 하는 문제 등이다.[16]

게이들이 자기의 신분 때문에 고민할 때 전문가들을 찾아가지만, 치료가들은 청소년 고객들의 동성애적 욕망이나 관심을 줄이려는 오류를 매우 빈번하게 범하고 있다. 고객이 이성애자이든 게이이든 고객의 관심사를 버리도록 하는 것은 협박에 해당될 수 있으며, 실제로 불안을 증폭시키는 행위이다. 아무리 전문가라고 하더라도 개인의 성적 지향을 변화시킬 수 없다. 단지 회피, 거부, 수치심 등으로 위장시켜 그 성적 지향을 모호하게 만들어버릴 수는 있지만, 변화시킬 수 없음을 알아야 한다.[84]

그 동안 사회문화적 환경의 압력 때문에 게이들이 치료나 상담 장면에서 드러냈던 문제들은 죄의식, 수치심 그리고 비밀을 지키려는 데서 파생된 고독감 등이었다. 상당수의 게이들이 자신의 정체성을 드러내면서 겪는 과정은 매우 감명적이었다. 치료가들은 이런 과정을 통하여 극단적인 상황에 빠져 고민하는 게이들을 도와주는 역할을 한다. 예를 들면, 치료가들은 자살로 이어지는 극단적인 고립감을 극복시킬 필요가 있다. 그런 다음 그들은 게이가 현시대에 존재하는 게이에 대한 차별이나 성차별과 같은 문화적인 편견을 극복하도록 유도해주는 역할을 해야 한다.[188]

어떤 사람들은 남녀 모두에게 진정한 매력을 느끼는데, 그들 자신이 연애나 성관계의 상대에 대한 선택권을 가지고 있다. 어떤 고객들은 게이들의 공동체 내에서 살고 있지만, 근래 이성에 대한 매력을 느끼면서 갈등이나 혼동을 겪고 있기도 한다.[61] 또 치료가들은 부부 관계에서 어떤 갈등이 있어서 찾아온 경우 그들의 성적 지향의 문제를 고려해야 한다.

양성애적 정체성을 설명하면서 언급했지만, 상당수의 남성들이 동성애적 지향을 인식하면서도 동성애 생활의 모습을 회피하기 위한 수단으로 결혼을 시도한다. 결혼한 남성이 아내를 진정으로 사랑하고 있더라도 자신의 동성애 충동을 의식적으로 억제하려고 노력하는 동안 아내와의 관계에서는 성욕이 나타나지 않는다. 그들이 아내와의 관계에서 보이는 발기실패는 자신의 동성애적 성적 지향을 억지로 억압하려는 데서 비롯된다. 결혼한 여성도 남편보다도 여성에게서 매력을 더 많이 느끼고 있다면 남편과의 관계에서 성욕이 별로 느껴지지 않는다. 단, 여성들의 문제는 남성들의 것보다 더 은폐되기 쉬울 뿐이다.[145]

다행히 동성애를 정신질환으로 취급하면서 전문가들이 이를 치료하려고 노력했던 시대는 끝났다. 치료가들은 우선 게이들의 독특한 생활양식이나 정체성 문제, 개인적 가치들을 이해해 주는 것이 중요하다. 또 전문가들은 게이들간에도 남녀간의 차이가 있다는 점을 인식하고 있어야 한다. 결국 게이들을 치료하려는 전문가들에게 필요한 요건은 자신의 동성애 혐오증, 가부장제에 대한 맹목적인 믿음, 그리고 이성애적 틀에 의한 사고방식 등에 관한 성찰이다. 그러한 성찰이 부족한 상태에서는 아무리 게이 고객을 도와주려고 노력하더라도 게이들로부터 그 치료가는 자질이 부족하다, 존경할 만한 대상이 아니다 등의 평가를 받는다.

게이가 자신에게 의미있는 사람에게 자신의 정체성을 드러내는 시기는 본인이나 치료가에게도 매우 중요하다. 치료가는 고객의 보조를 맞추어 자신의 게이상태를 드러내도록 해야 한다. 그러나 어떤 문제로 노출이 늦어질 경우 그 속도를 조정하기 위한 도움을 줄 필요가 있다. 예를 들면, 거절당하는 것이 두려워서, 자신을 지지해 주는 지원망이 부족해서, 또는 스스로 잘못 판단하여 어려워하고 있는가를 살피고 노출하는 데 보조를 맞추어준다.[88]

제11장
게이들의 커플 관계 및 부모의 역할

게이 커플들의 장기적 관계

 게이들에 대한 고정관념 중의 하나는 바로 게이들은 장기적인 관계를 원하지도 않을 뿐만 아니라 장기적 관계를 이룰 수도 없다는 것이다. 그러나 여러 연구들을 종합하면, 조사대상자들 중 게이 남성들의 40-60%, 레즈비언들의 45-85%가 고정되고 안정된 관계를 유지하고 있었다. 실제로 조사대상자가 아니었던 게이들까지 고려한다면, 장기적인 관계를 유지하는 비율은 더 높았을 것으로 추산된다.[66]
 게이들이 커플관계를 유지하는 기간에 있어서 이성애자들에 비하여 차이가 있는가를 살피는 연구가 있다. 예를 들면, 게이 남성 커플, 레즈비언 커플, 이성애자 부부 및 이성애자 동거 커플들을 상대로 18개월 동안 장기적으로 조사했던 한 보고서의 내용을 소개한다. 이 보고서에 의하면, 10년 이상 관계가 지속된 커플 중에서 게이 남성 커플의 4%, 레즈비언 커플의 6%, 기혼 부부의 4%만이 조사기간

동안 관계가 종식되었다. 또 관계의 지속기간이 2년 미만인 경우에서는 레즈비언 커플의 22%, 게이 남성 커플의 16%, 이성애자 동거 커플의 17%, 기혼 부부의 4%만이 관계가 종식되었듯이 그 비율이 생각보다 높은 편이 아니었다.[37]

게이들의 커플관계는 관계의 지속 정도에 따라서 서로 다른 양상을 보이고 있다. 보통 게이 남성들의 커플관계는 다음의 6단계의 모델로 설명된다. 즉 게이 남성들은 육체적이고 정신적인 교류가 시작되는 혼성(blending)의 단계를 거쳐, 함께 동거하는 둥우리(nesting) 단계, 둥우리의 관계를 유지하는(maintaining) 단계, 관계를 더욱 증진시키는(building) 단계, 서로 구속된 상태에서 해방되는(releasing) 단계, 그리고 다시 정신적인 결합을 갱신하는(renewing) 단계들이다. 이 모델에서 하나의 단계의 특성은 역시 다른 단계에서도 나타나거나 중복되기도 하지만, 이러한 단계를 통하여 커플관계를 장기적으로 유지하고 있다.

레즈비언들의 경우는 게이 남성들과 좀 다르다. 우선 서로 아는 사이로 정서적으로 가까워지고 있는 예비관계(prerelationship)의 단계를 시발점으로 서로 사랑을 느끼는 낭만(romance)의 단계, 가까워진 사이가 된 사실에서 갈등(conflict)을 겪는 단계, 갈등적 관계를 용납(acceptance)하는 단계, 서로 헤어지지 않고 연인으로 구속되기를 언약(commitment)하는 단계 그리고 서로를 더욱 이해하고 협동(collaboration)하는 단계를 통하여 장기적인 관계를 형성하고 있다. 그러나 모든 레즈비언 커플들의 관계가 첫 단계부터 시작되지 않으며, 어떤 커플은 모든 단계를 경험하지 않기도 한다. 또 레즈비언들의 관계가 모두 그 순서를 따르는 것도 아니다.[48]

인간관계를 설명하는 매우 영향력있는 이론 중의 하나로 꼽히는 사회교환(social exchange)이론으로도 게이들의 커플관계가 어떻게 유지되는가를 설명할 수 있다. 사회교환이론에 따르면, 모든 인간관계의 형성에서 언약의 정도는 상대방의 매력의 정도, 관계 지속에 장해가 되는 요인의 여부 및 대안이 되는 요소의 여부 등과 관계된다. 이를 기초로 하여 한 연구에서는 이성애자 기혼부부, 이성애자 동거 커플, 남녀 게이커플을 비교하여 상대방의 매력이나 관계에서의 장애 요인이나 대안 요소 등을 살펴 보았다.[25]

연구의 결과 자신의 파트너에 대한 매력의 정도를 평가하는 데에는 집단간의 차이가 없었다. 파트너에 대한 사랑과 만족감의 정도는 모든 집단에서 비슷하게 나타났다. 그러나 관계의 유지에 장애가 되는 요인들에서는 집단간 차이를 보였다. 이성애자 기혼부부가 게이 커플들보다 더 많은 장애 요인을 보였던 반면에, 이성애자 동거 커플에서 가장 적게 보였다. 예를 들면, 관계를 종식시키고 싶어도 이혼비용, 자녀문제 등의 장애 요인이 이성애자 부부에게서 심각했다. 그러한 이유로 이성애자 기혼부부들은 식어가는 관계를 개선시키려는 노력을 하고 있었다. 현재의 관계에 대한 대안요소에서는 레즈비언 커플과 기혼 부부들에서는 대안이 별로 없었지만, 게이 남성이나 이성애자 동거 커플에서는 대안이 많았다.[25]

게이 커플들의 언약식 및 커플의 문제점

이성애자들은 자신들의 친교관계의 본질을 결혼이라는 사회계약 제도로 인정받고 있다. 그러나 현대사회는 게이 남성들이나 레즈비언들에게 그러한 계약조항을 인정하지 않는다. 지구상에서 현재 법적으로 동성간의 결혼계약을 허용하고 있는 나라는 오직 덴마크와 노르웨이 두 나라뿐이다.[97] 실제로 동성애 관계의 인정 여부는 개인의 차원이 아니라 사회가 결정한다고도 볼 수 있다. 그렇다면 역으로 한 사회의 제도가 동성애의 정도를 결정해주는 요인이지 타고난 개인의 성적 지향이 중요한 것이 아닌 것 같다. 곧 그 사회에서 추구하는 이상이 이성애적인 성을 토대로 한 가정이나 결혼이라면, 이 상태에서 게이들의 결혼을 지지하기는 매우 어려울 것이다.[170]

미국 내에서는 근래 하와이주의 최고법원에서 동성간의 결혼을 금지하는 것은 주의 평등 보호 법령에 위배될지도 모른다고 언급하였지만, 1981년까지 레즈비언이나 게이 남성들의 관계를 미국 전역에서 공법이나 사법상 전혀 인정하지 않았다. 그러나 1993년 9월 현재 25개 지역에서 동성간에 가정을 이루는 파트너관계를 인정하고 있는 반면에, 1994년 6월 현재 23개 주에서는 사적인 애정관계도 불법이라고 규정하고 있다.[94]

제도적으로 전혀 인정받지 못하고 있는 문화권에서도 수많은 게이 공동체의 소속원들은 이성애자인 남녀처럼 가정을 이루어 연인이나 부부간의 관계를 유지하고 있다. 미국에 거주하는 레즈비언을 상대로 1970년대 말에 조사한 바에 의하면, 4명 중 3명이 그러한 관계를 유지하고 있으며, 게이 남성들의 절반 정도가 역시 그런 관계를 추구하고 있었다.[95] 보다 최근에 조사한 자료도 그와 비슷한 통계치를 보이고 있다.[96]

반면 게이 공동체에서는 사회적인 동의와는 상관없이 이성애자들처럼 그들의 교회 등에서 결혼식을 거행하기도 하며, 간혹 세력을 과시하기 위한 수단으로 합동결혼식을 추진하기도 한다. 예를 들면, 1993년 4월 24일 미국 워싱턴시에서 게이들의 행렬이 있을 때 레즈비언 및 게이 남성들의 3천 쌍이 합동으로 결혼식을 올린 바 있다.[96] 우리나라의 게이 공동체에서는 1995년 11월 27일 결혼식을 통한 레즈비언 커플이 최초로 탄생하면서 부부임을 선언하기도 했다.

사실상 법적으로 결혼을 인정받지 못했기 때문에 상당수의 게이들의 커플관계 및 그들이 이루는 가정은 숨겨진 채로 남아 있다. 그러한 맥락에서 게이 커플들의 관계는 결혼관계라기 보다는 언약의 관계에 있다. 언약의 관계는 결혼관계와 달리 나중에 해체되더라도 법적으로 전혀 구속과 제재를 받지 않는다. 그렇기 때문에 게이 커플들은 재산을 공유하고, 육체적이고 정서적인 친교를 위해 노력하는 것

게이들의 커플관계 및 부모의 역할

등 상호간의 약속을 지키는 것이 중요하다.

물론 상당수 게이 커플들은 자신들의 관계를 이성애자 남녀의 결혼관계와 유사하게 생각한다. 그렇지만 그들의 커플관계는 이성애자 부부관계와 두 가지 차원에서 다르다. 하나는 두 파트너 모두 남성들 또는 여성들이므로 그들의 관계는 남성이나 여성에게만 보편적인 욕망이나 가치, 규준 문제 등을 반영하고 있는 것이다. 다른 하나는 대부분의 문화권에서 그들의 관계를 일탈로 보고 있다는 점이다.[40]

곧 게이 커플은 법적으로 인정받지 못하므로 여러 가지 면에서 실질적인 손해를 보고 있다. 남녀로 이루어진 부부처럼 소득세 공제의 혜택을 받기도 어렵고, 생명보험의 정책상 파트너가 보험금의 수령자가 되기도 힘들며, 또 의료보험정책에서 파트너를 피부양자로 넣을 수가 없다. 장기간 커플관계를 유지하던 게이 남성들 중 한 명이 무모하게 달려오던 자동차에 치어 숨졌다는 상황을 예로 들어 보자.

숨진 남성의 파트너는 사고를 낸 운전자를 상대로 배우자의 죽음으로 인하여 얻은 슬픔 등 심리적 상처로 인한 손해배상을 청구하였다. 운전자의 변호사는 게이 남성들의 관계가 남녀간의 결혼관계와 유사하지 않으므로 그런 배상을 해줄 수 없다고 맞섰다. 커플관계가 법적으로 보호를 받지 않는 상태이므로 게이 커플의 사랑과 애착의 강도는 남녀로 이루어진 부부간의 사랑과 애착에 비하여 다르지 않다는 점을 인정받기 어려울 것이다.

게이 커플들이 겪을 수 있는 또 다른 문제로 주거조건이다. 그들은 가족이 아닌 자와 함께 살지 못하도록 제한하는 아파트를 얻을 수도 없다. 또 다른 문제로 파트너가 중병으로 시설기관에 입소했을 때 법적인 가족이 아니라는 이유로 면회 출입에서 제한받기도 한다.

게이 커플들의 문제점으로 남녀간 차이를 보이는 경우도 있다. 예를 들면, 레즈비언은 여성이므로 남성의 수입에 비하여 높지 않는 편이다. 그래서 레즈비언 커플은 게이 남성 커플에 비하여 한사람이 벌어서 두 사람의 생활을 유지하기가 더 어려운 실정이다.[54] 법적으로 게이들의 결혼을 인정받지 못한 상황에서 게이들이 법원에 제소한 문제들은 대부분 결혼, 입양, 보험, 재산상속 등에 관한 것들이다.[43]

부모 역할을 원하는 게이들의 욕구

　전통적인 남녀로 구성된 부부들처럼 가정을 유지하면서 살아가는 게이 커플들 중에서 부모가 되고 싶은 마음 때문에 아이를 입양하거나 자신의 생물학적 아이를 기르는 사람들이 많다. 본서의 다른 장에서는 자신의 게이 정체성을 숨기고 이성과 결혼한 게이들도 자녀가 태어나면 생물학적인 부모의 역할을 한다는 점을 언급했다. 그러나 어떠한 경우이든지 상관없이 게이 아버지(gay father) 또는 레즈비언 어머니(lesbian mother)라는 용어는 동성애가 종족보존의 욕구나 능력에 모순이라고 믿어졌기 때문에 문맥상으로 부적절하게 느껴진다.
　전통적인 가족이나 부모역할이라는 개념을 적용시킬 수 없기 때문이다. 그렇지만 게이 부모들은 이미 오래 전부터 존재하였다. 대중에게 인식된 시기가 최근일 뿐이다. 동성애를 인정하던 서구사회에서도 그 존재에 대한 인식은 1970년대부터였다. 그 경우 게이 남성들은 대부분 입양을 통하여 부모가 되는 반면에, 레즈비언들은 여러 가지 방법으로 어머니가 될 수 있다. 이러한 범주에 속하는 부모의 수를 정확히 파악하기는 힘들지만, 예를 들면, 미국내에서만 1990년대 초기 최소한 1백만에서 5백만 명에 해당되는 레즈비언 어머니와 1백만에서 3백만 명 사이의 게이 아버지가 있으며, 그러한 부모를 둔 아동의 수는 6백만에서 1천 4백만 명 정도라고 추산될 정도이다.[99],[196]

레즈비언이지만 혼자 살아가면서 어머니 역할을 하는 사례도 많지만, 레즈비언 커플이 가정을 이루어 부모의 역할을 하는 경우는 두 가지 범주로 나누어진다. 하나는 최소 두 사람 중 한 명이 과거 다른 남성과의 관계에서 출산한 아이를 데려온 경우인데, 실제로 남성과 결혼을 했었든지 아니든지 상관이 없다. 다른 하나는 커플로 결합한 이후에 아이를 입양하거나, 정자세포를 기증한 사람들로부터 인공임신을 하거나, 결혼은 하지 않더라도 아이를 낳을 목적으로 남성과 성관계를 갖는 방법 등을 통한 경우이다.[66]

입양은 아이를 보살필 수 없는 사람으로부터 보통 비공식적으로 이루어지며, 인공수정은 파트너의 남자형제나 게이 남성 중에서 절친한 자, 또는 익명의 상대로부터 정자를 기증받아 잉태하는 것이 대부분이다. 익명의 기증자인 경우를 제외하고는 생물학적 아버지가 누구인지 아이에게 알려지게 될 수도 있다. 미국 사회에서의 레즈비언들은 한 때 아이를 임신하는 것이 유행하여 1980년대를 '레즈비언 베이비 붐'이라고 표현했을 정도였다.[169] 게이 남성들의 경우도 마찬가지로 입양 이외에도 대리모를 이용하여 자신의 생물학적 아이를 얻기도 한다.[193]

자신이 생물학적으로 출산한 아이를 키우는 레즈비언들에 대한 거부감도 있지만, 많은 사람들은 게이들이 아이를 입양하는 것을 반대하고 있다. 예를 들면, 미국의 뉴햄프셔주나 플로리다주에서는 게이가 아이를 입양하거나 양부모가 되는 것을 금지하고 있으며, 다른 주들에서는 게이 커플이 아니라 편부모가 입양한 것으로 기록하는 조건으로 아이를 입양할 수 있도록 하고 있다.[59], [193], [196] 그래서 서구에서는 게이들이 아이를 입양하여 부모가 되는 경우 부모와 아이 간 또는 입양된 형제자매들 간의 인종이나 문화가 서로 일치되지 않는 상황이 존재한다.[79]

일반인들은 동성애자 부모 밑에서 자라나는 아이들이 다른 아이들보다 동성애자가 되거나 문제를 일으킬 가능성이 더 높다고 믿고 있다. 그러한 믿음은 이성애적 기준을 토대로 하는 사회구성원들 모두에게서 나타날 수 있으므로 '잠재적 공포의 보편성'(universal latency fear)이라고 표현된다.[176] 그렇지만 아직까지 그러한 믿음을 뒷받침해주는 연구결과는 없으며, 오히려 이성애자인 부모일지라도 환경이 좋지 않는 상태에서 자라는 아이들보다 따뜻하게 보호하는 게이 부모 밑에서 자라나는 아동들이 더 행복할 수 있다는 주장은 매우 설득력이 높다.

레즈비언 어머니의 자녀 양육권

한 여성은 대학시절 만난 남성과 결혼하여 두 딸을 낳고 살았다. 그녀는 남편과 이혼하였으며, 이혼 과정에서 두 딸의 양육권을 얻어서 살고 있었다. 나중에 그녀는 레즈비언으로서의 생활을 시작하였고, 파트너와 함께 가정을 이루었다. 이 사실을 알게된 전 남편은 아이들의 어머니는 부모로서 부적격하므로 아이들의 양육권을 아버지인 자신에게 돌려달라는 소송을 냈다. 그렇지만 그녀가 레즈비언관계를 청산하는 즉시 소송을 취하하겠다는 조건을 덧붙였다.[166]

상기의 경우는 이혼한 후 레즈비언의 생활을 하게 되었지만, 남녀가 결혼생활을 하는 도중에 여성이 레즈비언의 정체성을 보이면 두 사람이 부부의 관계를 지속하기가 어렵다. 결국 그 부부가 이혼을 결정할 때 자녀가 없었다면 별다른 문제가 생기지 않지만, 성년에 달하지 않는 아이가 있는 상태에서 아이를 서로 자신이 기르겠다고 주장하면 문제가 심각해진다.

그 자녀를 양육할 수 있는 권리나 능력이 과연 레즈비언인 여성에게 존재하는가의 문제가 제기될 수 있다. 일반인들의 상식으로 게이가 어떻게 부모의 역할을 하겠는가 하고 생각되어지던 이 문제는 서구사회에서 1970년대부터 법적 소송으로 관심을 끌기 시작하였으며, 1980년대에는 법조계나 사회과학계에서 레즈비언의 상태와 어머니의 자격은 상호 배타적인 범주라는 의견이 대두하였다.[68]

이제 레즈비언 어머니가 과연 자녀를 양육할 수 있는 자격이 없는가를 서구사회의 사법부의 판단과정을 통하여 논의해 본다. 물론 앞에서 언급했듯이 이혼시 전남편이 아이의 양육을 레즈비언인 여성에게 맡긴다는 점에 동의하게 되면 법적 소송을 제기할 필요가 없겠지만, 단지 레즈비언이라는 이유로 아이를 양육시킬 수 없다는 주장에는 법적으로 논박하게 된다.

과거에도 레즈비언들이 이혼할 때 아이의 양육권을 주장한 사례들이 없지는 않았지만, 법정에서는 그들의 성적 지향에 대하여 논의가 되었을 경우에는 대부분 기록을 삭제해 버렸다. 그러나 동성애 권리 운동의 영향으로 여성들이 자신의 레즈비언 성적 지향을 인정하면서 이혼할 당시 아이의 양육권을 주장하는 사례가 1970년부터 급증하는 추세를 보이고 있다. 그럼에도 불구하고 1980년대 전반까지만 하더라도 레즈비언 어머니들이 자녀의 양육권을 얻을 수 있는 가능성은 50% 미만이었다.[69]

사법부에서는 대부분 어린이의 양육권을 결정할 때 어린이에게 가장 이득이 되는 기준을 선택한다. 그 기준은 다소 모호하고 주관적이므로 법적인 의사결정론자들이 어느 정도 재량권을 발휘하기도 한다. 또 지역마다 이혼의 사유, 어린이의 성별이나 나이 및 건강상태, 가정환경의 질, 부모의 정신 및 신체 건강상태, 어린이와 부모의 희망 사항 등의 요소를 다르게 고려하기도 한다. 이러한 맥락에서 동성애의 도덕성 시비가 법정에서 논의의 주제로 부각된다. 즉 레즈비언 어머니들이 자녀의 양육권을 주장하면서 직면하는 가장 현실적인 문제는 의사결정권자들이 어린이에게 가장 이득이 되는 다른 요인들보다도 동성애를 어떻게 보고 있느냐에 좌우되어 버릴 가능성이 높다는 점이다. 대부분의 재판과정에서 부모의 동성애 문제가 일단 거론되면, 다른 요인들은 이차적인 문제로 밀려나 버린다.[68]

그런 까닭에 레즈비언 어머니들이 공유하고 있는 두려움은 아이의 양육권에 대한 재판에서 패하는 것이다. 재판과정에서의 위험성이란 아이의 상실뿐만이 아니다. 동성의 파트너와의 성생활을 낱낱이 캐묻는 법관들로부터 인간 이하의 굴욕을 느끼는 일도 심각하다. 대다수 법관들은 중년 이상의 보수층이고, 또 자기 가치관을 고집하는 완벽주의자이기 때문에 레즈비언들은 법원에 가면 최소한 그 두 가지 사항에 대항하여 싸워야 한다.[72] 곧 법정에서의 양육권 결정은 동성애에 대한 태도 및 고정관념에 의하여 행해지는 경향이 짙은 편이다.[68]

부모 역할 및 능력의 여부

법정에서는 어머니가 레즈비언이라는 사실이 확인되면 최소한 다음의 두 가지 상황을 가정하여 논리를 전개한다. 첫째, 게이인 부모는 정신적으로 건강하지 못하므로 정상적인 부모가 될 자격이 없다고 가정한다. 그 경우 부모는 성역할의 모델로서 부적격하므로 어린이의 성적인 발달에 심한 장애를 줄 것이며, 또 그 아이는 이성애자인 부모 밑에서 자라나는 아동보다 나중에 게이나 성전환자가 될 가능성이 높을 것이다고 믿는다.[68]

둘째, 게이들은 자녀로 양육하고 있는 어린이와의 관계보다도 파트너인 성인과의 관계를 더 중요시하므로 이성애자인 부모보다도 부모의 역할을 하지 못 한다는 가정이다. 그렇다면 어린이는 자기의 게이 부모 및 그 파트너로부터 무관심이나 학대받을 가능성이 높다고 해석될 것이다.[69] 미국의 일부 주에서는 부모가 게이일 경우 이혼시

아이를 양육할 수 있는 권리가 없다고 분명하게 명시하고 있다.[196]

　사회과학적 연구 결과에 의하면, 레즈비언 어머니들의 정신건강은 어떠한가? 여러 연구자들은 레즈비언들과 이성애자인 여성들의 정신과적 장애들을 비교한 결과, 발병의 빈도상 차이가 없다고 한다. 개인적 적응능력, 방어능력, 자기 평가와 같은 주요한 영역 등에서 전반적인 차이가 없었다. 오히려 레즈비언들이 우울증이나 굴종감, 불안감 등의 점수가 낮았으며, 독립성, 침착성, 자기충족성, 자신감 등이 뛰어나기도 했다. 그렇지만 레즈비언들 중에서도 스스로를 레즈비언이라고 드러낸 여성들이 레즈비언 정체성을 숨긴 여성들보다도 더 정신적으로 건강하다는 결과가 나왔다.[171]

　레즈비언들이 부모로서의 능력을 갖추고 있는가의 연구에서도 마찬가지의 평가가 나왔다. 부모로서의 태도 및 자아개념을 비교할 때 레즈비언 어머니와 이성애자인 어머니 사이에 차이가 없었다.[157] 오히려 레즈비언 어머니들이 이성애자 부모보다도 아동에 대한 관심이나 책임감이 더 높게 나타났다. 그렇다면 이성애자인 부모가 아동에 대한 책임감이 더 클 것이라는 고정관념은 깨어져야 마땅할 것이다.[151]

　다음으로 레즈비언 어머니들에 의해 양육되고 있는 아동들의 정신건강은 어떠한가? 1980년대 초에 실시된 한 임상 연구에서는 게이 부모 밑에서 자란 아동과 이성애자 부모 밑에서 자란 아동 27명씩을 표집한 후 아동의 정서, 행동 등을 측정하였다. 그러나 정서나 행동간의 차이가 두 집단간에서 나타나지 않았을 뿐만 아니라 아동들의 교우형태, 성역할 행동, 성적 지향의 발달 등에서도 차이가 없었다.[83] 또 1970년대 후반부터 1980년대 말까지 15년간에 걸쳐서 발표된 35편의 논문의 결과들을 살펴보아도 게이 부모 밑에서 자란 아동들이 이성애자 밑에서 자란 아동들과 비교하여 나중에 게이가 되는 비율이나 생활의 적응에서 전혀 차이가 없었다.[30] 게다가 그 아동들의 자아개념, 도덕적 판단능력, 지능 등에서도 차이가 없었다.[196]

게이 부모 밑에서 자라고 있는 아이들이 직면하고 있는 보다 현실적인 문제는 그 아동들이 또래들로부터 조롱이나 학대를 받고 있다는 것이다. 물론 그런 아동들만을 대상으로 조사하면, 게이가 기르는 자녀들만 친구들로부터 학대를 받고 있는 것 같다. 그렇지만 이성애자인 부모 밑에서 자라나는 아동이 친구들로부터 학대받는 비율을 살펴 보았을 때 게이 부모 밑에서 자라나는 아동이 친구들로부터 학대받는 비율과는 차이가 없었다.

단, 게이의 자녀들에게는 친구들로부터 학대받지 않도록 하기 위해서 자신의 부모라는 점을 노출할 때 조심하라고 가르치는 차이가 있을 뿐이다. 그래서 게이 부모 밑에서 자라는 아이들은 이성애자 부모 밑에서 자라는 아이들보다 행동상에 신중함을 보이고 있다.[201]

그렇지만 이러한 연구결과들이 발표되었더라도 일반인들은 그 연구결과에 별다른 관심을 보이지도 않으며 고정관념을 깨뜨리지도 않는다. 그래서 레즈비언 어머니들은 연인과 비밀스러운 관계를 유지해 나가면서 혼자서 아이를 양육하는 경우가 더 많다.

그들은 자기가 레즈비언임을 드러내거나 커플과 가정을 이루겠다고 결심하는 것 자체가 아이들에게 지대한 영향을 미친다는 점을 두려워하고 있다. 아이가 받을지도 모르는 심리적인 상처, 아이나 직장, 다른 가족들로부터 거부당할지도 모른다는 두려움 그리고 무엇보다도 양육하고 있는 아이를 잃게 될지 모른다는 두려움 등이 그녀를 드러내지 못하게 만들고 있다.[12]

또 아이가 나중에 친구들로부터 따돌림을 받을지도 모른다는 것도 두려워 한다. 그러한 두려움 때문에 어떤 여성들은 연인과 가정을 이루지 못하고 이중생활을 하고 있다.¹²⁾ 게이 아버지들도 마찬가지로 어려운 상황에 직면하고 있다.

　게이 아버지가 레즈비언 어머니보다도 자신의 동성애 정체성 때문에 아이들이 더 어려움을 겪고 있다고 보고한다. 그래서 게이 아버지들은 자신의 정체성을 아이들에게 밝히는 것을 레즈비언 어머니들보다 더 두려워한다.³⁰⁾

　특히 문화적인 차별을 받고 있는 흑인 남성들에게서 그런 경향이 더 심하게 나타난다. 그러한 이유로 게이이면서 부인과 결혼생활을 유지하는 게이 아버지들도 있다. 그들 대부분은 다른 남성과의 관계를 비밀로 유지하기 때문에 자아개념이 불안정한 상태에서 생활한다. 그들이 아내와의 결혼생활을 포기하지 않는 가장 큰 이유는 어린이와의 관계를 두려워하기 때문이다.³⁹⁾

레즈비언 어머니 및 게이 아버지의 예

　레즈비언 커플들이 자신들의 어린이를 키우고 있다면, 최소한 한 여성은 그 아이와 생물학적으로 관계가 없다. 생물학적 어머니는 파트너인 다른 여성도 아이에게 동등한 책임을 가져주기를 바라지만, 책임이 어느 정도인가의 문제나 질투 감정이 개입되는 문제도 파생한다. 생모는 연인과 아이에게 관심과 사랑을 골고루 나누어주려고 하지만 서로 경쟁자로 느껴지기도 한다.

　질투심의 정도는 아이의 연령이나 의존성, 그리고 연인의 성숙도에 따라서 달라지는데, 어떤 여성은 아이에 대한 책임을 전적으로 생물학적 어머니가 지도록 하는 조건에서 커플관계를 유지하기도 한다.[206] 아래에 소개되는 이야기는 1990년대 초 캘리포니아에 거주하고 있는 두 여성이 레즈비언 커플관계를 유지하면서 자녀를 양육하는 내용을 담은 것이다.[12]

우리들은 현재 48세와 47세의 변호사들로, 18년 전부터 커플관계를 유지해 오고 있다. 우리들은 결합하기 전 2세와 4세 아들을 둔 어머니와 3세와 4세 딸을 둔 어머니였다. 우리들은 살아가면서 아이들의 아버지가 없고, 어머니가 둘이라는 이유로 이웃으로부터 따돌림을 받기도 했다. 우리들에게 가장 어려웠던 문제들중 하나는 아이들에게 가족의 개념을 이해시키는 일이었다.

아이들은 수십 번 우리 모두 한 가족인가를 물었으며, 그럴 때마다 가족이란 함께 살면서 서로 사랑하고 보살피는 사람이라고 답해 주었다. 큰 아이들은 생일이 5개월 차이였으므로 일년 중 7개월은 나이가 같았다. 그때마다 사람들에게 쌍둥이인 체하였지만, 사람들은 생일이 다름을 알고서 의아하게 생각했다. 큰 아이는 생모에게 엄마, 파트너에게 아줌마라고 부르고 살았다. 그런데 하루는 아이가 학교에서 그린 그림을 가져왔는데, 제목이 '엄마와 엄마에게: To mom and mom'라고 붙어 있었다. 그처럼 아이가 두 사람을 엄마로 인식하는 데는 상당한 시간이 걸렸다.

우리는 많은 시간을 투자하여 아이들의 교육이나 양육에 관하여 토의를 하였다. 우리가 너무 엄한가, 너무 허용적인가, 너무 관심을 많이 쏟는가, 과잉보호인가 등 매사에 아이들과의 관계에서 걱정이 끊이지 않았다. 대부분의 레즈비언 어머니들은 자기들의 생활양식이 자녀들에게 조금은 영향을 미칠지도 모른다고 걱정하거나 의심하기도 한다. 그래서 우리들은 레즈비언 부모 밑에서 자라난 아이들도 이성애자인 부모 밑에서 자라난 아이들과 차이가 없다는 심리학 연구결과들이 발표될 때마다 고맙게 생각하였다.

우리들은 레즈비언임을 긍정적으로 받아들이고 있었으므로 처음부터 아이들에게 우리들의 상태를 숨기지 않고 솔직히 이야기하여 주었다. 우리가 아이들에게 솔직히 대해주면, 그들도 나중에 어떠한 문제이든지 솔직하게 대해주리라고 믿었기 때문이다. 그리고 지금 큰 애는 결혼하였고, 다른 한 애는 대학을 갓 졸업하였고, 다른 두 명은 대학생이다.[12]

이제 게이 아버지의 예를 들어 보자. 여러 연구들에 의하면, 아버지의 성적 지향은 아버지와 자녀의 관계에 별로 중요한 영향을 미치지 않는다고 한다. 그렇지만 게이 아버지들은 자녀들에게 자신이 어머니의 역할 모델을 제공해 주려고 노력한다.[30] 다음은 한 게이 남성이 아이를 입양하여 기르는 과정의 얘기이다.

나는 주변인들에게 스스로 게이임을 드러내고 살아가는 조그만 악단의 단장이다. 내가 과거에 아이를 입양할 것이라고 말하면, 가족들이나 친구들은 '너는 게이 아니야', '결혼도 하지 않는 주제에'라고 핀잔하는 것이 보통이었다. 두려움과 의구심도 많았지만, 아버지가 되고 싶어서 입양이라는 중대한 결정을 내렸다. 과거에 연인이 있었지만, 당시는 그와 헤어지고 2년 동안 홀로 지내고 있는 처지였다. 아이를 입양하겠다고 말하던 나도 스스로에게 '아이의 욕구를 충족시킬 수 있는 부모가 될 수 있을까', '아이가 나를 이해하고 받아줄까', '내가 게이라는 사실 때문에 아이가 차별받지 않을까' 등의 질문을 해보았다.
첫째 질문은 모든 부모가 가질 수 있는 문제였고, 둘째 질문에 대한 답은 나와 아이와의 관계의 질에 달려 있다고 생각했다. 그런데 셋째 질문이 가장 걱정되었다. 또 어머니가 없는 아이에 대해서도 걱정이 되었다. 그렇지만 부모가 이혼하거나 사망하여 편부모 밑에서 자라나는 아이들도 있는 세상이기에 망설이지 않고 부모가 되기로 결심했다. 변호사들은 게이가 아버지가 되고 싶다는 생각을 흔쾌히 응해주지 않았다. 마침 임신 5개월째인 한 여성이 나타나서 아이를 낳으면 입양하기로 합의하였다. 그녀는 아이를 양육할 수 있는 형편이 되지 못하여, 아이를 보살펴줄 따뜻한 가정을 원하였기 때문이다.
그녀는 나의 요구에 호기심을 가지고 있었지만, 마음이 흔들리고 있었다. 아이는 2개월 조산하여 태어난 여자 아이였다. 체중저하 때문에 출생 후 1개월 정도 병원신세를 져야 했다. 그래서 산모의 마음은 더욱 흔들리고 있었다. 이 기간 동안 나는 매일 병원을 방문하여 아이에게 우유를 먹여 주고, 아이의 어머니와 이야기를 주고 받으면서 정성을 다했다. 마침내 퇴원일이 되었고, 생모는 아이를 나에게 허락한다는 서류에 사인을 했다. 아이를 집에 데려와 매일 24시간의 보호를 하면서 보살폈다. 직업이 악단장이기에 출타가 잦았지만, 그때마다 우유병, 기저귀, 아이용 자동차 좌석, 놀이기구, 갈아입힐 옷 등을 챙기고 집시처럼 생활하였다.

운좋게도 아이가 생후 3개월이 지날 때 나에게 연인이 나타났다. 아이에게 또 다른 아버지가 생긴 것이다. 게이로서 아버지가 된다는 것은 상당한 적응을 요하는 쉽지 않는 일이었다. 처음으로 아이와 해외 여행을 프랑스로 떠날 때 하마터면 비행기를 타지 못할 뻔했다. 아이를 입양한 자가 본인이라는 서류의 복사본이 없었더라면 오해받을 상황이었다. 프랑스에 도착해서도 일은 간단하지 않았다. 호텔에서는 아이의 어머니는 어디에 있는가 물었다. 서투른 불어로 아이와 단둘이라고 말했지만, 고개를 갸우뚱거리면서 다시 물었다. 나중에 알고 보니, 아이의 어머니가 있을 것으로 생각하고 큰 침대가 놓인 방을 배정하려던 것을 변경시켰던 것이다.

지금은 아이가 자라서 학교에 다니고 있다. 우리 커플은 학부모들의 모임에 참석하여 내가 아이의 아버지라고 소개하였고, 내 파트너도 또 다른 아버지라고 소개하였다. 하여간 게이로서 아버지가 되는 일은 쉽지 않다. 매일 적응하면서 살아가야 할 정도로 어려운 일이 많이 생기고 있다. 그럼에도 불구하고 나는 게이로서 아버지의 역할을 매우 가치있는 일이라고 믿고 있다.[45]

게이 커플을 위한 상담과 치료의 예

A라는 중년 여성이 전문가를 찾아 왔다. 그녀는 B라는 여성과 레즈비언 커플관계를 유지하고 있다. A는 B보다 연장자이면서 성에 대한 관심도 더 크다. A에 의하면, B는 평소에도 성관계에 대한 관심이 없으며 성욕이 결핍되어 있다. 최근 A는 B와 자주 다투게 되었는데, B가 자신에게 충실하지 못하다고 느끼고 있었기 때문이었다. A는 B가 자기와의 관계에서는 성욕이 없다면서도 다른 여성들과 자주 어울리고 있다는 것을 알아차렸다. 다투는 과정에서 B가 자신의 생활양식을 바꿀 수 없다고 선언하였기에, A는 고민에 빠져 치료를 받으러 왔던 것이다.

치료를 받는 세션 동안 B도 치료가에게 함께 오기도 했다. 그때 A는 B가 자신의 옆에 있어주기를 울면서 애원하기도 했으며, 또 B를 잔인하다면서 비난하기도 했다. 치료가는 B가 A의 요구를 거부하고 있다는 것을 확인했으므로, 억지로 A의 요구대로 B를 움직이게 만드는 것이 어렵다고 생각했다. 그리하여 그들에게 다른 대안을 제시하였다. 그 예가 바로, B는 다른 여성들을 만나 성관계를 갖는 것은 좋지만, 그러기 위해서는 A와 의무적으로 다섯 차례 정도의 성관계를 가진다는 조건을 덧붙였다. 이 경우 성관계 중 최소한 한차례는 오르가즘을 경험하는 것으로 정의하였다. B는 치료가의 제의를 수락하였으며, A도 B의 태도를 만족스럽게 받아들이면서 치료가 끝났다.

게이 커플을 위한 치료의 상당부분은 상기의 예처럼 파트너와의 관계가 종식되는 두려움과 관계된다. 마치 이성애자인 부부 중 한 명이 배우자가 아닌 다른 사람과 가깝게 지낸다면 부부관계에 심각한 영향을 미치는 것과 비슷하다. 오랫동안 함께 지내던 파트너와 결별하면서 분노, 우울, 슬픔 등과 같은 감정을 이기지 못한 상담자가 많은 편이다.

그밖에 자녀와의 관계를 상담하는 경우도 드물지 않다. 레즈비언 커플들이 남편과 결혼했을 당시 낳았던 아이를 키울 경우 그 아이가 생물학적 아버지와 어느 정도 접촉을 유지하고 있는지에 대해서는 잘 알려지지 않았다. 레즈비언들은 차별의 두려움 때문에 그와 같은 사실이 알려지기를 꺼리고 있다. 그러한 이유로 임상이나 상담의 치료전문가들은 아이를 기르고 있는 레즈비언 커플들을 상대할 때 아이와 파트너 또는 아이와 생물학적 아버지와의 관계를 매우 조심스럽게 대해야 한다.[39]

마지막으로 실제로 이성의 배우자와 결혼하면서 갈등을 겪는 사례들은 수없이 많다. 앞에서 언급했던 내용에 속하지만, 아래에 한 예를 소개한다.

두 아이의 어머니인 30세의 한 여성이 치료가를 방문하였다. 그녀는 현재 심한 알코올중독으로 고생하고 있으며, 최근 자살을 시도한 적도 있었다. 그녀는 사춘기 때 여성들에게 매력을 느꼈지만, 그런 느낌을 마음속으로부터 지워버리려고 노력하면서 다른 방식으로 합리화시켜 왔다. 결국 여성과의 성적 접촉은 전혀 경험하지 않았지만, 그런 생각을 떨쳐 버릴 목적으로 20세에 사랑하지도 않는 남성과 결혼하였다.

수년 동안 남편과의 성생활에서 그녀는 별다른 만족을 얻지 못했는데, 나중에 이웃에 사는 한 주부와 사랑에 빠지어 성관계를 가졌다. 그녀와의 경험은 매우 강하고 낭만적인 것이어서 갈등이 생겼다. 더이상 남편과의 결혼생활에서 만족을 얻지 못한 상황이었지만, 그렇다고 레즈비언 생활을 한다는 것도 불가능하다고 느꼈다. 이런 갈등 때문에 그녀는 갈수록 알코올에 의존하게 되었다. 그녀가 보인 치료 초기의 문제는 정체성 문제였다. 그녀는 레즈비언 관계를 원하고 있었지만, 현 상황에서 그런 생활양식이나 정체성 확인에 대한 도움을 필요로 하였다. 그녀는 아이의 양육을 남편에게 양도하고, 연인을 찾아 게이들을 위한 단주 클럽(Alcoholics Anonymous)에 가입하게 되었다.[61]

제12장
동성애 연구의 방법론 및 측정도구

동성애 연구에서의 방법론적 문제

본서의 전장에서 킨제이 보고서의 내용을 언급하면서 동성애의 빈도를 추론하기가 쉽지 않다고 설명했다. 그 이유는 동성애를 어떻게 정의하는가를 비롯하여, 표집의 과정, 그리고 동성애에 대한 사회적 오명 등에 따라서 내용이 달라지기 때문이다.

일반적으로 동성애에 대한 연구는 실제 동성애자들을 상대로 하는 연구들과 이성애자를 상대로 게이나 동성애에 대한 태도 또는 잠재적인 동성애적 충동을 살펴보는 연구들이 있다. 게이들을 상대로 하는 연구에서는 이미 설명한 바처럼 그 결과가 표집에 따라서 달라지는 문제가 생긴다. 게이들이 자유스럽게 노출할 수 있는 분위기가 아니므로 어느 경우에나 표집(sample)이 전체 게이들의 대표가 되기 힘들다. 연구자들은 단순히 숨어있는, 보이지 않는 표본만을 표집하고 있는지도 모른다.[156]

그러나 연구의 성격상 전집(population)을 대표하는 표집을 필요로 하지 않는 경우도 있다. 그렇지 않는 상황에서는 연구결과를 확인하기 위하여 복제실험(replication)을 하는 것이 가능하다. 예를 들면, 어떠한 연구에서는 이성애자인 남성들보다 게이 남성들에게서 테스토스테론의 수준이 낮다고 발표했으나, 이에 대한 복제실험에서는 그러한 결과가 증명되지 못했다. 또 게이를 표집할 때 이성애적 경험이 있는 양성애자를 포함시키는 경우가 많지만, 양성애자와 게이는 여러 가지 다른 특성을 보인다.[78]

동성애에 대한 연구를 할 때 전반적으로 이성애적 틀에 의한 편견이 담긴 질문을 하게 되면, 동성애의 특성을 제대로 파악하는 것이 불가능하다. 우선 연구 설계의 과정에서 질문지를 작성할 때 다음의 사항을 주의하는 것이 바람직하다.

첫째, 질문지에 레즈비언, 게이 남성, 또는 양성애자의 존재를 부정하거나 무시된 내용이 들어 있으면 안 된다. 둘째, 질문에서 게이나 양성애자들의 가치를 저하시키는 내용을 포함시키면 안 된다. 셋째, 게이나 양성애자들에 대한 문화적 고정관념이 들어 있으면 안 된다. 그리고 넷째로 질문에 개인의 성적 지향 때문에 관찰된 특성이 나타났다는 가정을 내포해서도 안 된다.[102]

응답자의 입장에서는 자신의 반응 내용이 얼마나 비밀로 잘 유지될 것인가를 믿는 상태에 따라서 반응하는 양상이 다르다. 또 연구의 절차가 이성애자 응답자들이 지니고 있는 동성애에 대한 부정적 태도를 강화시킬 수도 있으며, 게이 응답자들에게는 그 절차가 부정적인 영향을 미칠 수도 있다. 그러므로 응답자의 사적인 영역을 침범하지 않는 상태에서 그들이 선발되고 관찰되어야 한다.[102]

보다 구체적으로는 표집을 할 때 다음을 유의하여야 한다. 첫째,

표집이 어느 정도 대표성을 가지고 있는가의 문제이다. 둘째, 표집이 확률에 의한 것이 아니라면, 표집방법이 매우 다양하다는 것을 유념해야 한다. 그리고 셋째, 연구주제에 표집이 적절한가도 살펴야 한다.[102]

성적 지향(sexual orientation)이 연구에서 중요한 변인이라고 하더라도 그 성적 지향이 어떻게 측정되는가도 매우 중요하다. 스스로 게이나 양성애자로 표현하는 경우, 일정한 기간 동안의 행동 유무를 근거로 연구자가 분류하는 경우, 일정한 기간 동안의 성욕이나 환상을 보고하는 경우 등 분류기준이 연구자마다 다를 수 있기 때문이다. 또 비교집단이 적절히 사용되고 있는가도 고려해야 한다. 예를 들면, 기혼여성과 레즈비언의 차이를 살펴볼 때, 기혼여성 모두가 이성애자가 아니며, 어떤 레즈비언은 남성과 결혼했기 때문에 부적절한 비교가 된다.

또 질문지의 문항에 이성애를 가정하는 내용이 수반되는 경우도 있다. 그 예로 혼외 성관계에 대한 질문을 할 경우 게이들은 결혼을 인정받지 못하므로 그들은 이성애 부부들의 혼외 성관계에 대한 의견을 대답할 뿐 자신의 경우를 이야기하지 못한다. 사소하게는 연구자의 개인적 태도나 감정이 응답자의 반응에 영향을 주기도 한다.[102] 역시 게이 남성이나 레즈비언의 정신건강에 대한 연구에서 게이공동체의 회원인가, 자신을 게이 남성이나 레즈비언이라고 여기는 성적 정체성은 분명한가, 또 실제로 동성과 성적인 관계를 맺고 있는가 등이 문제가 된다. 어떤 사람은 게이 공동체에 전혀 관여하지 않고 또 게이 정체성을 인정하지 않은 채로 수년 동안 특정한 동성애 관계를 강하게 유지하는 사람들도 있다.[36]

또 자신을 게이라고 여기면서도 조직화된 공동체의 회원이 아닌 사람도 많다. 표집을 하는 과정에서 동성애자의 전집을 파악하는 데에 한계가 있기 때문에 조사대상자인 게이에게 자기가 알고 있는 다른 게이에게 대상자가 되도록 부탁하면서 표집의 수를 늘려가는 경우가 많다. 이와 같이 눈덩이가 불어나는 것처럼 대상자를 표집하는 **방법**(이를 snowballing이라고 함)의 결과는 일반 전집을 대상으로 한 결과와 다르다.[178]

한 여성이 레즈비언인가 아닌가의 기준은 예전에 비하여 그녀가 다른 여성들과 성적인 접촉을 하는가의 여부에 초점을 맞춘다. 그렇지만 레즈비언들의 전집은 여성과 성관계를 가졌더라도 본인이 레즈비언이 아니라고 여기는 여성을 제외한 상태이며, 또 성관계를 갖지 **않았더라도** 본인이 레즈비언이라고 여기는 여성들을 포함한 상태를 말한다.[132]

특히 레즈비언의 경우, 연구에 참여한 레즈비언들은 그렇지 않는 레즈비언들보다 자신의 성적 지향을 드러낼 의지가 더 크고, 자신의 성적 지향을 더 편하게 느끼고 있다. 그러므로 레즈비언의 표집에서 얻은 자료를 전체 레즈비언에게 일반화시킬 때에는 신중을 기해야 한다.[154]

동성애 연구에 관련된 측정도구의 예

동성애에 대한 연구는 실제 게이들을 대상으로 측정한 경우와 일반인들을 대상으로 동성애를 어떻게 이해하는가를 측정하는 경우가 있다. 여기에서는 일반인들을 대상으로 동성애 및 게이들에 대한 태도를 측정하는 도구 4편을 원어대로 소개한다.

The Index of Homophobia 이 척도는 25개의 문항으로 구성되었으며, 동성애에 대한 혐오증이나 공포증을 측정하는 것이다.[109] 각 문항의 반응형태는 0(=strongly agree)부터 4(=strongly disagree)까지의 Likert식 5점 척도이다. 문항의 일부는 역으로 채점해야 해야 하며, 총점이 높을수록 동성애자에 대한 혐오나 공포가 심함을 의미한다. 이 척도의 신뢰도 계수는 상당히 높은 편이며(Cronbach α =.90), 점수 범위가 0-25점일 경우 비교적 혐오나 공포가 없는 편으로, 그리고 점수

범위가 75-100점일 경우 혐오나 공포가 매우 심함을 의미한다.[110] 다음은 25개의 문항이며, 문항 말미의 괄호 속에 * 표시가 된 것들은 역으로 채점되어야 할 문항들이다.

1. I woud feel comfortable working closely with a male homosexual.
2. I would enjoy attending social functions at which homosexuals were present.
3. I would feel uncomfortable if I learned that my neighbor was a homosexual. (*)
4. If a member of my sex made a sexual advance toward me, I would feel angry. (*)
5. I would feel comfortable knowing that I was attractive to members of my sex.
6. I would feel uncomfortable being seen in a gay bar.(*)
7. I would feel comfortable if a member of my sex made an advance toward me.
8. I would be comfortable if I found myself attracted to a member of my sex.
9. I would feel disappointed if I learned that my child was homosexual. (*)
10. I would feel nervous being in a group of homosexuals. (*)
11. I would feel comfortable knowing that my clergyman was a homosexual.
12. I would be upset if I learned that my brother or sister was a homosexual. (*)
13. I would feel that I had failed as a parent if I learned that my child was gay. (*)
14. If I saw two men holding hands in public, I would feel disgusted. (*)
15. If a member of my sex made an advance towards me, I would feel offended. (*)
16. I would feel comfortable if I learned that my daughter's teacher was a lesbian.
17. I would feel comfortable if I learned that my spouse or partner was attracted to members of his or her sex. (*)
18. I would feel at ease talking with a homosexual person at a party.
19. I would feel comfortable if I learned that my boss was a homosexual. (*)

20. It would not bother me to walk through a predominantly gay section of town.
21. It would disturb me to find out that my doctor was homosexual. (*)
22. I would feel comfortable if I learned that my best friend of my sex was homosexual.
23. If a member of my sex made an advance toward me, I would feel flattered.
24. I would feel comfortable knowing that my son's male teacher was a homosexual. (*)
25. I would feel comfortable working closely with a female homosexual.

동성애에 대한 태도 척도 이 도구는 동성애에 대한 전반적인 태도를 측정하는 것으로, 각 문항의 반응형태는 0(=strongly agree)부터 4(=strongly disagree)까지인 Likert식 5점 척도이다.[121] 문항의 일부는 역으로 채점해야 해야 하며, 총점이 높을수록 동성애에 대한 태도가 호의적임을 의미한다. 이 척도의 내적 일치도는 비교적 높았으며 (α = .93), 검사-재검사 신뢰도 계수는 .71이었다. 이 척도는 페미니즘에 관한 태도를 측정하는 Smith 등(1975)의 척도와 높은 상관을 보였지만(r = .50, p<.001),[198] 성역할을 측정하는 Bem(1974)의 척도와는 의미있는 상관이 없었다.[30] 다음은 20개의 문항이며, 문항 말미의 괄호 속에 * 표시가 된 것들은 역으로 채점되어야 할 문항들이다.

1. I would not mind having homosexual friends. (*)
2. Finding out that an artist was gay would have no effect on my appreciation of his/her work. (*)
3. I won't associate with known homosexuals if I can help it.
4. I would look for a new place to live if I found out my roommate was gay.
5. Homosexuality is a mental illness.
6. I would not be afraid for my child to have a homosexual teacher. (*)

7. Gays dislike members of the opposite sex.
8. I do not really find the thought of homosexual acts disgusting. (*)
9. Homosexuals are more likely to commit deviant sexual acts, such as child molestation, rape, and voyerism (Peeping Tom), than are heterosexuals.
10. Homosexuals should be kept separate from the rest of society (i.e., separate housing, restricted employment).
11. Two individuals of the same sex holding hands or displaying affection in public is revolting.
12. The love between two males or two females is quite different from the love between two persons of the opposite sex.
13. I see the gay movement as a positive thing. (*)
14. Homosexuality, as far as I'm concerned, is not sinful. (*)
15. I would not mind being employed by a homosexual.
16. Homosexuals should be forced to have psychological treatment.
17. The increasing acceptance of homosexuality in our society is aiding in the deterioration of morals.
18. I would not decline membership in an organization just because it had homosexual members. (*)
19. I would vote for a homosexual in an election for public office. (*)
20. If I knew some were gay, I would still go ahead and form a friendship with that individual. (*)
21. If I were a parent, I would accept my son or daughter being gay. (*)

Attitudes toward Homosexuals 이 척도는 14개의 문항으로 구성되었으며, 동성애자에 대한 태도를 측정하는 것이다.[17] 각 문항의 반응형태는 0(=strongly agree)부터 4(=strongly disagree)까지의 Likert식 5점 척도이다. 문항의 일부는 역으로 채점해야 해야 하며, 총점이 높을수록 동성애자에 대한 태도가 부정적임을 의미한다. 이 척도의 내적 일치도는 비교적 높은 편이며(Cronbach α =.90), Hudson과 Ricketts(1980)의 the Index of Homophobia[109]와의 상관이 매우 높아서 수

렴타당도가 높은 편이다(r=.86, p<.001). 다음은 14개의 문항이며, 문항 말미의 괄호 속에 * 표시가 된 것들은 역으로 채점되어야 할 문항들이다.

1. Homosexuality should be considered an acceptable alternative lifestyles.
2. Homosexual relations between consenting adults should be legal.
3. A homosexual can be as good a Christian or as good a Jew as anybody else.
4. A homosexual can lead as happy and well-adjusted life as anybody else.
5. Homosexuals should have equal rights in terms of job opportunity.
6. Homosexuals should be allowed to adopt children.
7. Homosexuality is something unhealthy and abnormal that should be cured. (*)
8-12. Homosexuals should be considered for the following occupations:
    8. Doctors.
    9. The clergy.
    10. Salesperson.
    11. Elementary school teachers.
    12. Armed forces.
13. Would you be more likely to avoid contact with a person you know who is homosexual, due to the current outbreaks of AIDS? (*)
14. Do you believe homosexuality is immoral? (*)

Homophobic Behavior of Students Scale(HBSS) 이 척도는 10개의 문항으로 구성되었으며, 학생들이 남녀 게이들에게 보이는 행동적인 의도를 측정하려는 것이다.[21] 처음 6개 문항은 강의실이나 사회적 상황에서 게이들을 회피하려는 의도의 여부를 묻는 것이고, 다른 네 개의 문항은 게이들의 인권의 지지를 묻는 것이다. 각 문항의 반응형태는 1(=defenitely false)부터 5(=definitely true)까지의 Likert식 5점 척도이다. 문항의 일부는 역으로 채점해야 해야 하며, 총점이 높을수록 게이들에게 부정적인 행동을 반영한 것이다. 이 척도의 내적 일치도는 대학생의 표집에서 비교적 높은 편이었다(Cronbach α = .81). 다음은 10개의 문항이며, 문항 말미의 괄호 속에 * 표시가 된 것들은 역으로 채점되어야 할 문항들이다.

1. I would speak in a small class group with a gay person or lesbian about homosexual issues. (*)
2. I would speak individually, in class, with a gay person or lesbian about homosexual issues. (*)
3. I would not like to have a gay person or lesbian address the class about homosexual issues.
4. I would take the opportunity to talk in an informal lunchtime meeting with a group of four lesbians or gay males. (*)
5. I would not attend a lunchtime barbecue at which four gay males or lesbians are present.
6. I would watch a video in class in which a lesbian or gay person features. (*)
7. I would sign my name to a petition asking the government to do more to stop violence against gay men and lesbians. (*)
8. I would not sign my name to a petition asking the govenrment to make sure gays and lesbians have equal rights with everybody else.
9. I would sign my name to a petition asking the government to allow lesbian and gay couples to officially register their marriage or aprtnership. (*)
10. I would sign my name to a petition asking the govenrment to allow lesbian and gay couples to adopt children. (*)

동성애를 전문적으로 다루는 정기간행물

게이들을 위한 최초의 간행물은 단 한 번밖에 나오지 못했지만, 1870년 독일의 울리크스(Karl Heinrich Ulrichs)에 의하여 발간되었던 게이 남성이라는 뜻의 우르닝스(Urnings)였다. 또 북미 지역의 최초 간행물은 1953년도에 간행된 원 매거진(One magazine: The homosexual viewpoint)이었다.[72] 미국에서는 1980년대 중반까지 어떤 여성들은 레즈비언들을 위한 포르노 잡지 온 아워 백스(On Our Backs)를 발행하기도 했는데, 이는 당시 페미니스트 신문으로 유명한 오프 아워 백스(Off Our Backs)라는 이름을 흉내낸 것이었다.[161]

근대의 간행물로는 미국 샌프란시스코에서 발간되고 있는 베이 에어리어 리포터(Bay Area Reporter)지는 1990년대 초 37,000부 이상 팔리고 있는 주간지이며, 또 게이를 위한 간행물 중에서 가장 많은 부수를 발행하고 있는 간행물은 격주간지 디 애드버키트(The Advocate)이

다. 후자는 1990년대 초 약 10만 명의 독자를 확보하고 있는데, 그들의 98%는 남성들이다.[72]

신문의 경우 1991년 현재 미국 내에서 발간되고 있는 11,339종의 신문 가운데 125종은 게이 남성과 레즈비언을 위한 것으로, 모두 합하여 1백만 부 이상 보급되고 있다.[196] 우리 나라의 경우는 1993년 말 게이 남성 및 레즈비언들의 단체가 형성되면서 소식지가 보급되었는데, 그 단체가 곧 게이 남성의 단체와 레즈비언의 단체로 나누어지면서 소식지도 두 가지가 되었다. 게이 남성 단체에서는 '친구 사이'라는 소식지를 발간하고 있으며, 레즈비언 단체에서는 '끼리끼리'라는 소식지를 발간하다가 1996년부터는 '또 다른 세상'이라는 정보지로 바꾸어 발간하고 있다.

정신의학 및 심리학계에서 동성애를 정상으로 여기는 시점에서 게이들의 입장을 긍정적으로 평가해 주는 학술지가 탄생했다. 즉 1974년 Journal of Homosexuality(JH)와 Homosexual Counseling Journal(HCJ)이 동시에 발간되기 시작하였다. 사실 그러한 학술지가 발표되기 이전에도 동성애를 주제로 한 논문들이 여러 학술지에 소개되었지만, 거의 모두가 동성애를 정상의 범주에서 벗어난 현상으로 해석하는 것들이었다. 유일하게 게이들의 연구를 통하여 정상인과 차이가 없다는 지적을 했던 논문은 1957년 이블린 후커(Evelyn Hooker)라는 심리학자의 논문에 불과했다.[107, 192]

오늘날까지 발간이 지속되고 있는 JH는 성 정체성(gender identity) 및 동성애에 관한 연구를 전문적으로 다루고 있는 반면에, HCJ는 3년 정도밖에 발간되지 못했지만 게이들이나 가족, 친지들을 대상으로 일상생활의 적응 및 상담과 관련된 논문을 취급하였다. 상기의 학술지 이외에 1994년부터 Journal of Gay and Lebian Psychotherapy와

Journal of Gay and Lesbian Social Services라는 학술지들도 간행되고 있다. 전자는 게이들의 삶의 질을 촉진시키기 위한 목적으로 정서적, 심리학적, 정신과적 도움을 요하는 그들에게 심리치료를 효과적으로 이용하는 문제를 다루며, 후자는 게이나 양성애자들이 현시대의 사회문화적 풍토에서 안녕을 추구하거나 증진시키기 위한 사회적 제도 등을 다루고 있다.

또 근래에는 레즈비언 및 양성애자들의 정체성 문제가 부각되면서 그들을 연구하고 있는 학자들이 늘어났다. 결과적으로 1996년부터 Journal of Gay, Lesbian, and Bisexual Identity라는 학술지가 발간되었으며, 1997년부터는 Journal of Lesbian Studies라는 학술지도 발간되기 시작했다.

부록 1
동성애 빈도 연구의 연대기적 정리

킨제이 등이 발표한 보고서 이후 동성애 빈도를 추론한 서구사회의 주요한 조사 내용들을 연대기적으로 소개하면 다음과 같다.

* 1970년 Psychology Today라는 월간잡지는 2만 명의 독자들의 반응에서 37%의 남성과 12%의 여성이 동성과의 성경험에서 오르가즘을 한번이라도 경험했다고 발표했다.[196]

* 1973년 대학생들을 표집한 연구에 의하면, 30%의 남학생들이 동성과의 접촉으로 오르가즘을 경험했으며, 또 남대생의 5-6% 및 여대생의 3%를 게이라고 추정했다.[78]

* 1974년 2,036명의 남녀를 상대로 한 Hunt의 조사에서 25%의 남성들은 동성과의 관계에서 오르가즘을 경험했으며, 또 3년 이상 동성과의 성적 접촉을 지속하는 비율은 남성 7%와 여성 3%였다.[196]

* 1976년 남자 대학생 운동선수 82명을 조사한 Smith 등의 자료에 의하면, 그들의 40%가 지난 2년간 동성과의 성적 접촉에서 적어도 두 차례 이상 오르가즘을 경험했다.[196]

* 1977년 Pietropinto 등이 보고에서는 표집된 4,066명의 남성들 중의 3.1%가 남녀 모두와 성관계를 경험했다고 답했다.[196]

* 1979년 Gebhard 등이 발표한 자료는 킨제이 등의 1948년도와 자료와 매우 유사하였다. 즉 남성의 34%가 다른 남성과의 성관계에서 오르가즘을

경험했으며, 또 남성의 9.9%가 킨제이 척도의 5번과 6번에 해당되듯이 전적으로 동성애 관계를 유지하고 있었다.[195]

* 1981년도에 발표된 보고서에서 11%의 남성들은 성적인 상대로 여성보다도 남성을 더 선호한다고 답했다. 그 11% 중에서 9%는 주로 남성을, 2%는 남녀 모두를 상대한다고 응답했다.[106]

* 1983년 Playboy지의 독자 10만 명 중에서 남성 35%와 여성 22%는 사춘기 이후 동성과의 성관계에서 오르가즘을 경험했으며, 반응자 중 남성의 10%와 여성의 12%는 사춘기이래 동성과의 성적 접촉을 지속해 왔다고 답했다.[196] 다른 조사들보다 동성애의 빈도가 높게 나타난 것은 잡지의 성격상 독자들이 성에 대한 금기가 낮은 사람들의 반응이었기 때문일 수 있다.

* 1985년 Cameron의 조사에서는 남성 5.1% 및 여성 3.1%가 스스로를 게이나 레즈비언이라고 응답하였다.[196]

* 1989년 Hatfield가 실시한 전화 설문조사에서 남녀를 합하여 응답자의 6.2%가 게이라고 답했다.[196]

* 1990년 663명의 남성들을 상대로 한 Harry의 전화 설문조사에서 응답자의 3.7%가 자신을 게이나 양성애자라고 답했다.[196]

* 1990년 영국과 미국, 프랑스 남성들의 반응을 비교한 Sell 등의 조사에서 15세 이후 동성과의 성적 접촉에서 오르가즘을 경험한 비율은 영국인 7.8%, 미국인 11.6% 그리고 프랑스인 11.6%였다.[196]

* 1991년 Smith는 18세 이후 동성과의 접촉에서 오르가즘을 경험한 비율은 5-6%이며, 오직 동성하고만 상대하는 사람은 1% 미만이라고 주장했다.[196]

* 미국의 여론조사기관인 National Opinion Research Center가 1989년부터 1993년까지의 조사결과를 보고한 바에 의하면, 남성 2.8%와 여성 2.5%가 게이였다.[196]

* 1993년 미국 Alan Guttmacher연구소는 오직 동성하고만 성관계를 추구하는 남성들의 비율이 전체 남성의 1%에 불과하다고 밝혔다. 이러한 연

구결과는 킨제이 등의 연구결과에 비하여 훨씬 낮은 수치였는데, 교회관계자들이 매우 고맙게 생각한다고 표현했을 정도였다. 그러나 연구방법론상의 내용이 소개되면서 조사결과의 신뢰도가 높지 못하다고 평가되었다. 즉 조사대상자들은 주로 20대와 30대의 남성들이었고, 또 문항에서는 지난 10년동안 줄곧 동성과의 관계만을 유지했는가 하고 물었기 때문에 근래에 자신이 게이임을 드러낸 자들은 수치에 포함되지 못했다.

　* 1993년 Johnson 등의 연구에서는 지난 5년간 동성과의 성적 접촉을 지속적으로 경험하는 비율이 발표되었다. 영국인 남성 18,000명 중 6.1%가 그리고 프랑스인 남녀 2만 명 중 남성 4.1%와 여성 2.6%가 그렇다고 응답했다.[196]

　* 1993년 Billy가 조사한 남성들의 반응에 의하면, 지난 10년간 남성과의 성행동이 활발하게 지속되었다는 비율은 2% 그리고 오직 남성과의 관계만을 지속했다는 비율은 1.5%였다.[196]

부록 2

게이로 유명한 역사적 인물

1) 고대사회의 인물

* 바빌로니아 함무라비 대왕(Hammurabi: BC 1728 – 1686). 그는 법령의 제정으로 유명하지만, 남성 연인들이 많았던 것으로 기록되고 있다.[89]

* 그리스 레스보스섬의 여류 서정시인 사포(Sappho: BC 7세기). 그녀의 이름은 현재 레즈비언의 대명사가 되었다. 사포는 정치적 이유로 레스보스섬으로부터 추방당한 후 부유한 한 상인과 결혼을 했다. 남편이 죽으면서 부자가 된 그녀는 레스보스섬으로 돌아와 미혼 여성들을 교육시키는 일을 했다.[74]

* 그리스 극작가 소포클레스(Sophocles: BC 496 – 406).[212]

* 그리스 극작가 유리피데스(Euripides: BC 480 – 406).[212]

* 그리스 철학자 소크라테스(Socrates: BC 470? – 399).[212]

* 그리스 정치가 알시비아데스(Alcibiades: BC 450 – 404). 그는 소년시절 아테네 상류사회의 남성들로부터 선망의 대상이었는데, 나중에 펠로폰네서스(Peloponnesus) 전쟁에서 명성을 날린 장군이 되었다.

* 그리스 철학자 플라톤(Plato: BC 427 – 347?). 그의 작품 '향연(symposium)'에는 동성간의 사랑을 장려하고 있다.

* 그리스 철학자 아리스토텔레스(Aristotle: BC 384 – 322).[212]

* 마케도니아 알렉산더 대왕(Alexander: BC 356 – 322).[212]

* 로마제국의 창건자 씨이저(Julius Caesar: BC 100 – 44). 그는 여성과의 성

적인 관계도 활발했지만, 남성들과의 동성애관계로 더 유명하다. 그는 당시 모든 여성들의 남자 또 모든 남성들의 여자로 불리워졌다.⁴¹⁾·⁸⁶⁾

　＊ 로마제국 초기의 황제 네로(Nero: 37－68). 잔인하고 비열하기로 유명한 그는 Sporus라는 남성을 거세시킨 후 결혼식을 거대하게 치르고 부인으로 삼았다.²¹⁷⁾

2) 중세 및 근세의 인물

　＊ 영국 왕 리차드 2세(Richard II: 1367－1400).²¹²⁾
　＊ 이태리 화가 보티첼리(Sandro Botticelli: 1444?－1510).²¹²⁾
　＊ 이태리 화가, 과학자 레오나르도 다 빈치(Leonardo da Vinci: 1452－1519). 그는 신체적으로 강인한 모습의 소유자였지만, 조용하고 내성적인 분위기를 지녔으며, 사생아로 태어났다.¹⁷⁹⁾·²¹²⁾
　＊ 네덜란드 인문학자, 신학자 에라스무스(Desiderius Erasmus: 1466－1536). 문예부흥의 선각자였던 그는 성직자의 사생아로 태어났다. 그는 외모가 매우 연약하고 섬세한 편이었는데, 성장과정에서 사생아라는 이유로 이방인 취급을 받았다. 이방인의 관점에서 남성들의 어리석음이나 야수성, 열정과 갈등 등을 바라보았으며, 17세에 모친이 죽고, 22세에 수도원에 들어가서부터 친구에게 열정을 느끼기 시작하였다.¹⁷⁹⁾
　＊ 이태리 조각가, 화가 미켈란젤로(Michelangelo Buenarotti: 1475－1564). 그는 부유한 가정에서 태어났으나 6세 때 모친이 죽자 남성들만의 환경에서 자라났다. 그의 성격은 매우 변덕스럽고, 괴팍하고, 또 공격적이었다고 전해진다. 그가 어린 남자를 편애한 것은 세상에 잘 알려진 사실이지만, 죽을 때까지 자신의 성생활을 은폐시키려고 노력했다.¹⁷⁹⁾ 그러나 그의 조각품 'David'는 자신의 동성애를 표현한 것으로 해석한 자들이 많다.
　＊ 이태리 출신 교황 율리우스 3세(Julius III: 1487－1555).²¹²⁾
　＊ 영국 철학자 베이컨(Francis Bacon: 1561－1626).¹⁷⁹⁾
　＊ 영국 극작가, 시인 말로우(Christopher Marlowe: 1564－1593).²¹²⁾
　＊ 영국 왕 제임스 1세(James I: 1566－1625) 스튜어드家의 왕(재위기간:

1603-1625)이지만, 1세부터 스코틀랜드 왕이기도 했던 그는 어린 시절부터 사랑을 갈망해 왔으며, 남성에게서 더 매력을 느꼈다.[212]

* 프랑스 왕 루이 13세(Louis XIII: 1601-1643). Henry 4세의 아들이었던 그는 여자를 싫어하지 않았고, 결혼하여 두 아들을 두었다. 그는 아들의 교육을 제대로 시키지 않았기로 유명한데, 남성과의 관계로도 유명하다. 그는 고의적으로 작은 아들인 Philip(1640-1701)에게 페티코트를 입히고 인형과 함께 놀게 하는 등 여자처럼 다루면서 양육했다. 놀랍게도 그 아들은 유명한 게이로 성장했다.[179]

* 영국 작가 밀턴(John Milton: 1608-1674).
* 스웨덴 여왕 크리스틴(Christine: 1626-1689).[212]
* 러시아 황제 페테르 대왕(Peter: 1712-1786).[212]
* 프러시아 황제 프레데릭 대왕(Frederick: 1712-1786). 재위기간(1740-1786) 중 남자 시종이나 미남인 젊은 병사를 항상 그의 곁에 머물러 있도록 하였다.[179], [212]

* 프러시아 박물학자 훔볼트(Alexander von Humboldt: 1769-1859).
* 오스트리아 작곡가 슈베르트(Franz Schubert: 1797-1828).
* 미국 소설가 호손(Nathaniel Hawthorne: 1804-1864). 결혼했으나, 부인과의 생활에 의미를 두지 않고 살아갔다. 그는 동료 소설가인 멜빌과의 깊은 사랑에 빠진 것으로 유명하다.[179]

* 덴마크 동화작가 안데르센(Hans Christain Andersen: 1805-1875).[212]
* 폴란드 작곡가 쇼팽(Frederic Chopin: 1810-1849).
* 미국 소설가 멜빌(Herman Melville: 1819-1891) 결혼했으나, 부인생활에 의미를 두지 않았다. 특히 1850년에서 1851년까지 동료 소설가인 나다니엘 호손과의 깊은 사랑에 빠진 것으로 유명하다.[179]

* 미국 시인 위트먼(Walt Whitman: 1819-1892).[179]
* 러시아 작곡가 차이코프스키(Peter Tchaikovsky: 1840-1893). 여자와 사랑에 빠져보려고 노력했으나, 본성이 아님을 발견한 그는 32세 때 19세의 소년과 여행을 하면서부터 게이임을 실감했다. 37세 때에는 그의 음악에 반한

여인의 간청에 못이겨 잠시 결혼했지만, 그는 그녀를 사랑할 수 없음을 시인하였다.[179], [212]

* 프랑스 시인 베를레느(Paul Verlaine: 1844 - 1896). 19세기 후반 프랑스를 주도한 시인이었던 그는 양성애자로 유명했다.[179]

* 아일랜드 극작가, 시인, 소설가 와일드(Oscar Wilde: 1856 - 1900). 그는 1884년 결혼하여 행복하게 사는 두 아이의 아버지였으나, 알프레드(Alfred)경을 만나면서 게이생활을 하였다. 1895년 동성애 행위로 런던의 형사법원에서 실형을 선고받았다.[179], [212]

3) 금세기의 인물

* 미국 소설가 제임스(Henry James: 1843 - 1916). 그는 미국 현대심리학계 원조인 윌리엄(William) 제임스의 동생이다.[179]

* 스페인 출신의 미국 철학자 산타야나(Geroge Santayana: 1863 - 1952). 그는 하버드대학교에서 미국 현대심리학계 원조인 윌리엄 제임스의 제자였다. 그는 영국의 철학자 버트란드 러셀(Bertrand Russell)의 형인 프랭크 러셀과 영국에서 사랑에 빠진 것으로 유명하다.[179]

* 프랑스 작가 지드(Andre Gide: 1869 - 1951). 자신의 작품에서 동성애를 위장된 형태로 주제화시키기도 했던 그는 아버지를 일찍 여위고 위압적인 어머니 밑에서 자랐다. 어려서 사촌인 여성과 결혼하고 싶어했지만, 그녀는 청도교적 집안출신으로 성을 거부하였다. 나중에 그녀와 결혼한 지드는 그녀를 영적인 지주 정도로만 여기고 살면서, 자신의 다른 생활을 그녀에게 고백하였다. 중년기에 소년과 사랑에 빠지게 되자 부인은 이를 배신으로 간주하고 그가 보냈던 예전의 연애편지를 파기시켜 버렸다.[179], [212]

* 프랑스 작가 프루스트(Marcel Proust: 1871 - 1922).[212]

* 영국 작가 모옴(Somerset Maugham: 1874 - 1965). 써밍업(The summing up)이라는 작품으로 유명한 그는 말년에 자신의 게이생활을 고백하였다.[179]

* 독일 시인 릴케(Rainer Maria Rilke: 1875 - 1926). 자신의 동성애를 억압시키면서 생활하려고 노력했다.[179]

* 영국 경제학자 케인즈(John M. Keynes: 1883 - 1946).[212]
* 영국 작가 로렌스(David H. Lawrence: 1885 - 1946). 차탈리 부인의 사랑(lady Chatterly's lover)으로 유명한 그는 작품에서 여성과의 성행위를 많이 묘사했지만, 그의 본성은 거의 전적으로 게이였다.[212]
* 미국 극작가 윌리암스(Tennessee Williams: 1911 -   ).[212]
* 미국 신학자 보이드(Malcolm Boyd: 1923 -   ).[212]
* 프랑스 사회과학자 푸코(Michel Foucault: 1926 - 1984). 그의 죽음은 에이즈로 인한 것이라는 설이 있다.
* 프랑스 작곡가 생상(Charles Camille Saint-Saens: 1835 - 1921).
* 영국 작곡가 브리튼(Edward Benjamin Britten: 1913 - 1976). 그는 테너가수 피어스(Peter Pears)와 37년간 동성애 관계를 지속했다.
* 미국 작곡가 바버(Samuel Barber: 1910 - 1981).
* 미국 작곡가 코플런드(Aaron Copland: 1900 - ?).
* 미국 작곡가 번스타인(Leonard Bernstein: 1918 - 1991).
* 영국 가수 엘튼 존(Elton John: 1947 -   ).[212]
* 미국 프로골프 선수 데블린(M. Spencer Deblin: 1954 -   ). 미국 여성 프로골프협회의 46년의 역사에서 최초로 자신이 레즈비언이라고 고백하여 1996년 3월 16일자 스포츠 일러스트레이티드지에 소개되었다.
* 미국 테니스 선수 나브라틸로바(Martina Navratilova: 1956 -   ).[30]
* 미국 다이빙 선수 루게니스(Greg Louganis: 1960 -   ). 1988년 28세 때 서울 올림픽에 출전하여 잠실수영장에서 다이빙경기 예선 도중 머리를 도약판에 부딪혀 상처가 난 사고에도 불구하고 금메달 2개를 획득하였다. 그러나 그는 올림픽을 출전하기 수개월 전에 HIV 양성반응을 보였으며, 나중에 그의 상처로 인한 피가 수영장에 흘러들어갔다면 다른 사람이 HIV에 감염되었을 가능성의 논란이 제기되기도 했었다.[205]
* 멜리사 이더리지(Melissa Etheridge: 1961 -   )미국 레즈비언 가수. 아기를 낳고 싶다면서 힐리우드 스타 브래드 피트에게 정자를 제공해 달라고 부탁하여 허락을 얻었지만 브래트 피트의 동거 여인이 격렬하게 반대하여

차질을 빚었다.[10]

* 스웨덴 출신 제2대 유엔 사무총장 함마르스크죨드(Dag Hammarskjold: 1905-1961, 사무총장 재임기간: 1953. 4.-1961. 9.).[212]
* 미국 하원의원 게리 스터즈(Gerry Studds: 1937-).[32]
* 미국 하원의원 바아니 후랭크(Barney Frank: 1940-).[32]
* 독일 의원 폴커 벡. 1994년 10월 32세로 녹색당 후보로 출마하여 당선되었다. 그는 동거하고 있는 프랑스 남성과의 결혼 허가를 쾰른시 당국에 신청하였으나 받아들여지지 않았다.[8]
* 캐나다 의원 로빈슨(Svend Robinson) 공개적으로 자신을 게이라고 폭로하여 국회기록에 올랐다. 동료 의원들로부터 아직 에이즈로 죽지 않았구나 등의 비난과 우익 단체의 재선반대운동에도 불구하고 3선의원이 되었다.[188]
* 코자첸코(Kathy Kozachenko) : 미국 미시간주 앤아버(Ann Arbor)에서 1974년에 시의원에 당선되었는데, 자신을 게이라고 밝힌 사람 중에서 최초로 투표에 의하여 당선된 인물이다.[72]
* 해리스(Sherry Harris) : 미국 워싱턴주 시애틀에서 1991년에 시의원으로 당선되었는데, 흑인이면서 레즈비언으로 투표에 의하여 당선된 최초의 인물이다.[72]

게이로 유명한 역사적 인물

부록 3

대중매체와 동성애

1) 외국의 영화 및 방송

동성애의 내용이 담겨진 외국의 대표적인 영화들은 먼저 1950년대까지의 작품으로 제복의 처녀(1931, 레온티네 사간), 레베카(1940, 알프리드 히치콕), 차와 동정(1956, 빈센트 미넬리), 지난 여름 갑자기(1959, 조지프 맨키위츠) 등이 있다. 이들은 게이 남성이 아닌 레즈비언에 관한 내용으로 동성애를 매우 완곡하게 표현하고 있다. 1960년대 후반 이후에 제작된 영화들은 레즈비언보다도 게이 남성들의 관계가 묘사되고 있는데, 미드나잇 카우보이(1969, 존 슐레신저), 베니스의 사랑(1971, 루키노 비스콘티), 뜨거운 오후(Dog Day Afternoon: 1975, 시드니 루엣), 미드나잇 익스프레스(1978, 앨런 파커), 포스맨(1979, 폴 베호벤) 등이 대표적이다.

동성애를 내포한 영화들은 우리 나라 시장에 1990년대 초부터 들어오기 시작하였다. 근래 우리 나라에 소개된 영화들 중에서 동성애가 내포된 것은 다음의 3가지 부류로 나누어진다.

첫째, 주제가 게이들의 삶의 방식에 대한 이해를 구하는 영화들이 있다. 구체적인 예를 들면, 1994년 주연이었던 탐 행크스(Tom Hanks)가 아카데미 남우주연상 베를린영화제 남우주연상 및 골든글로브 남우주연상을 받아서 유명해진 필라델피아(Philadelphia: 1993, 조나단 데미 감독)라는 영화는 에이즈환자이면서 게이라는 이유로 법률회사에서 부당하게 해고당한 주인공 변호사가 법적으로 투쟁하는 모습을 전개시켰다. 곧 이 영화를 감상한다면 게이나 에이즈환자가 보통 사람과 다르지 않다는 것을 어느 정도 감지할 수 있다. 또 영화감독이 게이 또는 양성애자로 게이나 에이즈환자의 삶을 표현한 영화들은 아이다호(거스 반 샌트)나 사베지 나잇(시릴 콜라르) 등이 있다.

둘째, 게이들에 대한 인간적인 이해를 직접적으로 바라는 것보다도 최소한 동성애를 왜곡시키지 않는 차원에서 다른 주제가 부각되는 영화들이다. 거미여인의 키스(1985, 헥토르 바벤코)는 원래 브라질에서 1976년 소설로 발표된 후 브로드웨이 연극무대에서 호평을 받고서 영화로 제작되었는데, 남성들간의 동성애관계가 정치적 문제와 연결시켜 전개되었다. 그럼에도 불구하고 이 영화는 일부 남성들이 본능적으로 동성애 기질을 가지고 있는 점을 묘사하고 있다. 패왕별희(1993, 중국 첸 카이어)라는 작품도 가면극 배우인 한 남성의 동성애적 충동이 중국의 불운한 역사와 함께 전개되고 있다.

M. 버터플라이(1994, 데이빗 크로넨버그)에서도 여장을 한 중국공산당 스파이가 프랑스 대사관 남성 직원을 유혹하여 정보를 빼내간 과정을 전후하여 남성 동성애의 면모가 전개되고 있다. 또 영국 영화로 1993년 아카데미 각본상을 수상한 크라잉 게임(1992, 닐 조던)에서는 북아일랜드 독립을 위해 투쟁을 벌이는 지하단체인 IRA의 단원에서 탈퇴한 남성 주인공이 나중에 자신을 사랑하는 사람이 여장을 하고 있는 남성이라는 사실에서의 갈등을 정치적인 배경과 함께 전개시키고 있다. 결혼피로연(The wedding banquet: 1993, 리 앙)도 주로 게이의 삶이 소개되지만 궁극적으로 이성애적 세계관과의 타협을 희극적으로 묘사한다는 점에서 의미가 약간 퇴색되는 영화이다.

셋째, 현대 사회에서 만연되는 동성애에 관한 차별이나 고정관념을 그대로 반영시킨 영화들이다. 예를 들면, 양들의 침묵(1991, 조나던 데미)에서는 젊은 여성을 납치하여 살인한 흉악범이 게이로 설정되어 있다. 또 원초적 본능(1992, 폴 버호벤)에서는 남성을 무참하게 살해한 범인의 용의자 두 명은 서로 레즈비언의 관계를 맺고 있다. 이러한 영화들은 과거 1980년대 이전의 영화에서 게이를 묘사한 것과 다름없다는 차원에서 게이단체들로부터 거센 항의를 받았다.

TV 및 라디오 방송의 경우, 미국에서 1982년부터 1993년까지 12년간 방영된 프로그램 중에서 동성애에 관련된 것은 1,027편이었다. 그 중 151편은 처음 8년간의 프로그램이었고, 876편은 나중 4년간의 것이었다.[196] TV의 경우 게이 역할이 단역으로 소개된 것들도 많았지만, 게이 남성의 역할을 고정적으로 소개한 최초의 프로그램은 1975년 미국 ABC사의 Hot L Heartbeat 였으며, 레즈비언 역할이 고정적으로 소개된 TV프로그램도 역시 ABC사의 Heartbeat였다.[72] 라디오의 경우 1988년 로스앤젤레스에서 시작된 "This Way Out"이라는 프로그램은 1993년 현재 6개 국가의 85개 방송국에서 전파되고 있다.[196]

2) 한국의 영화와 방송

우리 나라에서도 영화나 방송매체에서 동성애에 관련된 내용이 소개되고 있다. 우선 영화로는 게임의 법칙(장현수), 아담이 눈뜰 때(김호선), 개 같은 날의 오후(이민영) 등에서 동성애의 문제가 양념격으로 삽입되었으며, 1996년 1월에는 내일로 흐르는 강(박재호)이 소개되었다. 후자의 작품은 국내보다는 밴쿠버 영화제에 Broken Branches로 소개되면서 해외에서 먼저 호평을 받았다. 그 작품에서는 남성 주인공이 1950년대 이후 최근까지 살아온 과정을 전개하는 도중에 우연히 만난 연상의 남성과의 사랑이 본격적으로 묘사되었다. 물론 이 영화는 한국의 게이인권운동가들에 의하여 다소 부정적인 평가를 받았지만, 동성애를 매우 보수적으로 여기는 한국적 상황에서 게이의 고뇌를 다루려고 시도한 선구자적인 작품이라고 볼 수 있다.

TV프로그램에서는 주로 게이들의 부정적인 단면만을 소개하는 '그것이 알고 싶다,' '추적 60분,' '시사매거진 2580' 등도 있었지만, 1995년 말에는 게이를 보다 객관적으로 평가하고 이해하려는 '독점여성'이라는 KBS TV의 생방송 프로그램도 있었다. 또 1996년 8월 10일 SBS의 한 프로그램에서는 한국 레즈비언의 삶의 일부를 방영하기도 했다.
 TV드라마로는 게이가 갈등으로 살인사건에 연루되는 내용을 소개하는 작품도 있었지만, 1995년 9월 29일에는 MBC TV에서 한국적인 상황에서 게이라는 정체성의 표현이 얼마나 고민스러운가를 다루는 '두 여자의 사랑'(정미정 극본, 이대영 연출)이 소개되었다. 그러나 아직도 한국에서는 동성애를 이해시키는 내용의 프로그램은 국민정서에 어긋난다는 편견이 사라지지 않는 상태인 것 같다. 그 예로 극장에서 소개되었던 크라잉 게임은 1994년 11월 1일 MBC TV 주말의 명화에서 방송예정이었지만 방송위원회로부터 방송불가의 판정을 받기도 했다.

참 고 문 헌

1. 무등일보(1995. 6. 30.), 동성애 수컷 황새 팽귄알 부화(해외토픽).
2. 윤가현(1990), 성 심리학 . 서울: 성원사.
3. 윤가현(1995), "동성애에 대한 편견. 지성과 패기", 26, 112-116.(a)
4. 윤가현(1995), "동성애의 금세기적 조명. 석순", 12, 148-154.(b)
5. 이규태(1985), 한국인의 성과 미신. 서울: 기린원.
6. 이봉재(1995), "동성애에 대한 사회사업가들의 태도연구". 숭실대학교 석사학위논문.
7. 전완길(1980), 한국인의 본능. 서울: 문음사.
8. 조선일보(1994. 12. 13.), 해외토픽.
9. 지교헌(1990), "신라화랑 연구에 나타난 鮎貝房之進과 三品彰英의 논리". 정신문화연구, 13, 87-106.
10. 한국일보(1995. 8. 10.), 미주판(Los Anegeles).
11. 한국정신문화연구원(1988), 한국구비문학대계: 6-12(전라남도 보성군 편: 벌교읍 설화 43). 서울: 한국정신문화연구원.

12. Abbitt, D., & Bennett, R.(1992) On being a lesbian mother. In B. Berzon(Ed.), Positively gay(pp. 3-15). Berkeley, CA: Celestial Arts.
13. Adam, B.(1987) The rise of a gay and lesbian movement. Boston: Twayne.
14. Adams, B.(1985) Age, structure, and sexuality: Refelections on the anthropological evidence on homosexual relations. J. of Homosexuality, 11(3/4), 19-33.
15. Adler, J.(1993, April 26) Sex in the snoring '90s. Newsweek, pp. 55-57.
16. Aggleton, P., O'Reiley, K., Slutkin, G. et al.(1994) Risking everything? Risk behavior, behavior change, and AIDS. Science, 265, 341-345.
17. Agnew, C., Thompson, V., Smith, V. et al.(1993) Proximal and distal

18. Allen, D.(1980) Young male prostitutes: A psychosocial study. *Archives of Sexual Behavior, 9*, 399-426.
19. American Psychiatric Association(1994) *Diagnostic and Statistical Manual of Mental Disorders*(4th ed.). Washington, DC: American Psychiatric Association.
20. Appleby, G.(1995) AIDS and homophobia/heterosexism. *J. of Gay & Lesbian Social Services, 2*(3/4), 1-23.
21. Atkinson, D., Morten, G., & Sue, D.(1979) *Counseling American minorities*. Dubuque, Iowa: Brown.
22. Bailey, J., Miller, J., & Willerman, L.(1993) Maternally rated childhood gender nonconformity in homosexuals and heterosexuals. *Archives of Sexual Behavior, 22*, 461-469.
23. Bailey, J., Nothnagel, J., & Wolfe, M.(1995) Retrospectively measured individual differences in childhood sex-typed behavior among gay men:Correspondence between self- and maternal reports. *Archives of Sexual Behavior, 24*, 613-622.
24. Bailey, J., & Pillard, R.(1991) A genetic study of male sexual orientation. *Archives of General Psychiatry, 48*, 1089-1096.
25. Barlow, D., Abel, G., Blanchard, E. et al.(1974) Plasma testosterone levels in male homosexuals: A failure to replicate. *Archives of Sexual Behavior, 3*, 571-575.
26. Baum, M.(1976) Effects of testosterone propionate administered perinatally on sexual behavior of female ferrets. *J. of Comparative & Physiological Psychology, 90*, 399-410.
27. Beard, J., & Glickauf-Hughes, C.(1994) Gay identity and sense of self:Rethinking male homosexuality. *J. of Gay & Lesbian Psychotherapy, 2*(2), 21-37.
28. Bell, A., & Weinberg, M.(1978) *Homosexuality: A study of diversity among men and women*. New York: Simon & Schuster.
29. Bell, A., Weinberg, M., & Hammersmith, S.(1980) *Sexual preference: Its development in men and women*. Bloomington: Indiana University Press.
30. Bem, S.(1974) The measurement of psychological androgeny. *J. of*

Consulting & Clinical Psychology, 42, 155-162.
31. Bergler, E.(1957) *Homosexuality: Disease or way of life.* New York: Hill & Wang.
32. Berzon, B.(1992) Developing a positive gay and lesbian identity. In B. Berzon(Ed.), *Positively gay*(pp. 3-15). Berkeley, CA: Celestial Arts.(a)
33. Berzon, B.(1992) Telling the family you're gay. In B. Berzon(Ed.), *Positively gay*(pp. 67-78). Berkeley, CA: Celestial Arts.(b)
34. Bieber, I., Dain, H., Dince, O. et al.(1962) *Homosexuality: Apsychoanalytic study.* New York: Basic Books.
35. Blackwood, E.(1985) Breaking the mirror: The construction of lesbianism and the anthropological discourse on homosexuality. *J. of Homosexuality, 11*(3/4), 1-17.
36. Blumenfeld, W., & Raymond, D.(1988) *Looking at gay and lesbian life.* Boston: Beacon.
37. Blumstein, P., & Schwartz, P.(1983) *American couples: Money, work, sex.* New York: Morrow.
38. Blumstein, P., & Schwartz, P.(1993) Bisexuality: Some social psychological issues. In L. Garnets & D. Kimmel(Eds.), *Psychological perspectives on lesbian and gay male experience*(pp. 168-183). New York: Columbia University Press.
39. Bozett, F.(1989) Gay fathers: A review of the literature. *J. of Homosexuality, 18*(1/2), 137-162.
40. Bradford, J., Ryan, C., & Rothblum, E.(1994) National lesbian health care survey: Implications for mental health care. *J. of Consulting & Clinical Psychology, 62*, 228-242.
41. Bullough, V.(1988) Historical perspective. *J. of Social Work & Human Sexuality, 7*, 15-23.
42. Burch, B.(1993) *On intimate terms: The psychology of difference in lesbian relationships.* Chicago: University of Illinois Press.
43. Burr, C.(1993, March) Homosexuality and biology. *The Atlantic,* pp. 47-65.
44. Carlson, H., & Steuer, J.(1985) Age, sex-role categorization, and psychological health in American homosexual and heterosexual men

and women. *J. of Social Psychology, 125*, 203-211.
45. Carron, J.(1992) On being a gay father. In B. Berzon(Ed.), *Positively gay*(pp. 102-107). Berkeley, CA: Celestial Arts.
46. Cass, V.(1979) Homosexuality identity formation: A theoretical model. *J. of Homosexuality, 4*, 219-235.
47. Chan, C.(1989) Issues of identity development among Asian American lesbians and gay men. *J. of Counseling & Development, 68*, 16-20.
48. Christie, D., & Young, M.(1986) Self-concept of lesbian and heterosexual women. *Psychological Reports, 59*, 1279-1282.
49. Clunis, D., & Green, G.(1988) *Lesbian couples*. Seattle: Seal Press.
50. Committee on Lesbian and Gay Concerns(1991) Avoiding heterosexual bias in language. *American Psychologist, 46*, 973-974.
51. Comstock, G.(1991) *Violence against lesbians and gay men*. New York:Columbia University Press.
52. Conger, J.(1975) Proceedings of the American Psychological Association, Incorporated, for the year 1974: Minutes of the annual meeting of the council of representatives. *American Psychologist, 30*, 620-651.
53. Cook, K., Kretchmer, A., Nellis, B. et al.(1983, May) The Playboyreaders' sex survey - Part 3. *Playboy*, pp. 126-128ff.
54. Coxon, A., Coxon, N., Weatherburn, P. et al.(1993) Sex role separation in sexual diaries of homosexual men. *AIDS, 7*, 877-882.
55. Crompton, L.(1974) Homosexuals and the death penalty in colonial America. *J. of Homosexuality, 1*, 277-294.
56. Davis, K.(1929) *Factors in the sex life of 2200 women*. New York: Harper.
57. Deenan, A., Gijs, L., & van Naerssen, A.(1994) Intimacy and sexuality in gay male couples. *Archives of Sexual Behavior, 23*, 421-431.
58. D'Emilio, J.(1993) Gay politics and community in San Francisco since World War II. In L. Garnets & D. Kimmel(Eds.), *Psychological perspectives on lesbian and gay male experiences*(pp. 59-79). New York: Comumbia University Press.
59. de Monteflores, C.(1986) Notes on the management of difference. In T. Stein & C. Cohen(Eds.), *Contemporary perspectives on psychotherapy with lesbians and gay men*(pp. 73-101). New York:

Plenum.
60. de Wall, F.(1995) Bonobo sex and society. *Scientific American, 272*(3), 82-88.
61. Dynes, W.(1990) *Encyclopaedia of homosexuality*(Ed.). New York:Garland.
62. Earls, C., & Helene, D.(1989) A Psychosocial Study of male prositituion. *Archives of Sexual Behavior, 18*, 401-409.
63. Eger, D.(1992) Judaism: A time of change. In B. Berzon(Ed.), *Positively gay*(pp. 133-141). Berkeley, CA: Celestial Arts.
64. Eldridge, N.(1987) Gender issues in counseling same-sex couples. *Professional Psychology, 18*, 567-572.
65. Ellis, H.(1936) *Studies in the psychology of sex*. New York: Random House.
66. Evans-Pritchard, E.(1970) Sexual inversion among the Azande. *American Anthropologist, 72*, 1428-1434.
67. Fairchild, B.(1992) *For parents of lesbians and gays*. In B. Berzon(Ed.), Positively gay(pp. 79-90). Berkeley, CA: Celestial Arts.
68. Falk, P.(1989) Lesbian mothers: Psychological assumptions in family law. *American Psychologist, 44*, 941-947.
69. Fausto-Sterling, A.(1992, June) Why do we know so little about human sex? *Discover*, pp. 28-30.
70. Fefer, M.(1991, December 16) Gay in corporate America. *Fortune*.
71. Feldman, M., & MacCulloch, M.(1971) *Homosexual behavior: Therapy and assessment*. Oxford, England: Pergamon Press.
72. Fletcher, L.(1992) *The first gay people and other records*. Boston: Alyson.
73. Ford, C., & Beach, F.(1951) *Patterns of sexual behavior*. New York:Harper.
74. Frischauer, P.(1968). *Knaurs Sittengeschichte der Welt*. Ascona: Verlag Schoeller.
75. Fry, P.(1985) Male homosexuality and spirit possession in Brazil. *J. of Homosexaulity, 11*(3/4), 137-153.
76. Gagnon, J., & Simon, W.(1973) *Sexual conducts: The social origins of human sexuality*. Chicago: Aldine.
77. Gallagher, B., McFall, J., & Vreeland, C.(1993) Preliminary results from a

national survey of psychiatrists concerning the etiology of male homosexuality. *Psychology: A J. of Human Behavior, 30*(3/4), 1-3.
78. Garnets, L., Herek, G., & Levy, B.(1990) Violence and victimization of lesbians and gay men: Mental health consequences. *J. of Interpersonal Violence, 5*, 366-383.
79. Garnets, L., & Kimmel, D.(1993) Lesbian and gay male dimensions in the psychological study of human diversity. In L. Garnets & D. Kimmel(Eds.), *Psychological perspectives on lesbian and gay male experience*(pp. 168-183). New York: Columbia University Press.
80. Gay, J.(1985) "Mummies and babies" and friends and lovers in Lesotho. *J. of Homosexuality, 11*(3/4), 97-116.
81. Gessen, M.(1993, February 9) Lebians and breast cancer. *The Advocate*.
82. Giallombardo, R.(1974) *The social world of imprisoned girls*. New York:Wiley.
83. Golombok, S., Spencer, A., & Rutter, M.(1983) Children in lesbian and single-parent household: Psychosexual and psychiatric appraisal. *J. of Child Psychology & Psychiatry, 24*, 551-572.
84. Gonsiorek, J.(1988) Mental health issues of gays and lesbian adolescents. *J. of Adolescent Health Care, 9*, 114-122.
85. Gonsiorek, J., & Weinrich, J.(1991) *Homosexuality: Research implications for public policy*(eds.). Newbury, CA: Sage.
86. Gordon, S.(1985) Before we educate anyone else about sexuality, let's come to terms with our own. *J. of Sex Education & Therapy, 11*, 16-21.
87. Gordon, S., & Snyder, C.(1986) *Personal issues in human sexuality*. Boston: Allyn & Bacon.
88. Goy, R., Wolf, J., & Eisele, S.(1977) Experimental female hermaphroditism in rhesus monkeys: Anatomical and psychological characteristics. In. J. Money & H. Musaph(Eds.), *Handbook of sexology*(pp. 139-156). New York: Elsevier.
89. Greenberg, D.(1988) *The construction of homosexuality*. Chicago: University of Chicago Press.
90. Gross, J.(1991, February 11) *New challenge of youth: Growing up in gay home*. New York Times.

91. Groth, A., & Burgess, A.(1980) Male rape: Offenders and victims. *American J. of Psychiatry, 137,* 806-810.
92. Hamer, D., Hu, S., Magnuson, V. et al.(1993) A linkage between DNA markers on the X chromosome and male sexual orientation. *Science, 261,* 321-327.
93. Hare, J., & Richards, L.(1993) Children raised by lesbian couples: Does context of birth affect father and partner involvement? *Family Relations, 42,* 249-255.
94. Harry, J.(1989) Sexual identity issues. In L. Davidson & M. Linnoila(Eds.), *Report of the Secretary's task force on youth suicide: Vol II*(pp. 131-142). Washington, DC: Department of Health and Human Services.
95. Harry, J.(1993) Being out: A general model. *J. of Homosexuality, 26,* 25-39.
96. Harry, J., & Lovely, R.(1979) Gay marriages and communities of sexual orientation. *Alternative Lifestyles, 2,* 177-200.
97. Hendriks, A., Tielman, R., & van der Veen, E.(1993) *The thrid pink book:A global view of lesbian and gay liberation and oppression.* Buffalo, NY:Prometheus.
98. Herdt, G.(1984) *Ritualized homosexuality in Melanesia.* Berkeley, CA:University of California Press.
99. Herek, G.(1986) On heterosexual masculinity: Some psychical consequences of the social construction of gender and sexuality. *American Behavioral Scientist, 29,* 563-577.
100. Herek, G.(1993) The context of antigay violence: Notes on cultural and psychological heterosexism. In. L. Garnets & D. Kimmel(Eds.), *Psychological perspectives on lesbian and gay male experiences*(pp. 89-107). New York: Columbia University Press.
101. Herek, G., & Berrill, K.(1992) *Hate crimes: Confronting violence against lesbians and gay men*(Eds.). Newbury Park, CA: Sage.
102. Herek, G., Kimmel, D., Amaro, H. et al.(1991) Avoiding heterosexual bias in psychological research. *American Psychologist, 46,* 957-963.
103. Hersch, P.(1991, January) Secret lives. *Family Therapy Networker.* pp.

36-39.
104. Heston, L., & Shields, J.(1968) Homosexuality in twins: A family study and a registry study. *Archives of General Psychiatry, 18*, 149-160.
105. Hickson, F., Davies, P., Hunt, A. et al.(1994) Gay men as victims of nonconsensual sex. *Archives of Sexual Behavior, 23*, 281-294.
106. Hite, S.(1981) *The Hite report on male sexuality.* New York: Ballantine Books.
107. Hooker, E.(1957) The adjustment of the male overt homosexual. *J. of Projective Techniques, 21*, 18-31
108. Hooker, E.(1993) Reflections of a 40-year exploration: A scientific view on homosexuality. *American Psychologist, 48*, 450-453.
109. Hudson, W., & Ricketts, W.(1980) A strategy for the measurement of homophobia. *J. of Homosexuality, 5*, 357-371.
110. Hudson, W., & Ricketts, W.(1988) Index of homophobia. In C. Davies, W. Yarber, & S. Davies(Eds.), *Sexuality related measures.* Lake Mills, Iowa:Graphic Publishing.
111. Island, D.(1991) *Men who beat the men who love them: Battered gay men domestic violence.* Binghamton, NY: Harrington Park.
112. Jay, K., & Young, A.(1979) *The gay report: Lesbian and gay men speak out about their experiences and lifesytles.* New York: Simon & Schuster.
113. Johnson, W.(1992) Protestantism and gay and lesbian freedom. In B. Berzon(Ed.), *Positively gay*(pp. 142-155). Berkeley, CA: Celestial Arts.
114. Kallmann, F.(1952) Twin and sibship study of overt male homosexuality. *American J. of Human Genetics, 4*, 136-146.
115. Keller, B.(1993, November 18) *South African Parties endorse constitution granting rights to all.* New York Times.
116. Kendrick, D., Keefe, R., Bryan, A. et al.(1995) Age preference and mate choice among homosexuals and heterosexuals: A case for modular psychological mechanisms. *J. of Personality & Social Psychology, 69*, 1166-1172.
117. Kimmel, D.(1978) Adult development and aging: A gay perspective. *J. of*

Social Issues, 34(3), 113-130.
118. Kinsey, A., Pomeroy, W., & Martin, C.(1948) *Sexaul behavior in the human male*. Philadephia: Saunders.
119. Kinsey, A., Pomeroy, W., Martin, C. et al.(1953) *Sexual behavior in the human female*. Philadephia: Saunders.
120. Kirkham, G.(1971) Homosexuality in prison. In J. Henslin(Ed.), *Studies in the sociology of sex*. New York: Appleton-Century-Crofts.
121. Kite, M., & Deaux, K.(1986) Attitudes toward homosexuality: Assessment and behavioral consequences. *Basic & Applied Social Psychology, 7*, 137-162.
122. Klein, M.(1932) *The psychoanalysis of children*. London: Hogarth Press.
123. Kolodny, R., Masters, W., Hendrix, J. et al.(1971) Plasma testosterone and the semen analysis in male homosexuality. *New England J. of Medicine, 285*, 1170-1174.
124. Kristof, N.(1990, January 29) *China using electrodes to cure homosexuality*. New York Times.
125. Kurdek, L., & Schmitt, J.(1986) Relationship quality of partners in heterosexual married, heterosexual cohabiting, and gay and lesbian relationships. *J. of Personality & Social Psychology, 51*, 711-720.
126. Leiblum, S., & Rosen, R.(1989) Introduction: sex therapy in the ages of AIDS. In S. Leiblum & R. Rosen(Eds.), *Principles and practice of sex therapy*(pp. 1-16). New York: The Guilford Press.
127. Leinen, S.(1993) Gay cops. New Brunswick, NJ: Rutgers UniversityPress.
128. Leitenberg, H., & Slavin, L.(1983) Comparison of attitudes toward transsexuality and homosexuality: *Archives of Sexual Behavior, 12*, 337- 346.
129. LeVay, S.(1991) A difference in hypothalamic structure between heterosexual and homosexual men. *Science, 253*, 1034-1037.
130. Lief, H.(1977) Sexual survey # 4: Current thinking on homosexuality. Medical Aspects of Human Sexuality, *11*(11), 110-111.
131. Link, D., & Coleman, T.(1992) Job security in the workplace: Legal protections for lesbians and agy men. In B. Berzon(Ed.), *Positively gay*(pp. 171-182). Berkeley, CA: Celestial Arts.

132. Lockhard, D.(1985) The lesbian community: An anthropological approach. *J. of Homosexuality, 11*(3/4), 83-95.
133. Loiacano, D.(1989) Gay identity issues among Black Americans: Racism, homophobia, and the need forvalidation. *J. of Counseling & Development, 68*, 21-25.
134. Loraine, J., Adamopoulos, D., Kirkham, E. et al.(1971) Patterns of hormone excretion in male and female homosexuals. *Nature, 234*, 552-555.
135. MacDonald, A.(1976) Homophobia: Its root and meaning. *Homosexual Counseling J., 3*, 29-47.
136. McKirnan, D., & Peterson, P.(1988) Stress, expectancies, and vulnerability to substance abuse: A test of model among homosexual men. *J. of Abnormal Psychology, 97*, 461-466.
137. McKirnan, D., & Peterson, P.(1989) Alcohol and drug use among homosexual men and women: Epidemiology and population characteristics. *Addictive Behaviors, 14*, 545-553.
138. McMullen, R.(1990) *Male rape: Breaking the silence on the last taboo.* London: Gay Men's Press.
139. Malyon, A.(1981) The homosexual adolescent: Developmental issues and social bias. *Child Welfare, 60*, 321-330.
140. Martin, D., & Lyon, P.(1992) The older lesbian. In B. Berzon(Ed.), *Positively gay*(pp. 111-120). Berkeley, CA: Celestial Arts.
141. Marty, M.(1993) Eastern orthodox christianity: At the crossroads. In *Encyclopaedia Britannica: 1993 Book of the year*(pp. 261-270). Chicago:Encyclopaedia Britannica, Inc.
142. Mason, M.(1991) Family therapy as the emerging context for sex therapy. In A. Gurman & D. Kniskern(Eds.), *Handbook of family therapy* (Vol. II)(pp. 479-507). New York: Brunner/Mazel.
143. Masters, W., & Johnson, V.(1979) *Homosexuality in perspective.* Boston:Little, Brown.
144. Masters, W., Johnson, V., & Kolodny, R.(1986) *On sex and human loving.* Boston:Little, Brown.
145. Masters, W., Johnson, V., & Kolodny, R.(1994) *Heterosexuality.* New

York: Harper Collins.
146. Matteson, D.(1987) The heterosexually married gay and lesbian parent. In F. Bozett(Ed.), *Gay and lesbian parents*(pp. 138-161). New York: Praeger.
147. Melton, J.(1991) *The churches speak on: Homosexuality*. Detroit:Gale Research.
148. Meredith, N.(1984, January) The gay dilemma. *Psychology Today*, pp. 56-62
149. Merida, K., & Cooper, K.(1993, October 22) 3 congressmen won't hire gays: Speaker sort of denounces them. *Washington Post*.
150. Meyer, J.(1985) Ego-dystonic homosexuality. In H. Kaplan & B. Sadock(Eds.), *Comprehensive textbook of psychiatry*/IV(pp. 1056-1065). Baltimore, MD: Williams & Wilkins.
151. Miller, J., Jacobson, R., & Binger, J.(1981) The child's home environment for lesbians vs. heterosexual mothers: A neglected area of research. *J. of Homosexuality, 7*, 49-56.
152. Minnigerade, F., & Adelman, M.(1978) Early homosexual men and women:Report on a pilot study. *Family Coordinator, 27*(4), 451-456.
153. Money, J.(1987) Sin, sickness, or status? Homosexual gender identity and psychoneuroendocrinology. *American Psychologist, 42*, 384-399.
154. Morgan, K., & Brown, L.(1991) Lesbian career development, work behavior, and vocational counseling. *Counseling Psychologist, 19*, 451-456.
155. Morgan, K., & Nerison, R.(1993) Homosexuality and psychopolitics: An historical overview. *Psychotherapy, 30*, 133-140.
156. Morin, S.(1977) Heterosexual bias in psychological research in lesbianism and male homosexuality. *American Psychologist, 32*, 629-637.
157. Mucklow, B., & Phelan, G.(1979) Lesbian and traditional mothers' responses to adult response to child behavior and self-concept. *Psychological Reports, 44*, 880-882.
158. Nass, G., Libby, R., & Fisher, M.(1984) *Sexual choices: An introduction to human sexuality*. Monterey, CA: Wadsworth Health Sciences.
159. New York Times(1993, September 20) Mother files to bar adoption by gay

couple.
160. Newsweek(1992, February 26)
161. Nichols, M.(1989) Sex therapy with lesbians, gay men, and bisexuals. In S. Leiblum & R. Rosen(Eds.), *Principles and practice of sex therapy*(pp. 269-297). New York: The Guilford Press.
162. Nobile, P.(1985, February) 20 greatest moments in sex history. *Forum*, pp. 19-22.
163. Nugent, R.(1992) Catholicism: On the compatibility of sexuality and faith. In B. Berzon(Ed.), *Positively gay*(pp. 156-167). Berkeley, CA: Celestial Arts.
164. Osborne, D.(1993, December 14) The trouble with NAMBLA. *The Advocate*.
165. Peplau, L.(1981, March) What homosexuals want. *Psychology Today*, pp. 28-38.
166. Peplau, L.(1991) Lesbian and gay relationships. In J. Gonsiorek & J. Weinrich(Eds.), *Homosexuality: Research implications for public policy*(pp. 177-196). Newbury Park, CA: Sage.
167. Peplau, L., Cochran, S., Rook, K. et al.(1978) Loving women: Attachment autonomy in lesbian relationships. *J. of Social Issues*, 34(3), 7-27.
168. Plante, R.(1986) *The pink triangle*. New York: Holt.
169. Podolsky, R.(1992) The changing lesbian social scene. In B. Berzon(Ed.), *Positively gay*(pp. 26-31). Berkeley, CA: Celestial Arts.
170. Praeger, D.(1993, Summer) Homosexuality, the Bible, and us - a Jewish perspective. *The Public Interest*, pp. 60-83.
171. Rand, C., Graham, D., & Rawlings, E.(1982) Psychological health and factors the court seeks to control in lesbian mother custody trials. *J. of Homosexuality*, 8, 27-39.
172. Ratner, E.(1988) Treatment issues for chemically dependent lesbians and gay men. In M. Shernoff & W. Scott(Eds.), *The sourcebook on lesbian/gay health care*(pp. 162-168). Washington, DC: National Lesbian and Gay Health Foundation.
173. Rawson, P.(1973) *Primitive erotic art*(Ed.). New York: Putnam's Sons.
174. Reite, M., Sheeder, J., Richardson, D. et al.(1995) Cerebral laterality in

homosexual males: Preliminary communication using magnetoencephalography. *Archives of Sexual Behavior, 24,* 585-593.
175. Remafedi, G., Farrow, J., & Deisher, R.(1991) Risk factors for attempted suicide for gay and bisexual youth. *Pediatrics, 87,* 869-875.
176. Riley, M.(1975) The avowed lesbian mother and her right to child custody: A constitutional challenge that can no longer be denied. *San Diego Law Review, 12,* 799-864.
177. Ross, M.(1989) Gay youth in four subculture: A comparative study. *J. of Homosexuality, 17,* 299-314.
178. Rothblum, E.(1994) "I only read about myself on bathroom walls": The need for research on the mental health of lesbians and gay men. *J. of Consulting & Clinical Psychology, 62,* 213-220.
179. Rowse, A.(1995) *Homosexuals in history.* New York: Barnes & Noble.
180. Ruan, F.(1991) *Sex in China.* New York: Plenum Press.
181. Ruan, F., & Tsai, Y.(1987) Male homosexuality in the traditional Chinese literature. *J. of Homosexuality, 14,* 21-33.
182. Russo, V.(1981) *The celluloid closet: Homosexuality in the movies.* New York: Harper & Row.
183. Rust, P.(1993) "Coming out" in the age of social constructionism: Sexual identity formation among lesbian and bisexual women. *Gender & Society, 7,* 50-77.
184. Rutledge, L.(1989) *The gay fireside companion.* Boston: Alyson.
185. Ryan, C., & Bradford, J.(1988) The national lesbian health care survey:An overview. In M. Shernoff & W. Scott(Eds.), *The sourcebook on lesbian/gay health care*(pp. 30-40). Washington, DC: National Lesbian and Gay Health Foundation.
186. Sagir, M., & Robins, E.(1969) Homosexuality: I. Sexual behavior of the female homosexual. Archives of General Psychiatry, 20, 192-201.
187. Saghir, M., Robins, E., & Walbran, B.(1969) Homosexuality: II. Sexual behavior of the male homosexual. *Archives of General Psychiatry, 21,* 219-229.
188. Sanders, G.(1993) The love that dares to speak its name: From secrecy to openness in gay and lesbian affiliation. In E. Imber-Blak(Ed.),

Secrects in families and family therapy(pp. 215-242). New York:Norton.
189. Savin-Williams, R.(1994) Verbal and physical abuse as stressors in the lives of lesbian, gay male, and bisexual youths: Association with school problems, running away, substance abuse, prostitution, and suicide. *J. of Consulting & Clinical Psychology, 62,* 261-269.
190. Schmalz, J.(1993, March 5) Polls finds an even split on homosexuality's cause. *New York Times.*
191. Schneider, M.(1986) The relationships of cohabiting lesbian and heterosexual couples: A comparison. Psychology of Women Quarterly, *10,* 234-239.
192. Scrivner, R.(1994, August) *Lesbian and gay family psychology: Past, present, and future.* Paper presented at the annual meeting of the American Psychological Association, Los Angeles.
193. Shernoff, M.(1996) Gay men choosing to be fathers. *J. of Gay & Lesbian Social Services, 4*(2), 41-54.
194. Shilts, R.(1993) *Conduct becoming.* New York: St. Martin's.
195. Shostak, M.(1981) *Nisa, the life and words of a !Kung woman.* Cambridge:Harvard University Press.
196. Singer, E., & Deschamps, D.(1994) *Gay and lesbian stats*(Eds.). New York: The New Press.
197. Small, M.(1993, March) The gay debate: Is homosexuality a matter of choice or chance? *American Health,* pp. 70-76.
198. Smith, E., Ferree, M., & Miller, F.(1975) A scale of attitudes toward feminism. *Representative Research in Social Psychology, 6,* 51-56.
199. Socarides, C.(1978) *Homosexuality.* New York: Jason Aronson.
200. Storey, J.(1992, October 20) Taking on Tokyo. *The Advocate.*
201. Strommen, E.(1989) "You're a what?": Family member reactions to the disclosure of homosexuality. *J. of Homosexuality, 18*(1/2), 37-58.
202. Telljohann, S., & Price, J.(1993) A qualitative examination of adolescent homosexuals' life experiences: Ramification for secondary school personnel. *J. of Homosexuality, 26,* 41-56.
203. Time(1985, August 5) AIDS: A spreading scourage. pp. 50-51.

204. Time(1994, June 27)
205. Time(1995, March 6)
206. Toder, N.(1992) Lesbian couples in particular. In B. Berzon(Ed.), Positively gay(pp. 50-63). Berkeley, CA: Celestial Arts.
207. Toufexis, A.(1992, August 17) Bisexuality: What is it? *Time*.
208. Tripp, C.(1975) *The homosexual matrix*. New York: McGraw-Hill.
209. Troiden, R.(1993) The formation of homosexual identities. In L. Garnets & D. Kimmel(Eds.), *Psychological perspectives on lesbain and gay male experiences*(pp. 191-217). New York: Columbia University Press.
210. Van de Ven, P., Bornholt, L., & Bailey, M.(1996) Measuring cognitive, affective, and behavioral components of homophobic reaction. *Archives of Sexual Behavior, 25*, 155-179.
211. Vincke, J., Bolton, R., Mak, R. et al.(1993) Coming out and AIDS-related high-risk sexual behavior. *Archives of Sexual Behavior, 22*, 559-586.
212. Wallechinsky, D., Wallace, I., & Wallace, A.(1978) *The book of lists*. New York: Bantam Books.
213. Walters, A.(1994) Using visual media to reduce homophobia: A classroom demonstration. *J. of Sex Education & Therapy, 20*, 92-100.
214. Weinberg, G.(1970) The male homosexual: Age-related variations in social and psychological characteristics. *Social Problems, 17*, 527-537.
215. Weinberg, G.(1972) *Society and the healthy homo·exuals*. Boston: Alyson Publications.
216. Weinberg, G.(1982, November) Homophobia. *Forum*.
217. West, D.(1967) *Homosexuality*. Chicago: Aldine.
218. Whitam, F., Diamond, M., & Martin, J.(1993) Homosexual orientation in twins: A report on 61 pairs and three triplet sets. *Archives of Sexual Behavior, 22*, 187-206.
219. Williams, J., & Jacoby, A.(1989) The effects of premarital heterosexual and homosexual experience on dating and marriage desirability. *J. of Marriage & the Family, 51*, 489-497.
220. Wilson, M.(1951) *Good company*. Boston: Beacon Press.
221. Wolf, J.(1989) *Gay priests*. New York: Harper & Row.

222. Wooden, W., & Parker, J.(1982) *Men behind bars: Sexual exploitation in prison*. New York: Plenum Press.
223. Woods, J.(1993) *The corporate closet: The professional lives of gay men in America*. New York: Free Press.
224. Wyers, N.(1987) Homosexuality in the family: Lesbian and gay spouses. *Social Work*, 32, 143-148.
225. Youn, G.(1995, August) *Attitudes toward homosexuaity in Korea*. Poster session presented at the annual meeting of the American Psychological Association, New York.
226. Youn, G.(1996, August) *Do lesbians and gay men have human rights?* Symposium paper presented at the annual meeting of the American Psychological Association, Toronto, Canada.
227. Zilbergeld, B.(1982) *The new male sexuality: The truth about men, sex, and pleasure*. New York: Bantam Books.
228. Zirang, T.(1982) Who should be doing what about the gay alcoholic? *J. of Homosexuality*, 7(4), 27-35.

(저자가 3명이상인 경우에는 3명까지만 표기하며, Journal은 J.로만 표기한다)

❖ 지은이 : 윤가현

전남대학교 심리학과 졸업(심리학사)
University of Georgia 대학원 심리학과 졸업(이학석사)
University of Georgia Gerontology Center(Gerontology Certificate)
University of Georgia 대학원 심리학과 졸업(철학박사)
1989년부터 전남대학교 심리학과 교수로 재직.

저 서 :

『성심리학』(서울 : 성원사, 1990)
『남자들은 모두 미쳤어요 : 한반도 내 성폭력 실상』(서울 : 나라원, 1993)
『심리학의 이해』(공저, 서울 : 학지사, 1993)
기타 학위논문 등 발표논문 다수.

인 지

동성애의 심리학

1998년 11월 20일 1판 1쇄 발행
2008년 5월 25일 1판 3쇄 발행

지은이 • 윤 가 현
펴낸이 • 김 진 환
펴낸곳 • **학지사**

121-837 서울시 마포구 서교동 352-29 마인드월드빌딩 5층
전   화 • 326-1500(대) / 팩스 324-2345
등   록 • 1992년 2월 19일 제2-1329호
http://www.hakjisa.co.kr

ISBN 978-89-7548-141-3 03370

정가 8,000원
잘못된 책은 구입처에서 교환하여 드립니다.

인터넷 학술논문원문서비스 뉴논문 www.newnonmun.com

내일을 준비하는 학지사의 좋은 심리학 책들

현대인의 정신건강
- 정신위생 -

서울여자대학교 장연집 박경 최순영 공저
1997년 · 신국판 · 388면 · 11,000원

정신건강의 유지나 증진은 모두가 도움을 주고받을 수 있는 영역이다.
〈현대인과 정신건강〉 강의에 유용한 이 교재는 급변하는 시대적 감각과
상황에 따른 요구를 수용하기 위해 만들어졌다.
1장 정신건강에 대한 전반적인 이해, 2장 성격의 이해,
3장 자기발견과 적응, 4장 스트레스 이해하기, 5장 스트레스에의 대처,
6장 적응의 실패에 따른 문제들, 7장 부적응행동의 치료, 8장 대인지각,
9장 친구사귀기와 대인관계의 기본원리, 10장 사랑 · 연애 · 결혼,
11장 직업과 적응, 12장 책임있는 삶을 위한 죽음대비교육으로 구성되어 있다.

인간관계와 정신건강

동아대학교 설기문 저
1997년 · 신국판 · 404면 · 12,000원

삶 속에서 조력적이고 생산적이며 효과적인 인간관계를 형성하는 일은
매우 중요하다. 그러한 인간관계는 정신건강과도 밀접하게 관련되므로
현대생활에서 이에 대한 학습의 필요성은 더욱 커진다. 이 책은 이론과 함께
체계적이며 경험적인 방식으로 이루어지는 교육의 기회와 그에 적합한
교재의 필요성에 의해 만들어진 것이다. 인간관계와 정신건강의 원리와
이론을 중심으로, 5부로 구성된 이론편과 실습을 위한 자료와 집단활동
프로그램으로 이루어진 실제편으로 구성되었다. 학문적인 내용의 이론적인
체계와 더불어 저자의 폭넓은 경험을 살린 내용 구성이 돋보인다.

젊은이를 위한
인간관계 심리학

서울대학교 권석만 저
1997년 · 신국판 · 464면 · 13,000원

이 책은 인간관계의 의미와 다양한 부적응적 유형, 인간관계에 영향을
미치는 심리적인 요인, 일상에서 이루어지는 인간관계 영역 등을 고찰한다.
1부에서는 우리의 삶에 있어서 인간관계가 지니는 의미를 살펴보고 아울러
다양한 인간관계와 부적응적 인간관계를 유형별로 설명한다. 2부에서는
인간관계에 영향을 미치는 심리적 요인과 인간관계를 통합적으로
이해할 수 있는 설명모형을 제시한다. 3부에서는 주요한 인간관계
영역인 친구 · 이성 · 가족 · 직장에서의 인간관계를 살피고, 4부에서는
인간관계의 개선방법을 제시하였다.

내일을 준비하는 학지사의 좋은 심리학 책들

게슈탈트 심리치료

성신여자대학교 김정규 저
1995년 · 신국판 · 456면 · 13,000원

게슈탈트 치료는 신체와 정신, 환경을 서로 불가분의 관계에 있는
통합적이고 유기적인 존재로 이해함으로써 재래의 심리치료 기법들의
이원론적 세계관을 극복했다. 내담자로 하여금 자신의 문제를 새로운
시각에서 바라보고 독창적인 방법으로 해결하도록 해서 그들의 삶을
창조적이고 신선한 것으로 바꾸었다.
이해와 이론, 방법으로 이루어진 이 책은 이론에서 치료적 목표, 방법론적
특성, 성격변화단계, 알아차림과 접촉을 다루었고, 방법론으로는 치료자의
역할, 심리치료 기법들, 집단치료와 기법들을 다루었다. 그리고
마지막 장에서는 치료의 평가와 활용분야가 소개된다.

우울증의 인지치료

서울대학교 원호택 외 공역
1996년 · 신국판 · 480면 · 14,000원

우울증 인지치료는 인지치료 기법을 이해하는 데 가장 좋은 지침서로서,
정신건강 및 사회복지, 상담 분야의 전공자에게 도움이 될 것이다.
이 책은 그런 취지를 바탕에 두어 인지치료에서 정서의 역할,
인지치료에서의 응용, 치료적 면접의 구조, 초기면접, 회기별 치료,
행동기법의 응용, 인지치료기법, 표적증상에 초점맞추기, 자살위험환자를
위한 기법, 자살하려는 우울증 환자와의 면담, 우울생성가성, 숙제를
치료에 통합하기, 기술적 문제, 종결 및 재발에 관련된 문제, 우울환자에
대한 집단인지치료, 인지치료와 항우울약물, 인지치료의 결과연구 등으로
구성하였다.

펄스의 게슈탈트적 자기치료
- 쓰레기통의 안과 밖 -

전남대학교 노안영 역
1996년 · 신국판 · 396면 · 10,000원

이 책의 저자인 Perls는 게슈탈트 치료의 창시자로써, 이 책은 그의
치료에 담긴 사상을 응축하여 보여주고, 자신의 인생을 정리한 일종의
자서전이라 할 수 있다. 독자들은 한 세기를 살다 간 위대한 심리학자의
더이상 감출 필요없는 사생활과 함께 그의 사상이 성립되기까지의 과정도
이해할 수 있을 것이다. 있는 그대로 자신을 수용하고 인생의 중심에서
주체적으로 살아가고 싶은 사람들에게 인생을 보다 통합적으로 볼 수
있도록 새로운 관점을 제시하는 저자의 가식없는 유머와 위트에
공감하게 될 것이다.